Heme aquí, SEÑOR, envíame a mí

« La evangelización y las misiones son prioridades en el corazón de Dios. »

JOSUÉ YRION

CARIBE-BETANIA
Una División de Thomas Nelson, Inc.
The Spanish Division of Thomas Nelson, Inc.
www.caribebetania.com

Betania es un sello de Editorial Caribe, Inc.

© 2004 Editorial Caribe, Inc.
Una división de Thomas Nelson, Inc.
Nashville, TN, E.U.A.
www.caribebetania.com

A menos que se señale lo contrario, todas las citas bíblicas
son tomadas de la Versión Reina-Valera 1960
© 1960 Sociedades Bíblicas Unidas en América Latina.
Usadas con permiso.

Traducción: *Elida Clara Sarraf*

Diseño y tipografía: *A&W Publishing Electronic Services, Inc.*

ISBN: 0-88113-783-9

Impreso en E.U.A.
Printed in U.S.A.
2ª Impresión

CONTENIDO

❖

La importancia del evangelismo personal
Las agencias misioneras
La necesidad de preparación académica
El estudio necesario de las misiones transculturales
Necesitamos conocimiento y poder para defender el
    evangelio
Debemos mantener un equilibrio entre sabiduría
    académica y espiritual

Ejemplos de hombres de oración
El predicador y la oración
La oración jamás será reemplazada
La tarea de la iglesia es orar
Orar en el Espíritu

Ghana, África occidental
San Juan, Puerto Rico
El «universalismo»
La historia de las cinco etapas de la iglesia en el
    avivamiento y en el evangelismo
La necesidad del avivamiento para hoy
La historia del evangelismo mundial desde el inicio hasta
    nuestros días
«Heme aquí Señor. Envíame a mí»

DEDICATORIA

*E*l primer libro que escribí, titulado *El poder de la Palabra de Dios*, lo dediqué al Señor, a mi querida esposa e hijos y a mis padres. Este segundo libro, *Heme aquí Señor, ¡envíame a mí!* lo dedico primeramente a mi querido pastor, mentor y padre espiritual, Eliseo Dornelles Alves, pastor y presidente de la iglesia Asamblea de Dios de Santa María, Rio Grande do Sul, Brasil, quien desde el comienzo de mi llamamiento me ha apoyado incondicionalmente en todas las áreas, a través de sus sabios consejos, con mucha paciencia, cariño y amor. Muchas gracias por todo, Pastor Eliseo y hermana Elaine. ¡Que Dios los bendiga!

Lo dedico también a todos aquellos que han recibido o recibirán el llamamiento de Dios para servirle, específicamente en el área de *Evangelismo y Misiones*. También lo dedico a nuestro equipo de hombres y mujeres, entre ellos están los misioneros de Josué Yrion Evangelismo y Misiones Mundiales, Inc., que forman parte de nuestro ministerio en Estados Unidos, Australia, Europa, Asia, África y Brasil, para hacer posible la predicación de la Palabra por todo el mundo.

PRESENTACIÓN

❖

$\mathcal{E}$stimado lector, seguramente el Dios Todopoderoso, por medio de las páginas de este libro, seguirá bendiciendo tu ministerio de la Palabra o te llamará y confirmará tu ministerio para usarlo en la predicación, conforme dice la Biblia: «Y él mismo constituyó a unos apóstoles, a otros profetas, a otros evangelistas; a otros, pastores y maestros» (Ef. 4.11). Este versículo es la base bíblica para el llamamiento al ministerio. En él se encuentra la autoridad que Dios ha dado a todos los que fueron llamados a través de la Historia de la iglesia y a muchos otros que aún serán invitados al santo ministerio. El mayor privilegio del creyente es conocer a Dios y predicar Su Palabra.

En oración y en ayunos, en la presencia del Señor, busqué Su faz para que Él pudiese guiarme en cuanto a escribir este libro y qué título debería tener. El Espíritu Santo habló fuertemente a mi corazón sobre la gran necesidad que hay de saber cómo, dónde y cuándo deben vivir y actuar los jóvenes, adultos y todos aquellos que aspiran al ministerio y desean servir al Señor. El evangelismo mundial y las misiones te necesitan urgentemente. Por esta razón este libro ha sido escrito, y estoy seguro que transformará tu vida en muchos aspectos relacionados con tu llamamiento.

Heme aquí Señor, ¡envíame a mí! te llevará a sentir una gran pasión por Cristo y su Palabra en relación al evangelismo y las misiones. Los motivos de este libro, además de la historia del evangelismo y las misiones, son los personajes bíblicos, los grandes hombres y mujeres de Dios que fueron llamados después, así como los mártires que dieron su vida por Cristo y también mi propio llamamiento. Él te inspirará y te dará el deseo de predicar la Palabra, buscando la salvación de aquellos que todavía no conocen el evangelio, así como nos ha pasado a nosotros que ya lo hicimos en 70 países en todos los continentes del mundo, predicando a millones de personas a través de nuestras campañas, cruzadas, videos, cintas de audio, televisión, satélite, radio, libros y por ese fenómeno que es la Internet.

En septiembre de 2000, tan solo en Bogotá, Colombia, nuestra predicación llegó vía satélite, todos los días, a más de 10 millones de colombianos y más de 130 mil personas que la escucharon en persona durante la cruzada. Gracias a Dios por la tecnología que tenemos hoy día para predicar la Palabra.

Cuando en 1983, a los 20 años de edad, participé en la Conferencia Internacional para Evangelistas Itinerantes en Ámsterdam, Holanda, patrocinada por el ministerio de Billy Graham, escuché a un gran predicador llamado Dr. E. V. Hill, recién fallecido. Fue el pastor de la «*Mount Zion Baptist Church*», y dio uno de los sermones más ungidos de ese evento. Sus palabras finales fueron: «Predique, predique y predique la Palabra de Dios, en cualquier país, en cualquier ciudad, en cualquier lugar y en cualquier circunstancia. Predique, predique y predique la Palabra de Dios».

Que ese mismo sentimiento, pasión y deseo puedan fluir de tu espíritu y que sirvas al Señor en ese ministerio tan glorioso, que es el entregar la Palabra de Dios con poder, sabiduría y humildad. Que Dios bendiga grandemente a todos los que tengan la oportunidad de leer las palabras de este libro, y que los verdaderamente llamados puedan vivir fielmente las palabras del apóstol Pablo:

> «Procura con diligencia presentarte a Dios *aprobado*, como obrero que no tiene de qué avergonzarse, que usa (predica) *bien* la palabra de verdad» (2 Ti. 2.15, *las cursivas son nuestras*).

Rev. Josué Yrion, Marzo de 2004
Los Ángeles – California, Estados Unidos

«La prioridad del corazón de la Trinidad es el evangelismo y las misiones. *Dios* es un Dios evangelístico y misionero. *Jesucristo* hizo una obra de redención en la Cruz evangelística y misionera. El *Espíritu Santo* capacitó a un grupo de 120 personas y los envió a hacer una tarea evangelística y misionera. Las *Escrituras* mismas testifican que el énfasis de este libro que llamamos la Palabra de Dios es el evangelismo y las misiones. El *evangelio* que predicamos es un mensaje evangelístico y misionero. La *iglesia* es una institución evangelística y misionera. Cuando la iglesia se detiene y deja de ser evangelística y misionera tanto mental como espiritualmente, ella se ha olvidado de su llamado que es alcanzar las almas, se ha apartado de su propósito que es la Gran Comisión, y ya no tiene más razón de existir dentro del contexto bíblico de la iglesia del Nuevo Testamento».

Extraído del sermón de la Conferencia de Evangelismo y Misiones Mundiales predicado por el Rev. Josué Yrion durante la Cruzada Evangelística en Brisbane, Australia en agosto de 2003.

PRÓLOGO

$\mathcal{E}$n este mundo, nada ni nadie podría realizar una obra misionera sin antes entender la característica natural de Dios que es Su
amor. La obra redentora de Dios es la prueba más concreta de Su voluntad misionera. La historia de la redención no solo es linda, también anuncia a Jesús como el Redentor con una misión: Nacer para
un pueblo, vivir para ese pueblo, predicar para ese pueblo e ir hasta
las últimas consecuencias para salvar ese pueblo. Si el carácter del
misionero no se fundamenta en este principio, lamentablemente todavía no ha captado la esencia de la visión misionera.

El mensaje central de la Palabra de Dios apunta a la liberación
de la culpa del hombre que ha fracasado por la desobediencia. Es
importante saber que Dios eligió a su propio Hijo para esta obra redentora, dando inicio a una secuencia de acontecimientos que cul-
minarían en el Gólgota, en el martirio, en el calvario.

En aquel día en que Jesús rinde su espíritu y declara «Consumado es», se inicia una nueva etapa en la vida del pueblo de Dios. En
ese momento la iglesia nace y parte del proyecto hacia la funcionali-
dad. La iglesia emerge del calvario, donde asimismo quedó establecido el carácter de los cinco ministerios, y a partir de entonces se
habrá de manifestar en la vida de cada cristiano. Jesús forjó el carácter misionero de la iglesia. Él dio a cada uno de nosotros las instrucciones y el ejemplo de cómo cumplir la voluntad del Padre. La
mayor prueba de sumisión empezó en el cielo y termina en la tierra.

Para cada ministro, la obediencia y renuncia del Hijo de Dios se transforma en marca registrada del éxito espiritual.

Es imposible ser misioneros si no empezamos primeramente por mirar el calvario. Es imposible evangelizar el mundo entero sin antes hacerlo en nuestro barrio y en nuestra ciudad. Es imposible conquistar el mundo exterior si no conquistamos nuestro mundo interno, nuestra casa. Lo que nos hace misioneros exitosos no es nuestra oratoria ni nuestros dones sino nuestro carácter y amor. Dios quiere que conozcamos Su esencia divina y que nos reproduzcamos en ella.

He tenido la oportunidad de leer varios mensajes por correo electrónico enviados a este ministerio, y me alegro cuando muchos jóvenes escriben agradeciendo al Pastor Josué Yrion por el estímulo que recibieron al verlo ministrar a través de videos. Muchos tomaron la decisión de servir a Dios con más responsabilidad y compromiso, además de las innumerables conversiones. Esa es la obra del calvario, por eso miremos hacia allá. Es de allí que surgió la virtud, la invitación y el llamado ministerial. Fue allá que el clamor de Jesús, «Consumado es», resonó en la vida del Pastor Josué Yrion con la siguiente frase: «Hijo, aquí te asigno tu misión. Lo que no podrías hacer, lo hice yo; lo que no podrías soportar, lo he soportado yo; donde jamás podrías llegar, yo llegué, y lo que no aguantarías sufrir, lo he sufrido yo. Todo lo que tienes que hacer ahora es seguir adelante, amar mi obra y mi sacrificio, acordándote de eso todos los días, amando a los pecadores y alcanzándolos con el mensaje de esta cruz».

En cada página, este libro intenta expresar el inconmensurable amor de Dios por el perdido. Esta no es una obra de exaltación humana, sino al reino de Dios. Es para el honor de Aquel que nos enseñó a ser misioneros. Es para la gloria de Aquel que nos llamó para ser misioneros y para alabanza de Aquel que nos capacitó para ejercer esta honrada y maravillosa tarea. Que Dios te bendiga poderosamente al leer este libro.

Reverendo Wilmar Silveira
Director Internacional
Josué Yrion Evangelismo y Misiones Mundiales, Inc.

Capítulo 1

DIOS LLAMA

«Después oí la voz del Señor, que decía: ¿A quién enviaré? ¿Y quién irá por nosotros? Entonces respondí yo: Heme aquí, envíame a mí» (Is. 6.8).

David Brainerd, el gran misionero de los indios pieles rojas de Estados Unidos, escribió estas conmovedoras palabras, refiriéndose a su llamamiento para predicar la Palabra entre esas tribus nómadas: «Aquí estoy, Señor, envíame a mí. Envíame hasta los confines de la tierra envíame a los lugares más difíciles, envíame a los lugares más remotos. Quítame todo lo que sea confortable y cómodo en esta tierra. Envíame a la muerte, con tal que ella promueva tu Reino».

En mi mensaje a los graduados del Instituto Bíblico Mizpa, de la iglesia de Dios Pentecostal M.I., en Santa Ana, California, en junio de 1996, dije: «El llamamiento de alguien no consiste en sus habilidades, pero sí en la misericordia de Dios, quien le ha llamado...». El llamamiento ocurre en el tiempo de Dios, ni antes ni después. ¡Él decide cuándo!

Nací y crecí en los bancos de la Escuela Dominical de las Asambleas de Dios de Santa María, Estado de Rio Grande do Sul, Brasil. Pero mi verdadera conversión ocurrió cuando tenía 18 años, a raíz del accidente de mi hermano Tayrone, cuyo relato está en el último capítulo de mi libro anterior, El Poder de la Palabra de Dios.

En el momento de mi entrega total al Señor, el 15 de febrero de 1981, Él me llamó de inmediato al evangelismo y las misiones, colocando en mi corazón una llama ardiente que arde cada día más y que seguirá ardiendo. Mi amor por el evangelismo surgió de un profundo sentimiento de tristeza al ver a las personas sin Cristo que caminaban hacia la perdición sin que nadie les predicase la Palabra de Dios.

Me acuerdo que la primera persona que gané para Cristo, unos días después de mi conversión y mientras mi hermano seguía internado en la Unidad de Terapia Intensiva (UTI) en la ciudad de Porto Alegre, fue una prostituta que estaba en la acera de la calle «Voluntários da Pátria». Lo único que yo sabía fue que era pecadora y que, así como María Magdalena, podría ser salva por Cristo. Por algunos minutos le hablé del amor de Cristo y de Su misericordia. Para sorpresa mía, empezó a llorar y dijo que hasta había pensado en suicidarse, pues ya no soportaba más aquella vida de perdición. En ese momento le di un pequeño folleto de una organización cristiana de nombre «Llamada de medianoche», con la dirección de la iglesia de las Asambleas de Dios ubicada en la calle General Neto.

Algunos días después, al caminar para tomar el autobús para ir a visitar a mi hermano en el hospital, aquella prostituta ya no estaba más en la calle vendiendo su cuerpo. Me dijeron que había regresado a la casa de sus padres, que seguía a Cristo y frecuentaba la iglesia. ¡Aleluya! Esa fue la primera alma que gané para el Señor. En esa época, yo no sabía nada de credenciales, de estudios teológicos o de evangelismo mundial. Todo lo que yo quería era hablar del amor eterno de Jesucristo por las almas perdidas. El Señor decidió llamarme y elegirme para esa tarea. Fue en tiempo de Dios. Él lo decidió. Fue en Su momento. En la circunstancia que Él permitió. En Su perfecta voluntad. Fue por Su misericordia que Él me llamó y no por mis habilidades, pues todo lo que yo sabía era que Cristo había muerto en la cruz por nuestros pecados, pero que resucitó al tercer día, venciendo al diablo y dándonos la victoria en Su Nombre.

Así fue como empecé: distribuyendo folletos por las calles, en los autobuses, hospitales y trenes; hablando de Cristo a todos en cualquier lugar. Ese fue mi primer amor tras la conversión y aún hoy, después de 22 años, sigue siendo real, genuino e impactante, además de seguir ardiendo como una llama en mi corazón, con un gran deseo de ver a este mundo convertido. La Biblia dice: «...y el que gana almas es sabio» (Pr. 11.30). Que podamos decir como John Knox, el gran reformador escocés: «¡Oh, Señor, dame las almas de Escocia o moriré!», y que logremos exclamar como el profeta Isaías: *«Heme aquí, ¡envíame a mí!»*

EL LLAMAMIENTO DE ABRAM Y EL MÍO

«Pero Jehová había dicho a Abram: Vete de tu tierra y de tu parentela, y de la casa de tu padre, a la tierra que te mostraré» (Gn. 12.1).

Tenía 18 años cuando el Señor me llamó. Un sábado en la noche, en el año de 1981, junto con algunos jóvenes de nuestra iglesia, Asamblea de Dios de Porto Alegre, vi una película sobre misiones en JUCUM (Juventud Con Una Misión). Fue ahí que conocí JUCUM. Mientras veía los relatos de la necesidad de misioneros en todo el mundo, miraba el mapamundi, oía las estadísticas alarmantes de los pueblos no alcanzados y sintiendo la tristeza del corazón de Dios, empecé a llorar. Al final de la película me arrodillé y le dije al Señor: «Heme aquí, envíame a mí». Esa noche transformó mi vida. Estaba dispuesto a dejarlo todo por Él. Esa película confirmó mi llamamiento; mi corazón se quebrantó y abracé la tarea del evangelismo y misiones de cuerpo, alma y espíritu. Hice de ese llamamiento mi bandera, mi causa, mi meta y el propósito de mi vida. Al final de ese mismo año, 1981, ya de regreso a Santa María, asumí el liderazgo de la juventud de nuestra iglesia, las Asambleas de Dios.

Distribuimos miles de folletos y evangelizamos todos los barrios de mi querida ciudad gaucha, bajo el ministerio del amado Pastor Elizeu Dornelles Alves, quien un año mas tarde, en 1982, escribió una carta de recomendación para que yo fuera a estudiar en JUCUM, en la ciudad de Belo Horizonte, Minas Gerais. Entonces dejé la casa de mis padres y me fui para allá.

¡Es Dios quien llama! Él llamó a Abram y le dijo: «Vete de tu tierra». Él me llamó y dijo: «Sal de Rio Grande do Sul, tierra gaucha que tanto amas, vete a Belo Horizonte y allá yo te mostraré la tierra adonde debes ir». ¡Él te llamará! ¿Acaso ya te ha llamado? Él llamará a todos aquellos que estén dispuestos a atender a Su llamamiento. ¿Deseas ser usado por Dios? ¿Quieres tener los dones espirituales para usarlos en el ministerio? ¿Ya has oído la voz de Dios? Quizá Él ya te haya hablado de varias maneras, pero tú todavía no has entendido. La Palabra dice: «Sin embargo, en una o en dos maneras habla Dios; pero el hombre no entiende... Entonces revela al oído de los hombres...» (Job 33.14, 16). En JUCUM, Dios me habló por medio de aquella película. Él te hablará de otra manera, porque Dios no trata a todos de la misma forma. Cada caso es especial. Para Dios, ¡tú eres especial! ¡Él te ama! Él te salvó para Su honor y gloria.

Abram salió de su tierra sin saber dónde iría. Yo, por la fe, me fui en un demorado viaje en ómnibus, saliendo de Santa María y pasando por los estados de Santa Catarina, Paraná y São Paulo hasta llegar a la ciudad de Belo Horizonte, en Minas Gerais. Fueron más de 3.000 Km. de distancia; casi tres días y dos noches orando, leyendo, meditando, esperando y con la expectativa de cómo sería estar en una escuela de misiones.

Al llegar a Belo Horizonte, cargué mi valija en la espalda y caminé desde la estación de autobuses hasta la calle Tapajós y Carijós, donde tomé otro ómnibus hacia Contagem. Allí caminé mucho, unos 3 o 4 Km., porque ya era de noche y no había más autobuses para JUCUM. ¡Oh, el llamamiento! Bienaventurado aquél que responde a esa voz maravillosa del Espíritu y acoge Su Palabra para servirlo. No hay mayor recompensa que ir y cumplir Su propósito para tu generación, ¡cueste lo que cueste! ¡Aleluya!

La Biblia dice: «Y se fue Abram, como Jehová le dijo» (Gn. 12.4). Eso fue justamente lo que hice yo: Fui, tomé la iniciativa, respondí y obedecí al llamamiento. No basta solamente con oír la voz de Dios o sentirse compungido, con el corazón desgarrado por las misiones o por el evangelismo.

¡Tú tienes que ir! «¿Ir a dónde?», te preguntarás. ¡Donde Él te guíe! Es simple: Sé sensible a Su dirección, a Su voluntad.

«Y le dijo: Yo soy Jehová, que te saqué de Ur de los caldeos, para darte a heredar esta tierra» (Gn. 15.7). El Señor me sacó de mi pequeño y querido pueblo de Santa María, en el interior del Estado de Rio Grande do Sul y me llevó a Belo Horizonte. Después me apartó de mi país, Brasil, y me llevó a España. Por fin, me dio como herencia las naciones de la tierra para que predicara Su Palabra y le ganara multitudes. ¡Aleluya! Alabado y engrandecido sea Su nombre para siempre.

RECUERDA QUE DIOS ES QUIEN LLAMA...

Capítulo 2

DIOS CAPACITA

*C*harles Thomas Studd nació en 1860 en Inglaterra, hijo de un hombre rico llamado Edward Studd. Charles se convirtió durante una campaña evangelística de Moody y Sankey en el año de 1877, en Inglaterra. Se transformó en un gran misionero y sirvió fielmente al Señor en China, India y África. Al referirse a la capacitación que el Señor le había dado, dijo las siguientes palabras: «Si Cristo es Dios y murió por mí, y si Él me llamó y desea capacitarme, entonces no habrá sacrificio que sea demasiado grande para que yo lo haga por Él».

Al llegar a Belo Horizonte en el año de 1982, yo estaba dispuesto a ser capacitado por Dios. El Señor capacita a una persona para el ministerio de muchas formas. Cada persona es tratada individualmente, ya que nuestro Dios nos considera de forma singular y personal. Si tú tienes el deseo de servirle, Él te capacitará. Él moldeará tu vida así como el alfarero hace con el barro. Hay áreas de nuestra vida que Él necesita limpiar, arreglar, humillar y perdonar. En la EDE (Escuela de Discipulado y Entrenamiento) de JUCUM, el Señor moldeó seriamente mi vida, más que todo en muchas áreas de mi carácter. Cuanto más profundo Él te trabaja más doloroso es el trato. Cuantas más lágrimas Él te haga derramar, más serio es el trato de tu personalidad y mayor será la manera en que Él te usará.

Al observar los grandes rascacielos de Nueva York, Los Ángeles, Chicago o de cualquier gran ciudad de este mundo, pienso en el tiempo que requirieron para ser construidos. Cuánto cemento en las vigas, cuántas toneladas de hierro y acero para edificar la base de esos grandes edificios, para soportar el peso que se pondrá encima. ¿Te has detenido a pensarlo? Cuanto más grande sea la base de formación y capacitación de una persona llamada al ministerio, cuanto más grandes sean las vigas, cuanto mayor fuere la inversión de hierro y acero y cuanto más tiempo lleve la preparación, más grande será el edificio. Muy grande será la forma como Dios obrará en tu vida para que soportes el peso de las pruebas, tentaciones y críticas que, nosotros los llamados al ministerio, enfrentamos a diario. El hierro, las columnas (vigas) y el muro representan las áreas de tu carácter y de tu personalidad. Cuando yo recibí el llamado y salí para ser capacitado, el Señor me dio esta palabra: «Porque he aquí que yo te he puesto en este día como ciudad fortificada, y como columna de hierro, y como muro de bronce contra toda esta tierra... Y pelearán contra ti, pero no te vencerán; porque yo estoy contigo, dice Jehová, para librarte» (Jer. 1.18-19).

¿Por qué te convertirás en columna, hierro y muro? Porque pasarás por el desierto de la preparación y de la capacitación. El libro de Jeremías también dice que tienes que pasar por la mano del Señor: «Palabra de Jehová que vino a Jeremías, diciendo: Levántate, y vete a casa del alfarero, y allí te haré oír mis palabras. Y descendí a casa del alfarero, y he aquí que él trabajaba sobre la rueda. Y la vasija de barro que él hacía se echó a perder en su mano; y volvió y la hizo otra vasija, según le pareció mejor hacerla. Entonces vino a mí palabra de Jehová, diciendo: ¿No podré yo hacer de vosotros como este alfarero, oh Casa de Israel? dice Jehová. He aquí que como el barro en la mano del alfarero, así sois vosotros en mi mano, oh casa de Israel» (Jer. 18.1-6).

Ahí está el tratamiento personal que el Señor te hace. La palabra del Señor dice que el alfarero estaba haciendo su obra... Dios hará contigo lo qué Él desea, cueste lo que cueste. ¡Deja que Él haga Su obra en tu vida!

El texto dice que el vaso que el alfarero hacía se quebró en su mano... Deja al Señor quebrantar tu vida, tomarte en Sus manos y moldear tu carácter a cualquier precio. Además el texto dice que el alfarero volvió a hacer otro vaso conforme bien le pareció. Deja que

Dios trabaje en tu vida y que haga de ti lo que Él ya idealizó, conforme Su voluntad, cueste lo que cueste. Cuando éramos adolescentes cantábamos esta canción en los cultos juveniles:

«Yo quiero ser, Señor amado, como un vaso en las manos del alfarero. Quiebra mi vida y hazla de nuevo; yo quiero ser, yo quiero ser un vaso nuevo...». ¡Que el Señor pueda hacer de ti un vaso nuevo!

Tuve el privilegio de conocer hombres de Dios que invirtieron su vida en mí. Mi pastor y «padre espiritual», de la Asamblea de Dios de Santa María – RS, Pastor Elizeu Dornelles Alves, desde el primer momento creyó en mi llamado, mientras algunos «pastores» dudaron o no creyeron. Mis líderes de JUCUM creyeron y me disciplinaron como debían, mirando siempre para lo que, en el futuro, Dios haría conmigo. En mi libro anterior, ya agradecí al Pastor Jim Stier y a los pastores Jaime y Maristela Araújo, de Belo Horizonte, por el tiempo, cariño, estima y paciencia que tuvieron conmigo, para guiarme en el camino correcto de la sumisión, la obediencia y la disciplina. También agradezco a mis líderes de los equipos del 82 y 83.

En enero de 1982 fui a JUCUM y pensé que Dios quería estuviera en España, en el verano, durante el Campeonato Mundial de Fútbol, para predicar, pero no fue así. El Pastor Gérson Ribeiro me hizo comprender, en la ciudad de Recife, Pernambuco, que aquel no era el tiempo de Dios para que yo fuera a Europa. Entonces en 1983, regresé a JUCUM para terminar el curso de la EDE. Agradezco al Pastor Gérson Ribeiro por sus consejos sabios. Más adelante, en Los Ángeles, Estados Unidos, después de los Juegos Olímpicos de 1984, él también me ayudó a hacer algunos contactos con pastores.

El Señor y mis líderes me enseñaron sobre sumisión, sensibilidad, cómo oír la voz del Espíritu Santo y cómo tomar decisiones correctas en el tiempo correcto y en el lugar correcto, siempre en la perfecta voluntad de Dios.

El quebrantamiento

Durante el tiempo que estuve en JUCUM, de enero a mayo de 1982, y de enero a junio de 1983, el Señor, como excelente y capaz alfarero, quebrantó mi vida de muchas formas y maneras diferentes. Aprendí a cavar pozos, a hacer bloques de cemento y argamasa, y a mezclar «no sé qué con no sé qué» para edificar paredes. Aprendí a limpiar baños, a tirar la basura, a bañarme con baldes de agua fría al estilo militar, a tomar la sopa «misionera» de JUCUM que tenía tanta grasa, pero tanta grasa, que si hubiésemos volcado el plato boca a bajo, la sopa no caía, porque se quedaba pegada en el plato. Cabe mencionar que si encontrábamos un pequeño pedazo de carne en esa «sopa colorida», era motivo de alegría y fiesta... El hambre era tanta, que este gaucho acostumbrado a comer asado, se quedaba al lado de la ventana de la cocina orando, para que alguien de allá dentro gritase: «¡Segundón, Segundón!». Eso significaba que quien quisiera podía repetir la famosa «sopa JUCUMera». ¡Las opciones eran o repetir o morirse de hambre! Cuando volvíamos de evangelizar en las calles y de visitar algunas iglesias, los domingos a la noche, ya nos preveníamos del hambre, pidiendo a uno de los compañeros que tuviera misericordia de nosotros y que guardara un plato de sopa abajo de la cama o arriba de una caja de madera. Cuando llegábamos, no podíamos despertar a nadie, y sin linterna o fósforo, teníamos que entrar en la pieza en absoluto silencio, pedir «revelación del Señor» y preguntarle dónde el hermano había colocado la sopa: ¿debajo de la cama, del lado de adentro o afuera de la ventana, arriba de alguna mesita o de una caja de bananas? O, si a lo mejor se le había «olvidado» guardarla, en ese caso él nos vería tratando de encontrar el «tesoro», y en tono de culpa nos diría: «Hermano, hermano, se me olvidó guardarte la sopa. Discúlpame, te pido perdón, hermano...». En ese momento, se terminaba de desmoronar la esperanza de encontrar el «tesoro», y teníamos que dormir con la barriga vacía y más ruidosa que los ronquidos del compañero de al lado...

Era necesario elegir si colocábamos la sábana en la cama, para tapar el colchón duro de ejército, o en la ventana, para tapar el viento frío, ya que la ventana no tenía vidrios, era solo un agujero en la pared... Para lavar la ropa, los sábados o en un día libre, era una odisea. No había cañería y teníamos que buscar agua en baldes. ¿Dije baldes, en el plural? No había baldes, solamente un balde, en el singular, para toda la «JUCUMerada». No había jabón; detergente no conocíamos; no había lugar dónde tender la ropa; no había alambres suficientes para todos, y mucho menos, una tacuara (vara de bambú) para levantar los alambres; y si había alguna tacuara, se rompía con el peso de la ropa, ya que era del tiempo de Matusalén, cuando él estuvo en JUCUM... Teníamos vergüenza de colocar nuestra ropa interior en las ventanas para que se secaran, por causa de las muchachas, y ¿cómo colocarlas en nuestros dormitorios, mojadas y goteando en el piso, si eran tan pequeños que si uno entraba, el otro tenía que salir? Después de secas, y eso porque teníamos que orar para que se secaran, ¿cómo las plancharíamos? ¿Quién tenía plancha? ¿Y dónde plancharlas? Cuando nos poníamos camisa y pantalón, parecía que habíamos terminado de salir de un paquete envuelto para regalo.

Me acuerdo una vez que había terminado de cavar un pozo. Empezó a llover y yo estaba adentro. Mis pies quedaron llenos de barro, atascado en el lodo rojo de Minas Gerais. Me acordé de casa, del asado gaucho, de mis padres, de mi familia, de mi propia cama, de mi comida siempre caliente, de mi propio cuarto, de mi ropa lavada y planchada, de mi sopa caliente, de pollo y con pedazos de carne gaucha, de mi baño templado dónde había tubería galvanizada en lugar de baldes. Y allí, con mis pies sucios, con hambre y con frío, pensé en regresar a casa y comencé a llorar, añorando todas las «cosas» que nos permiten vivir cómodos. En ese momento, escuché la voz del Señor que me dijo: «Puedes regresar pero nunca cumpliré el propósito que tengo para tu vida. Puedes regresar y serás siempre un perdedor...». El Señor dijo además: «Yo no uso niños espirituales en mi obra, solamente hombres y mujeres maduros, capacitados y preparados por mí; como el alfarero, estoy transformando tu carácter y tu personalidad...».

El vaso y su preparación

Para hacer un vaso, existen diversas etapas. Si Dios tiene un plan para tu vida, Él te llevará por etapas, en un proceso de maduración. La primera etapa es cuando Dios elige el barro. Entre unos doscientos tipos de barro conocidos, sólo ocho sirven para hacer un buen vaso. ¿Sabes lo qué eso significa? Si has sido escogido por Dios, es porque tú eres un barro bueno.

La segunda etapa es la del curtimiento. Es la época en que parece que Dios habla a todos, menos a ti. Esa etapa es una de las más importantes, porque el vaso tiene que quedarse en la «curtiembre». Cuanto más tiempo tome para curtirse, mayor «liga» tendrá, pues para ser un vaso «grande» se tiene que pasar por un «gran curtimiento». A veces, esta etapa puede durar años dependiendo del tamaño del vaso que Dios quiera hacer de ti.

La tercera etapa es la de pisar. Tiene lugar cuando el barro es retirado del curtimiento, a veces después de mucho tiempo, y colocado en cierto lugar para que sea pisado. Necesita ser pisado para que todo el aire sea extraído. Dios necesitará «pisarte» para extraer todo orgullo, envidia, vanidad, incredulidad, falsedad, temor de los hombres, miedo de fallar, etc. A veces parece que todos hablaran de ti. Por todos lados te atacan. Eso pasa porque si Dios tiene «prisa» para hacer el vaso, Él llama más personas que le ayuden a «pisarlo».

En la cuarta etapa, el barro necesita ser mezclado con paja fina, piedra triturada y restos de cerámica. Un vaso sin esos aditamentos es un vaso frágil que se rompe fácilmente, y Dios no quiere un vaso frágil. Él solo invierte su tiempo para hacer vasos «fuertes y resistentes». Él quiere un vaso para uso diario, no vasos de «porcelana», que son usados rara vez, sólo cuando se recibe visitas, para mostrarlos. Dios no hace a nadie para espectáculos ni para exhibirlos. Dios hace vasos para usarlos todos los días, vasos que soporten, resistan, y permanezcan en los trabajos diarios para los cuales sean necesarios. La quinta y última etapa es aquella en que finalmente le llegó la hora al barro para transformarse en vaso. Después de todo ese proceso, es ahora que el alfarero lleva el barro para hacer su vaso. Es en esa etapa que tú comienzas a ser moldeado. Tú estás listo para ser moldeado o «trabajado», y aprenderás a resistir brevemente las pruebas, luchas y tribulaciones que ocurrirán en un ministerio que será impresionante. Es solamente en esa etapa que el Señor comenzará a trabajar en tu carácter y en tu personalidad de acuerdo a tu llamado, y específicamente, con relación a tus dones espirituales. Es ahí que Él te preparará para el ministerio para el cual te ha elegido, de acuerdo a tu vocación y a tus aptitudes ministeriales.

Existe una empresa en Colorado, Estados Unidos, que fabrica impresoras para computadoras. Antes de despacharlas, esas impresoras pasan por una prueba que consiste en congelarlas, después calentarlas a 54°C (unos 145°F aquí en Estados Unidos) y enseguida son sacudidas violentamente durante quince minutos. Esa prueba es el último paso en un proceso llamado «endurecimiento», en el que se prepara una impresora común y corriente para que el Ejército de Estados Unidos pueda utilizarla. Con todos sus componentes funcionando, todos los circuitos trabajando perfectamente dentro de una caja de metal, el fabricante prueba a cabalidad la impresora hasta asegurarse de que va a funcionar en el campo de batalla. Ese es exactamente el proceso que Dios empleará en tu vida. Él te necesita en Su «ejército», para luchar por Su causa, y tiene que estar seguro de que funcionarás en el campo de batalla, en tu vida y en tu ministerio. Él te moldeará y «endurecerá» tu vida para que resistas las pruebas y los golpes que vendrán. El Señor te preparará de tal forma que te ajustes a Su carácter. Puede que Él necesite de muchos años, o quizá pocos, o quien sabe, meses en alguna determinada área de tu vida.

El Dr. Martin Luther King, ganador del premio Nóbel de la Paz, pastor y líder del movimiento de igualdad de los derechos civiles en Estados Unidos, en la década del 50 e inicio de los años 60, dijo: «Dios toma años para preparar el carácter de un hombre o mujer de Dios, y el diablo unos cuantos segundos para derrumbarlo».

El Señor cumplirá en tu vida Su propósito divino, te formará y moldeará de acuerdo con lo que Él quiere. Dios no te ha llamado para fallar, Dios te llamó para ganar, triunfar y vencer. Él te está madurando para que, al empezar a usarte, seas como punta de lanza en Sus manos, como dice la Escritura: «Martillo me sois, y armas de guerra; y por medio de ti quebrantaré naciones, y por medio de ti destruiré reinos. Por tu medio quebrantaré naciones, y por medio de ti destruiré reinos. Por tu medio quebrantaré caballos y a sus jinetes, y por medio de ti quebrantaré carros y a los que en ellos suben. Asimismo por tu medio quebrantaré hombres y mujeres, y por medio de ti quebrantaré viejos y jóvenes, y por tu medio quebrantaré jóvenes y vírgenes. También quebrantaré por medio de ti al pastor y a su rebaño; quebrantaré por tu medio a labradores y a sus yuntas; a jefes y a príncipes quebrantaré por medio de ti» (Jer. 51.20-23).

¡Por tu medio, dice la Escritura, por medio de ti! Dios te usará para despedazar el pecado, destruir el poder del diablo, romper las enfermedades, destrozar los demonios y las potestades, y aniquilar toda obra de las tinieblas en cualquier lugar, pueblo, lengua y nación, como está escrito:

> «para que abras sus ojos, para que se conviertan de las tinieblas a la luz, y de la potestad de Satanás a Dios; para que reciban, por la fe que es en mí, perdón de pecados y herencia entre los santificados» (Hch. 26.18)

DIC. 6-2006

¡Aleluya! El Señor me preparó, en Belo Horizonte, para lo que yo sería en el futuro. Cuando fui enviado a España, Dios siguió trabajando en mi vida en algunas áreas que todavía necesitaban ajustes, así como otras que debían ser quitadas del todo y en las que, realmente, necesitaba vencer mi «ego» y mi «yo», además de humillarme. No había otra manera. ¡Cuantos alumnos de JUCUM en Belo Horizonte regresaron a sus hogares! Me acuerdo que una noche, uno de ellos hizo su valija y huyó, desapareció. No soportó el quebrantamiento. No soportó que Dios trabajara su vida. No soportó el desierto. No resistió, no aguantó el proceso de maduración y por eso huyó... ¿Te acuerdas del tiempo que le tomó al Señor preparar al apóstol Pablo? ¿Y de qué manera Dios lo usó? Cuanto más sufrió, más grande fue la manera como el Espíritu Santo lo usó. Mira lo que él dice: «Porque según pienso, Dios nos ha exhibido a nosotros los apóstoles como postreros, como a sentenciados a muerte; pues hemos llegado a ser espectáculo al mundo, a los ángeles y a los hombres. Nosotros somos insensatos por amor de Cristo, mas vosotros prudentes; nosotros débiles, mas vosotros fuertes; vosotros honorables, mas nosotros despreciados. Hasta esta hora padecemos hambre, tenemos sed, estamos desnudos, somos abofeteados, y no tenemos morada fija. Nos fatigamos trabajando con nuestras propias manos; nos maldicen, y bendecimos; padecemos persecución, y la soportamos. Nos difaman, y rogamos; hemos venido a ser hasta ahora como la escoria del mundo, el desecho de todos» (1 Co. 4.9-13).

¿Crees que eso se puede comparar a los lujosos colegios bíblicos de hoy en día, que existen en función de la «preparación» para el ministerio? Por supuesto, el Señor también te preparara intelectualmente. El estudio es muy importante. Estudia, ingresa en una buena escuela de misiones, de evangelismo, a un excelente instituto bíblico, a un seminario o a una universidad cristiana enfocada en las misiones. Pero no olvides que la real preparación no es la del intelecto sino la del alma, de tu ser más profundo, de tu carácter, de tu interior, de la maduración espiritual de tu «hombre interior».

Actualmente, muchos de nuestros «seminarios teológicos» niegan la infalibilidad de las Escrituras, niegan la excelencia del poder de Dios para salvar, sanar y llenar una persona del poder del Espíritu Santo. A diferencia de ellos, Pablo continúa el relato de su ministerio, y por segunda vez habla a los corintios. Lee el texto, del cual hicimos un resumen: «No damos a nadie ninguna ocasión de tropiezo... nos recomendamos en todo como ministros de Dios, en mucha paciencia, en tribulaciones, en necesidades, en angustias; en azotes, en cárceles, en tumultos, en trabajos, en desvelos, en ayunos; en pureza, en ciencia, en longanimidad, en bondad, en el Espíritu Santo, en amor sincero... por mala fama... como engañadores, pero veraces; como desconocidos... como moribundos... como castigados, como entristecidos... como pobres... como no teniendo nada, mas poseyéndolo todo» (2 Co. 6.3-10).

EL SUFRIMIENTO

¿Tienes una idea de lo que los verdaderos misioneros sufren por Cristo? Nuestro ministerio, Josué Yrion Evangelismo y Misiones Mundiales, Inc., actualmente sostiene a 15 misioneros en cinco continentes. Nosotros también vivimos por la fe, y aun así, bendecimos a los demás. Mensualmente recibimos fotos de nuestros misioneros bautizando a nuevos convertidos, en aguas tan sucias que quizás tú jamás entrarías en ellas. Fotos de ellos, almorzando solamente arroz y vegetales sobre una hoja de plátano. Y eso es todo lo que comen durante todo el año. Fotos de las casas donde viven con su familia, a las que tal vez jamás entrarías, ni siquiera para dar una ojeada. Fotos de ellos caminando descalzos para evangelizar más de los 500 pueblos que hay en India y que nunca oyeron hablar de Cristo, no teniendo siquiera una bicicleta para transportar a sus hijitos y esposas que a veces los acompañan.

Nosotros estuvimos en la India en 1999 y realizamos una gran cruzada evangelística en Madras (Chennai), patrocinada por nuestro ministerio. Más de 70 mil personas estuvieron, allí, escuchando la Palabra de Dios, y más de 6.700 de ellas se convirtieron. Nosotros vimos cómo esos verdaderos héroes del evangelio viven y sufren por Cristo. Apretamos sus manos encallecidas por edificar iglesias de barro, sin herramientas adecuadas y solamente con sus propias manos. ¡Esos son los verdaderos hombres y mujeres de Dios!

En nuestra cruzada en Kumasi, Ghana, en el occidente de África en agosto de 2001, vimos también a otros hombres y mujeres de Dios que fueron entrenados, discipulados y preparados a través del sufrimiento, y hoy son ministros maduros, capaces, sabios y poderosos en la Palabra. No son como nosotros, los evangelistas, que cuando vamos a algún país de esos, ya encontramos la cruzada preparada, y todo lo que tenemos que hacer es predicar con poder, pues los verdaderos pioneros ya han estado allí y dieron su vida por la causa de Cristo, como el apóstol Pablo. Es ese gran hombre de Dios que termina su relato de sufrimiento diciendo a los corintios, por tercera y última vez, de qué manera había enfrentado los peligros en su ministerio.

«¿Son ministros de Cristo? (Como si estuviera loco hablo.) Yo más; en trabajos más abundante; en azotes sin número; en cárceles más; en peligros de muerte muchas veces. De los judíos cinco veces he recibido cuarenta azotes menos uno. Tres veces he sido azotado con varas; una vez apedreado; tres veces he padecido naufragio; una noche y un día he estado como náufrago en alta mar; en caminos muchas veces; en peligros de ríos, peligros de ladrones, peligros de los de mi nación, peligros de los gentiles, peligros en la ciudad, peligros en el desierto, peligros en el mar, peligros entre falsos hermanos; en trabajo y fatiga, en muchos desvelos, en hambre y sed, en muchos ayunos, en frío y en desnudez; y además de otras cosas, lo que sobre mí se agolpa cada día, la preocupación por todas las iglesias. ¿Quién enferma, y yo no enfermo? ¿A quién se le hace tropezar, y yo no me indigno? Si es necesario gloriarse, me gloriaré en lo que es de mi debilidad» (2 Co. 11.23-30).

A veces me pregunto si los predicadores de la llamada «doctrina de la prosperidad» ya han leído, alguna vez, esos tres relatos arriba mencionados, en 1ª y 2ª Corintios. Puede ser que ellos hagan como tantos «ministros» de hoy en día que ignoran, pasan por alto, rechazan, sacan las hojas de la Biblia o simplemente, dicen que esas palabras del apóstol «no son inspiradas por Dios». ¿Por qué esos supuestos «pastores» no van a predicar en India o en África? ¿Por que solamente predican en Estados Unidos? Porque aquí esta el dinero y los grandes centros de convenciones, donde ellos pueden pedir miles de dólares.

Ellos son llamados a «negociar» el evangelio y no a predicar la Palabra. Son ministros del error, de la mentira y de la falsedad que tergiversan las Escrituras, engañándose a sí mismos y al pueblo, solamente por la codicia de poseer bienes materiales. Ellos sirven a Cristo, no por quien Él es ni por el sacrificio de la cruz, sino que le «sirven» para recibir, para sacar, para ser beneficiados. No están para dar, son oportunistas, charlatanes, asalariados, ciegos e impostores. El apóstol Pedro ya habló sobre ellos: «... como habrá entre vosotros falsos maestros, que introducirán encubiertamente herejías destructoras... Y muchos seguirán sus disoluciones, por causa de los cuales el camino de la verdad es blasfemado, y por avaricia harán mercadería de vosotros con palabras fingidas. Sobre los tales ya de largo tiempo la condenación no se tarda, y su perdición no se duerme» (2 P. 2.1, 3)

Si tú estas en alguna iglesia que solamente predica la «prosperidad» y no la cruz y el sufrir por Cristo, ora al Señor, pues el reino de Dios no es sólo comida o bebida, y el hombre no vivirá solamente de pan, pero de toda palabra que sale de la boca de Dios. No hay evangelio sin la cruz, y la cruz es sufrimiento. Tú no puedes sacar la cruz del Evangelio. ¡Eso es imposible! Pasa por la preparación, pasa por el sufrimiento. Jesús dijo: «Y el que no lleva su cruz y viene en pos de mí, no puede ser mi discípulo» (Lc. 14.27).

ACUÉRDATE QUE ES DIOS QUIEN CAPACITA...

Capítulo 3

DIOS ENVÍA

$\mathcal{E}$n 1853, Hudson Taylor, al ser enviado como misionero a sus 21 años de edad, dijo: «No he venido a China porque la obra misionera aquí sea fácil o segura sino porque Él me envió. No me ofrecí para este puesto porque tuviera alguna garantía de protección humana, sino apoyándome en Cristo quien me envió». Así concluyó Taylor: «Las circunstancias, sean fáciles o difíciles, seguras o peligrosas, de aprobación o desaprobación humana, de ninguna manera afectaron ni afectarán mi deber. Si vinieren circunstancias peligrosas, tendré Su Gracia, confiaré en la realidad de Su Poder y seré fiel en lo que fui enviado a hacer...».

Durante mi preparación en JUCUM, recuerdo que el Señor no solamente preparó mi carácter y mi personalidad, sino que me dio madurez en varias áreas que yo necesitaba y también me hizo vivir mis primeras experiencias como predicador. Yo lo sabía, estaba absolutamente seguro de mi llamado y de mis aptitudes, y que me dirigían a la predicación de Su Palabra. Fue ahí, en la esquina de un bar, en una tarde de evangelismo en el mes de febrero de 1982, que mi líder de equipo me permitió «predicar» por primera vez, un «pequeño sermón» evangelístico que no pasó de 5 a 8 minutos. Después, para mi sorpresa, algunas personas se convirtieron. Es lógico que estuviera nervioso en mi «primera» oportunidad. Me acuerdo que al abrir la

Biblia y leer Juan 3.16 para «predicar» al lado de aquel bar, en un barrio de Belo Horizonte, mi Biblia temblaba en mis manos.

Billy Graham cuenta en su biografía, que cuando fue a predicar por primera vez, muy jovencito todavía, quizá a los 16 o 17 años, preparó unos cuatro sermones y calculó que a cada noche, durante las 4 noches, predicaría de 15 a 20 minutos por sermón. Dice que en la primera noche colocó los cuatro sermones, uno tras otro, en el púlpito. Estaba tan nervioso que las manos le temblaron todo el tiempo, y terminó predicando los cuatro sermones en menos de 10 minutos, tal fue el pánico que sintió en esa primera oportunidad.

EL DESEO DE SER PREDICADOR

A veces, en las madrugadas, me levantaba y caminaba entre los árboles, lejos de los dormitorios. Al lado de JUCUM, alguien era dueño de una plantación de sandías. Yo, con el deseo de predicar pero sin tener «invitaciones» u oportunidades, enterraba en el suelo algunos mangos de escobas, varas o ramas fuertes caídas de los árboles, y en cada uno pinchaba una sandía, empujándola un poco para que quedase parada. Las agujereaba para hacer un par de ojos a cada una, y empezaba a «predicar» a las sandías, como si fueran «personas». Imaginaba «grandes multitudes», como en una cruzada, y colocaba más mangos de escobas y más sandías delante mío, a mi izquierda y a mi derecha, y predicaba con entusiasmo para mi «audiencia». Por supuesto, creo que todavía no estaba calificado para ser predicador porque las sandías nunca levantaron sus «manitas» ni se convirtieron. Eran sandías de Minas Gerais, duras de corazón...

Maristela Araújo fue nuestra primera profesora de Hermenéutica y Homilética. Mis líderes percibieron mi don y mi llamado, y de vez en cuando permitían que dijera una palabrita o «sermoncito» en algunas iglesias pequeñas, durante el evangelismo de los domingos en la tarde y en el culto de la noche. Recuerdo que el día 6 de marzo de 1982 preparé un sermón para predicar, por «invitación» de mi líder, en una iglesita del barrio Retiro, en Belo Horizonte. Creo que el título del mensaje sorprendió a algunos de mis compañeros de estudios: «Los enemigos de la humanidad son el pecado y la muerte, mas el remedio divino es Jesucristo, crucificado y resucitado». Fue una noche bendecida. Algunas personas vinieron a Cristo y oramos por ellas. Al regresar caminando hacia JUCUM, después del culto, mi líder de equipo, quien en esa ocasión fue Paulo, colocó sus brazos en mi hombro y dijo: «Josué, Dios tiene un plan para tu vida como predicador. Sigue adelante y Dios te usará de una manera muy grande...».

En otra oportunidad, en abril de 1982, prediqué en el barrio de Barreiro, en Belo Horizonte. El sermón se llamaba «Calvario, la solución para hoy». Esa vez, las muchachas que estudiaban conmigo ensayaron una canción y la cantaron después de mi mensaje, mientras yo hacia la invitación. No hay palabras para describir lo que sentí esa noche. Mientras algunas personas venían al frente y las compañeras entonaban el himno de invitación, mi corazón palpitó tan fuerte que me imaginé en una «gran cruzada», al estilo de Billy Graham.

Aquella noche casi no pude dormir, tal fue la alegría y felicidad que sentía. Al día siguiente, algunos líderes de la base se enteraron del culto, y el comentario de la gente era: «Josué Yrion es predicador». Y ahí estaba el «predicador», tirando la basura y limpiando el baño de los muchachos.

Mientras trabajaba, una chica que había estado en nuestro equipo en el culto, se acercó a mí y mirándome en los ojos, dijo: «Tuve un sueño anoche, después del culto. Te vi predicando a una enorme multitud, y la voz del Señor me dijo, durante el sueño, que Él te usará en el futuro, por todo el mundo».

Quedé atónito, sorprendido, casi perdí la voz. Con el balde en una mano y la escoba en la otra, después de escuchar esas palabras, terminé de limpiar el baño, agarré la basura y la coloqué en la carretilla, fui hasta el lugar donde se quemaba la basura, y con lágrimas en los ojos, me arrodillé y oré al Señor entre sollozos y lágrimas, y simplemente le dije: *«Heme aquí, Señor. Envíame a mí».*

Cuando viajamos para tiempo de cruzada de la EDE, fuimos a la iglesia del Pastor Lelo en la ciudad de Bauru, en el Estado de São Paulo. Nuestro líder de equipo se llamaba Ênio. Nuestro equipo era fantástico. Todos nosotros teníamos dones y talentos para ministrar en diversas áreas. Fueron dos semanas maravillosas de grandes experiencias. Yo era el «predicador» del equipo.

Continuando con el período de práctica, fuimos a la iglesia del Pastor Cabel Price, en la ciudad de Pará de Minas, en el Estado de Minas Gerais. Mientras nuestro equipo predicaba en la plaza, el día 14 de mayo de 1983 llegaron 12 policías y empezaron a pegarnos. Recibimos una paliza por el hecho de predicar la Palabra de Dios. Mi pierna sufrió duros golpes de los bastones y patadas de los policías.

Ellos nos pusieron en los vehículos y nos llevaron a la prisión de la ciudad. El líder de nuestro equipo, Paulo Barcelos, fue a avisar a los otros líderes de la base todo lo ocurrido. Todos en la base se pusieron a orar por nosotros. Las chicas no fueron presas, solo nosotros los muchachos. ¡Qué privilegio más grande fue sufrir por Cristo! Toda la ciudad se enteró de lo sucedido. Después de ser dejados en libertad, volvimos a predicar. Fue mi primera experiencia de oposición a la Palabra. La iglesia fue grandemente edificada por testimonios, dramas y predicaciones.

Tuvieron que enyesar mi pierna y quedarme en reposo en Pará de Minas, mientras tanto el equipo siguió ministrando. Fue ahí que leí, en el periódico *Mensageiro de Paz*, de las Asambleas de Dios, que en Holanda tendría lugar la Conferencia Internacional para Evangelistas Itinerantes, patrocinada por Billy Graham. Con mi pierna que dolía todas las noches, me acordé de las palabras que había dicho a mi Señor: *«Heme aquí, Señor. Envíame a mí»*.

Días más tarde, el Pastor Jaime Araújo escribió un artículo sobre lo ocurrido, titulado: «Como Pablo y Silas», dónde relató la paliza que nos dieron y cómo fuimos llevados a la prisión en Pará de Minas, simplemente por predicar el Evangelio de Cristo.

En otra ocasión, antes de terminar el curso, fue realizada una campaña evangelística en la plaza de Contagem, en Belo Horizonte. El Pastor Jaime Araújo predicó el viernes por la noche, el Pastor Jim Stier el sábado, y yo, juntamente con esos grandes hombres de Dios, prediqué el domingo en la noche, durante la clausura. Para mí fue algo extraordinario haber compartido la Palabra juntamente con mis líderes. Mi sermón, en aquella noche de mayo de 1983, llevó por título: «El Calvario, la solución para el hombre y el mundo depravado».

«Evangelista»

En la ceremonia de clausura, el 28 de junio de 1983, recibí el Diploma de Conclusión del curso de la EDE. Mi querida madre vino de Rio Grande do Sul para estar conmigo ese día. Las palabras escritas por el liderazgo de JUCUM, en reconocimiento de mi conclusión satisfactoria del curso, fueron estas: «Evangelista para Cruzadas. Promedio de aprobación del curso: 9.5».

Después de terminar la EDE en JUCUM en 1983, tuve una cita con el Pastor Jaime Araújo. Todavía recuerdo que me vestí con el *único* traje que tenía, color azul marino con rayas y una corbatita azul oscuro. Fui para hablarle sobre mi deseo de ir a Europa para participar en la Conferencia de Evangelistas en Ámsterdam patrocinada por Billy Graham, para después estudiar y ser misionero en España, con JUCUM. Ese gran hombre de Dios, que creyó en mi llamamiento, me escuchó con atención cuando le expuse mi deseo de participar de una Escuela de Evangelismo. Decidió apoyarme en todo, colocó sus manos sobre mis hombros y oró así: «Señor, sea hecha Tu perfecta voluntad en la vida de Josué, y si esto es lo que quieres, nosotros lo enviaremos a España con nuestra cobertura espiritual y con el poder de Tu Espíritu».

El Pastor Jim Stier había salido de viaje y el pastor Jaime me dijo que le escribiría. Así lo hizo. La respuesta fue positiva, y con la debida aprobación de mis líderes nacionales, obedeciendo la orientación del Espíritu Santo, después de muchas oraciones y espera en el Señor, fui enviado a Europa como misionero. El día 9 de julio de 1983 llegué a Madrid, España, para servir a Dios, después de un gran milagro financiero, cuando el Señor me proveyó el pasaje de avión. Fue en el tiempo justo. En el momento correcto. Yo había sido enviado. El Señor oyó mis oraciones mientras quemaba la basura y de rodillas, entre lágrimas, le pedí: *«Heme aquí, Señor. Envíame a mí».*

Llegada a Madrid

Al llegar al aeropuerto de Madrid, aquel día memorable y bastante caluroso del 10 de julio de 1983, desembarqué sin saber hablar castellano, mucho menos inglés. Después de cambiar algunos cruzeiros brasileños por pesetas españolas, leí las instrucciones de un teléfono público, y entendiendo más o menos coloqué una moneda y llamé a JUCUM para pedir que alguien viniera a buscarme. Del otro lado de la línea alguien atendió. Entonces dije: «Eh..., "sou"... soy Josué de Brasil "e acabo de chegar no aeroporto", eh, digo, llegar... necesito que "alguém" me busque». La persona al otro lado me preguntó en español: «¿Cómo estás vestido tú?» Le contesté en «portuñol», una mezcla de portugués y español: «"Estou", eh... estoy vestido con un trajecito azul con "líneas", ah, digo... «listras» y con una "gravata", digo, eh... grabatita azulita fuerte, "escura", con una camisa blanca». ¡Ay, Dios mío, qué problema no entender lo que dicen!

Mientras esperaba en la acera del Aeropuerto Barajas en Madrid, la voz sensible del Espíritu Santo me habló al corazón: «Josué, hoy empieza una nueva etapa de tu vida y de tu llamado. Lo importante es que seas fiel. Pasarás por muchas pruebas, pero yo estaré contigo». ¡Aleluya!

Aproximadamente media hora después llegó Antonio Fernández, mi hermano y amigo hasta hoy y quien actualmente vive en Colorado con su esposa Lissa e hijos. Me vino a buscar con una furgoneta blanca y me llevó al tercer piso de la base de JUCUM, en el poblado de Saucar, en Torrejón de Ardoz. Ahí vivían los pilotos de la Aeronáutica de los Estados Unidos. En esa época, los norteamericanos tenían allí una base aérea, pero hoy ya no existe. Puse mi pequeña valija en el suelo. Me atendió una jovencita llamada Doreen, de Holanda, quien me habló en inglés. No entendí nada de lo que me decía, entonces le dije: «Ah, por favor, en español, o mejor todavía, en portugués». Ella entendió mi desesperación cuando le dije que era brasileño y que acababa de llegar de Brasil. Más tarde, en mi habitación, la cual compartí con James de Estados Unidos, me arrodillé y lloré en la presencia del Señor, agradeciéndole por Su fidelidad en haber cumplido Su palabra en mi vida trayéndome a España.

Hoy, después de tantos años, lloré al escuchar la canción en castellano del cantante cristiano mexicano Jesús Adrián Romero, en la Convención Juvenil de las Asambleas de Dios, en noviembre de 2001, en el Ontario Convention Center de California, donde prediqué para casi 3.000 jóvenes de nuestro Distrito. Esa canción me hizo recordar los acontecimientos de 1983. Expresa realmente como yo me sentí en aquel domingo, al llegar a España. La letra es así: «Con manos vacías vengo a ti. No tengo nada que darte, no hay nada de valor en mí. No puedo impresionarte, te puedo entregar mi corazón quebrantado. Recíbelo, mi buen pastor; tu puedes restaurarlo. Pongo mi vida a *tu servicio*, Señor. No será mucho, pero lo entrego hoy, y si manos hoy vacías están, puedes llenarlas con tu gran poder y amor. *Usa mis manos*, Señor...».

HOLANDA

Después de llegar a España, me fui de inmediato a Holanda para asistir a la Conferencia Internacional para Evangelistas Itinerantes de Billy Graham, del 12 al 21 de julio de 1983. El Señor suplió el dinero a través de una hermana de Chicago, quien me lo prestó para comprar los pasajes.

En Ámsterdam me hospedé en una base de JUCUM, de la cual Floyd McClung Jr. era el director. Pasé muchas necesidades y dificultades en esa conferencia, pero fui grandemente bendecido al conocer muchos evangelistas de todo el mundo y poder escuchar personalmente a grandes predicadores, como Dr. Billy Graham entre otros.

Allí conocí a Bill Richardson de Nebraska, quien al ver que yo tenía hambre pues el dinero se me había agotado, me invitó a comer con él y sus compañeros pastores.

Después conocí a los hijos del embajador de Ecuador en Holanda, que también me ayudaron a suplir mis necesidades. También quedé agradecido con Floyd McClung Jr. que me dio algún dinero para «sobrevivir» durante los días de la conferencia.

Aprendí tanto en esos días que no hay espacio ni tiempo para escribir las experiencias que viví y cuánto aprendí de algunos de los mejores predicadores y evangelistas del mundo, reunidos en un sólo lugar.

Durante la conferencia, cenábamos a las 4 de la tarde en un enorme gimnasio, con los evangelistas que se turnaban para comer la cena servida por la línea aérea KLM.

En una oportunidad, vinieron a cenar, nada más ni nada menos que Billy Graham, su esposa Ruth y Cliff Barrows. Para mi asombro, ellos se sentaron al lado de mi mesa. De inmediato me levanté, y junto con centenas de otros evangelistas, saludamos a Billy Graham. Ruth Graham y Cliff Barrows autografiaron mi Biblia en portugués. ¡Imagínate, de los cuatro mil evangelistas participantes, Billy Graham vino a cenar justo al lado de mi mesa! Pude apretar la mano de ese hombre que tanto me había inspirado con relación a mi llamado de evangelista. ¿Coincidencia? ¡Claro que no!

JUCUM DE ESPAÑA

Me quedé en España desde julio de 1983 hasta julio de 1984. Exactamente, estuve un año bajo el liderazgo de mi querido «maestro», Pastor Afonso Cherene, brasileño nacido en Campos, Rio de Janeiro, quien me discipuló, me entrenó, invirtió en mí, me hizo llorar varias veces, me corrigió, me exhortó, me reprendió con palabras fuertes pero mansas y llenas de ternura y cariño. Todo eso lo hizo por mí, este «discípulo» que estaba dispuesto a todo para que el Señor cumpliese en mi vida todo lo que Él había dicho.

En Madrid viví en el barrio Tirso de Molina y frecuenté la Escuela de Idiomas junto a una hermana norteamericana de Chicago, llamada René. Allí aprendí al mismo tiempo el castellano y el inglés.

El Señor, en esa época, me quebrantó de varias maneras: con el hambre que a veces me hacía abrir el grifo para tomar solo agua porque no había nada para comer, con el frío, con la dificultad del idioma, con la convivencia con personas desconocidas en una pensión repleta en el centro de Madrid, con caminatas de largas distancias porque yo no tenía «pesetas» para pagar el subterráneo («metro o subte»). Solo compraba hígado para comer porque era lo más barato. Me fui a dormir muchas noches hambriento por no tener ningún dinero para comprar un emparedado. Allí también ejecutaba tareas semejantes a las de Belo Horizonte como limpiar el piso y los cuartos de baño, hacer el café de vez en cuando y lavar los platos después del almuerzo, entre otras obligaciones de «JUCUMERO».

Recuerdo una noche en la que todo lo que tuve para comer fue un pan «requeteviejo», de por lo menos 5 días. Intenté partirlo con la mano y casi me la rompí. Entonces me saqué un zapato y con él lo rompí en pedazos. Las migajas se esparcieron por toda la mesa, y entre lágrimas, empecé a comerlas. Oí la voz de Dios en mi corazón que me decía: «Come estas migajas porque es todo lo que vas a comer hoy. Te humillaré hasta el polvo, pero te levantaré para mi honor y mi gloria en su debido tiempo».

Tuve muchas oportunidades para predicar en iglesias de Madrid, en una de Torrejón de Ardoz y otra en Alcalá de Henares, también en una campaña evangélica en Sevilla, entre otras. Cuando evangelizábamos en las plazas de Madrid, yo ministraba la Palabra frente a una tienda llamada «El Corte Inglés», en la Puerta del Sol y después continuábamos con el evangelismo personal. Hacíamos lo mismo en Plaza España, algunas veces los sábados y domingos al anochecer. Todos los días en el pequeño salón del «snack bar» en el último piso, yo oraba de las 4 a las 6 de la madrugada, leía la Biblia hasta las 7 y un libro hasta las 8. Cuando la mayoría de las personas de la base se levantaba, yo, para empezar el día, ya había estado en la presencia del Señor por cuatro horas. Durante todo el tiempo que estuve en España, leí un libro por semana, motivado por mi deseo de aprender más sobre el Señor, sobre el evangelismo y misiones. Puedo decir que literalmente devoré los libros de la biblioteca de JUCUM. ¡Haz lo mismo! Busca, averigua, investiga, compra la mayor cantidad posible de libros que estén relacionados a tu llamado específico y léelos todos los días.

Austria

En septiembre de 1983, algunos misioneros y el liderazgo nacional fuimos en autobús a Mayhofen para participar en una conferencia sobre la obra en Europa, África y Oriente Medio, organizada por JUCUM de Austria. Allí encontré al Pastor Gérson Ribeiro a quien nuevamente agradecí por sus consejos y por haberme ayudado. Durante la conferencia, alguien me dio una profecía que decía: «Josué, así dice el Señor, quien te eligió en el vientre de tu madre: "Cuando todos duermen, tú te levantas a la madrugada para orar y estar conmigo pero, mientras, caminas en dirección al lugar de oración, yo ya he llegado y estoy esperándote para hablar contigo"». Allí también leí un libro que transformó mi vida de oración privada, llamado: «El Poder a través de la Oración», de E.M. Bounds.

En uno de los mensajes predicados por un líder de JUCUM de Europa, el Señor me habló profundamente con relación a soportar las necesidades, pruebas y tribulaciones durante el tiempo de escasez y perseverar en oración. Su mensaje se basó en el libro de Habacuc. En ese momento, lo que transformó muchas áreas de mi vida fue el siguiente pasaje: «Aunque la higuera no florezca ni en las vides haya fruto, aunque falte el producto del olivo y los labrados no den mantenimiento, y las ovejas sean quitadas de la majada, y no haya vacas en los corrales; con todo, yo me alegraré en Jehová y me gozaré en el Dios de mi salvación. ¡Jehová, el Señor, es mi fortaleza!» (Hab. 3.17-19).

El refugio en tiempos difíciles: ¡La oración!

En oración, el Señor me habló profundamente al corazón sobre el trato que yo había recibido en Belo Horizonte y ahora en Europa. Esa era Su perfecta voluntad para mí. Él estaba preparándome para algo mucho más grande de lo que yo pudiera imaginarme. Todo lo que tenía que hacer era permanecer en la brecha en oración, y Él haría Su parte.

Muchas veces, después de pasar horas en oración, escribía a mis padres en una mesita de mi habitación en el tercer piso, contándoles que me parecía que estaba en otro planeta por el hecho de no entender los idiomas. En la base había misioneros de todos los continentes del mundo y me resultaba difícil entender otras culturas y probar alimentos totalmente diferentes. Lloraba mucho por añorar mi Brasil y Río Grande do Sul, mi asado («churrasco Gaucho») y mi familia. Entonces Dios me hablaba en Su Palabra: «Si alguno viene a mí, y no aborrece a su padre, y madre, y mujer, e hijos, y hermanos, y hermanas, y aun también su propia vida, no puede ser mi discípulo» (Lc. 14.26). En oración, el Señor me ayudó a superar dificultades en esa área.

Una vez, mi compañero de cuarto llamado James, de Estados Unidos, se despertó asustado a las 6.15 de la mañana y me llamó agitado: «Josué, Josué, ¡despiértate hombre! ¡Ya pasa de las seis de la mañana y tú todavía estás durmiendo! ¿Qué te pasa?» Entonces le contesté: «James, hermano mío, me levanté a las 3.30 de la madrugada, oré hasta las 5.45 y vine a dormir un poco. Quien tiene que ir a orar eres tú que recién te levantas ¡y justamente me vienes a despertar!»

Cierta tarde, un hermano español llamado Paco y su esposa Helen, inglesa, me invitaron a orar y después saborear una comida española en su apartamento. Al terminar la oración, me entregaron una Palabra de parte del Señor sobre mi llamado y ministerio y una Escritura que jamás olvidaré, que dice: «Si tú de mañana buscares a Dios, y rogares al Todopoderoso; si fueres limpio y recto, ciertamente luego se despertará por ti, y hará próspera la morada de tu justicia. Y aunque tu principio haya sido pequeño, tu postrer estado será muy grande» (Job 8.5-7)

Al mirar atrás, veo todos esos años que han pasado desde 1983, en los que predicamos personalmente, hasta ahora en 70 países de todos los continentes a los que nuestro ministerio ya ha llegado a través de la televisión, así como en videos, audio casetes y libros a más de 112 países alrededor del mundo (lo sabemos por medio de cartas y mensajes electrónicos que recibimos). Debo admitir que mi comienzo, en verdad, en JUCUM de Brasil y España, fue verdaderamente pequeño y que a medida que crecemos, aumenta grandemente justo aquello que mis hermanos Paco y Helen Segura me dijeron cuando me entregaron la Palabra. ¡Aleluya! Todo lo que tienes que hacer es ser fiel a lo que Él te prometió y cumplir Su Palabra. Si ya has sido llamado al ministerio, tu oración debe ser esta; «*Heme aquí, Señor. Envíame a mí*».

Muchas veces, muy temprano por la mañana en la biblioteca de JUCUM, oré con una misionera inglesa llamada Rosemary Anne James. Orábamos específicamente por India, por África, por los países asiáticos y por el avivamiento en Europa, además de tantas otras oraciones por diferentes necesidades. Hoy miro atrás y veo que en algunos países de Asia, Europa, África y América Latina por los que orábamos y en los que ya he predicado, yo fui respuesta a mi propia oración. ¡Haz tú lo mismo! Ora con fe y pide al Señor que seas parte y respuesta de tus propias oraciones para la salvación de miles de almas. Pide al Señor un corazón misionero y evangelístico. Simplemente dí, desde el fondo de tu alma y de tu ser, en oración; «*Heme aquí, Señor. Envíame a mí*».

En la Navidad de 1983, mi madre, María Ione me visitó. Pasamos juntos un mes maravilloso en el que paseamos, fuimos a la iglesia, visitamos hermanos, alabamos juntos al Señor en los cultos de la base y mi madre compró un pequeño regalo de Navidad para cada persona que estaba en JUCUM en ese momento. El día 16 de enero de 1984 celebré mis 21 años con ella, mis compañeros misioneros y líderes de entonces. Durante la visita de mi querida madre, no dejé de levantarme de madrugada para orar, pero cuando regresó a Brasil a finales de enero de 1984, no pude ir a despedirme al aeropuerto, pues ya estaba en Sevilla, siendo parte de un equipo para una campaña evangelística en la cual yo sería uno de los predicadores.

Suiza e Italia

En marzo de 1984, con el equipo de JUCUM fui a ministrar en varias iglesias de Zurich, en Suiza, Milán y Turín, en Italia. Nuestro líder de equipo fue Mike, de Suecia. Ese equipo era formidable. Yo era el predicador del grupo, y hasta hoy conservo conmigo, en audio casete, el mensaje que prediqué en la iglesia Apostólica de Zurich donde el pastor es Alfred Wincler, que llevó por título: «El Precio del Avivamiento». Prediqué en español.

El traductor al alemán fue mi amigo Francis Pfister de Neuville Les Dieppe, en Francia.

Al predicar en esos países europeos y al pasar varias horas orando, estudiando, leyendo biografías de los grandes hombres de Dios del pasado y del presente además de preparar sermones en la biblioteca de JUCUM, muchas veces me arrodillé con lágrimas en oración diciéndole a Dios mi deseo de predicar por todo el mundo y de convertirme en un evangelista internacional. Mis palabras siempre fueron y seguirán siendo las mismas: *«Heme aquí. Envíame a mí».*

ESPAÑA ESTÁ EN EL CORAZÓN DE DIOS

Al practicar el español por las calles de Madrid y ejercer el evangelismo personal, llegué a amar a los españoles, que son muy cerrados al evangelio a causa de su intelectualidad, espíritu religioso, dureza de corazón y orgullo por «la madre patria».

Estudié el español con amor, ahínco y dedicación, sin darme cuenta que Dios me llamaría a predicar a los hispanos del mundo entero, y que llegaría a casarme con una linda mujer cubana, hija de un pastor y que además seguiría hablando español en casa y con nuestros hijos. Añoro tanto España que llevé a mi esposa Damaris a conocer la base de JUCUM, dónde serví al Señor con fidelidad, entrega y pasión. Después, en el año 2000, llevé a mis hijos Kathryn y Joshua Yrion Jr. para conocer España junto con mi esposa Damaris, quien llegó a amar aquel país de la misma forma que yo. Agradezco al Señor por todo lo que aprendí en tierras españolas, y si tuviera que pasar nuevamente por las pruebas, luchas y tribulaciones que enfrenté allí, lo haría de todo corazón porque España está en el corazón de Dios y en el mío también. Además España es un punto estratégico importantísimo para las misiones mundiales. Mi amor por las almas perdidas y mi llamado, cuando el Señor me envió, eran más grandes que cualquier circunstancia adversa que pudiera haber encontrado en España, y lo será para siempre. Nuevamente la canción cristiana del mexicano Jesús Adrián Romero expresa exactamente lo que yo sentí, y su letra en español es así: «La mies es mucha, hay gran necesidad, y pocos obreros al campo van, hoy muchos se pierden, viven sin dirección, vagan como ovejas sin pastor, *heme aquí, envíame a mí».*

Durante los últimos tres meses de mi estadía en España, de mayo a julio, trabajé en la recepción de JUCUM, atendiendo el teléfono entre otras tareas. Aprendí mucho, y antes de terminar mi tiempo, el Pastor Afonso Cherene, mi discipulador y «maestro», me invitó para viajar en auto a Zaragoza, donde él tenía un compromiso. Fuimos juntos y recibí nuevamente sus sabios y preciosos consejos expresando su preocupación por mí en cuanto a la dirección del Señor y los próximos pasos que yo debería dar para cumplir mi llamado de evangelista.

De Europa a Estados Unidos

El día 24 de julio de 1984, fui enviado a Estados Unidos, junto con un equipo de JUCUM, para ministrar durante los Juegos Olímpicos en Los Ángeles. En el avión de Iberia, en un vuelo directo de Madrid a California, oí nuevamente la voz serena del Espíritu Santo en mi corazón diciéndome: «Hoy termina una etapa para ti y empieza una nueva dimensión en tu vida en Estados Unidos, porque Los Ángeles es el lugar donde quiero comenzar a usarte en tu llamado y ministerio...».

ACUÉRDATE QUE ES DIOS QUIEN ENVÍA...

Capítulo 4

Dios suple

Janna Collins, misionera en China, al fallecer en un trágico accidente aéreo con toda su familia en 1994, en el Tíbet que en esa época estaba ocupado por China, había escrito en su Biblia estas palabras conmovedoras sobre la provisión de Dios: «Señor, aquí, delante de Tu Palabra, me entrego a mí misma, a mi esposo, mis hijos y todo lo que tengo o tendré. Seguiré Tu voluntad aun en la China. Abre las puertas, Señor, y yo iré y hablaré de Tu amor a los chinos. Cuando venga el tiempo de necesidad, súplenos Señor, y concédenos Tu paz en tiempos difíciles de angustia. Ayúdanos a tener gozo y a nunca murmurar. Yo te amo mi Señor».

Desde mi llamado para servirle en 1982, el Señor ha hecho tantos milagros que el tiempo y el espacio son insuficientes para que yo pueda relatar todas las experiencias de provisión que Él ha realizado. Son 20 años predicando y viajando alrededor del mundo, y son tantas las obras y maravillas que el Señor opera que realmente no las puedo relatar todas. Algunas las compartiré más adelante.

El Rev. George Müller, fundador del orfanato de Bristol en Inglaterra, leyó la Biblia más de 100 veces en su vida y nos relata una experiencia sobre la provisión del Señor, entre las muchas que presenció y vivió. En cierta ocasión había mandado aproximadamente a 200 niños que estaban bajo su cuidado en el orfanato, que se sentasen en las sillitas para tomar el desayuno. No había pan sobre los platos ni leche en los pequeños vasos que ellos usaban. Estando todos los niños sentados, él pidió que uno de ellos orara y agradeciera por los alimentos. Algunos niños se rieron, otros no podían cerrar los ojos, otros pellizcaban a sus amiguitos. Él les estaba diciendo que oraran por fe, para enseñarles sobre la provisión del Señor.

Unos 3 o 4 minutos después de la pequeña oración, alguien llamó a la puerta. Uno de los niños corrió a abrirla, para sorpresa de todos, una voz preguntó al niño: «¿Podría hablar con el Rev. George Müller, por favor?» Al atender la puerta el Pastor Müller se quedó atónito al darse cuenta que era el panadero y lechero de la ciudad. El hombre fue diciendo: «¿Sabe pastor? Al pasar frente a su orfanato la rueda de mi carroza se rompió justo aquí y no voy a poder llegar al otro lado de la ciudad, a tiempo para repartir el pan y entregar la leche. Creo que tanto el pan como la leche se echarán a perder. Preferiría, antes que perderlos, *donarlos* a su orfanato y para sus niños». ¡Aleluya!

Hace veinte años atrás aprendí algo en JUCUM: ¡Donde Dios lleva, Él suple! No tengas la menor duda de eso. Donde el Señor guíe un ministerio por Su perfecta voluntad y por Su Espíritu, Él suplirá siempre, mientras que tú tengas la fe necesaria, por supuesto, y creas en Su ilimitado poder.

En 1982, Él proveyó mi pasaje en ómnibus para irme a JUCUM desde Río Grande do Sul hasta Minas Gerais, y todo el tiempo entre el 82 y 83, Él proveyó maravillosamente para todas mis necesidades, porque yo estaba haciendo exactamente lo que Él quería que hiciera.

Es en esta área que muchos de los que son llamados, capacitados y enviados, luchan en su interior contra la duda y la falta de fe que se transforman en incredulidad, miedo e incertidumbre sobre si Dios suplirá o no.

Si Él ya te ha llamado, capacitado y enviado, es lógico que Él *supla* todas tus necesidades, porque ese es el próximo paso a dar. No hay tiempo ni espacio para que pueda contar todas las provisiones del Señor en mi vida. Tendría que escribir todo un libro solamente para eso. Son y fueron tantas las maravillas que el Señor operó y está operando en esa área de mi vida, que al retroceder la mirada, las lágrimas caen por mi rostro por las veces que Él suplió tremendamente y de forma sobrenatural mis necesidades físicas, espirituales y materiales. A continuación relataré apenas algunas, quiero que tú las leas con atención y en espíritu de oración.

Acuérdate que fe no es creer algo acerca de Cristo, es creer personalmente en Jesús. No es un salto en la oscuridad, es una convicción lógica porque se sustenta y alimenta en la Palabra de Dios. Ahora bien, creer en lo que Dios dice es muy diferente a decir «por fe» que mañana es miércoles, dado que hoy es martes. ¡La fe es la lógica de la Palabra!

Mi primer viaje en avión por la fe

Mi primer viaje en avión ocurrió en junio de 1982, de Belo Horizonte a Río de Janeiro. Me presenté a la FAB (Fuerza Aérea Brasileña) y pedí un lugar en el avión del CAN (Correo Aéreo Nacional). Simplemente entré en la oficina del sargento de servicio en aquel día y le expliqué mi necesidad de ir a Río Grande do Sul, y que no tenía dinero ni para el ómnibus ni para un pasaje aéreo comercial, puesto que estaba estudiando para ser misionero y predicador del Evangelio. El sargento me dijo entonces que los aviones de CAN eran usados para transportar correspondencia, que a veces había cupos disponibles únicamente para familiares de empleados de la Fuerza Aérea Brasileña ya que no era abierto al público. Le pedí que por favor me dejara hablar con el primer o el segundo teniente, quienes eran sus superiores. Me pidió que esperara algunos minutos.

Al hablar con el teniente, me dijo que él no podría solucionar nada, pero que me pasaría a la oficina del coronel para conversar sobre el tema. El coronel me atendió con cortesía y amabilidad, y me dijo que habría un viaje de Belo Horizonte a Río de Janeiro dentro de dos días. Me pidió que volviera, pero yo solamente embarcaría si alguien desistiera del viaje y me mostró que los pocos lugares del avión ya estaban ocupados por familiares de los funcionarios del CAN.

Al agradecerle, apreté la mano del coronel y dije en fe: «En dos días estaré aquí para viajar y vendré preparado con mi pequeña valija». Oré y le dije al Señor: «Colócame en ese avión, Señor. Tú sabes que necesito irme».

A los dos días me presenté muy temprano. Llovía. El mismo sargento me dijo que sería difícil, y con lista en mano me contó que los pasajeros estaban llegando, pero que el vuelo, que venía de Pouso

Alegre a Belo Horizonte, estaba retrasado debido a la lluvia. Me senté y simplemente oré. Ésta sería mi primera experiencia de la provisión del Señor para viajar en avión, entre muchísimas más hasta hoy.

Anocheció y nada del avión. Empecé a hacer amistad con el sargento y los muchachos que estaban allí. Les hablé por unos minutos sobre ciertos pasajes de las Escrituras. El sargento se había descarriado de las Asambleas de Dios. Su familia era creyente. Hablamos hasta media tarde y nada del avión.

Las personas que estaban allí para embarcar empezaron a ponerse impacientes. Seguí orando al Señor, y le pedí que alguien desistiera de irse… era mi única oportunidad. Todos estaban allí. Llegó el final de la tarde. Un mensaje venido por la radio de la base aérea decía que el avión ni había salido de Pouso Alegre para Belo Horizonte, y que a lo mejor el viaje sería cancelado para ese día.

Yo hasta me había olvidado de cuántas veces había ido al baño a arrodillarme y pedir que ese tal «avioncito» del CAN apareciera.

Llego la noche y allí estaba yo, hambriento, con mi maleta en las manos. Ya eran las 7.30 y nada de nada. Hasta que oí la voz serena del Espíritu Santo decirme en el corazón: «El avión no vendrá hasta que tú ganes para Mí a ese sargento que está descarriado». «¡Ahora mismo, che!» como dijera el gaucho: «Señor, si es necesario ganar a ese hombre y hablarle de Tu amor, para que el avión llegue, entonces puedes ya mandar ese "avioncito" del CAN para acá», dije, enviando mentalmente, un telegrama al Señor.

Cuando empecé a hablarle de las consecuencias de estar apartado del Señor, la lluvia paró. Después que escuchó atento y comenzó a entender que estaba equivocado y en pecado, la radio anunció que el avión ya venía en camino. Tan pronto él se reconcilió, orando junto a mí y con una pequeña lágrima en los ojos, el avión tocó la pista de aterrizaje.

Al comparar los nombres de los pasajeros presentes con la lista, se descubrió que dos de ellos habían desistido por el hecho de que ya era muy tarde. La vacante era mía y hasta sobró un lugar vacío. ¡Aleluya! Ese es el Dios Todopoderoso a quien sirvo, el Dios que jamás falló y que nunca fallará. Su nombre es Señor. Alaba Su poder. Él suplirá siempre tus necesidades y las mías. ¡Porque Dios llama, Dios capacita y Dios suple también! Así me fui a Río de Janeiro, en mi primer viaje aéreo, feliz por haber ganado a aquel sargento para Cristo.

Al sentarme al lado de un brigadier de la aeronáutica brasileña, la voz del Señor susurró de nuevo: «¿Qué te parece, Josué, si ganas para Mí a ese brigadier, eh?» Y antes que el Señor me dijera que el avión no aterrizaría a menos que yo hablara de Cristo a ese jefe de la Aeronáutica, abrí rápidamente la Biblia, ¡ja ja ja!...

Al llegar a Río no tenía donde pasar la noche, y allí también le esperaban otras pruebas a mi fe. Tuve que dormir en las bancas del Aeropuerto del Galeão por tres días, hasta que Él, milagrosamente, me supliera mi pasaje, por primera vez, en la aerolínea *Varig*, de Río de Janeiro a Porto Alegre. ¡Aleluya!

El poder de la fe

Durante el resto del año 1982, el Señor me suplió muchos viajes por el Estado de Río Grande do Sul, donde prediqué al lado de mi querido pastor Elizeu Dornelles Alves en campañas evangélicas. Vimos tantas sanidades divinas, conversiones, bautismos en el Espíritu Santo y muchas experiencias de provisión, que día tras día vi crecer mi fe en esa área, porque otros desafíos mayores vendrían.

Cuentan que cierta vez, una hermana tuvo un sueño. Ella vio al diablo sentado en la punta de una mesa y a su lado estaban tres demonios. El diablo preguntó al primero: «¿Qué has hecho hoy?» El demonio contestó: «Logré que un ministro pecase». «¡Muy bien!», exclamó el diablo. Luego preguntó al segundo demonio: «¿Y tú, qué hiciste hoy?» «¿Yo? Bueno, pues provoqué un enorme accidente y envié algunas personas al abismo. «¡Excelente!» dijo el diablo, e inquiriendo al tercero dijo: «¿Y tú? ¿Qué conseguiste hacer hoy?» «¡Ah! Hice más que estos dos juntos», dijo el tercer demonio. El diablo preguntó: «¿Pero qué has hecho que sea mayor de lo que hicieron estos dos?» Respondió el demonio: «Conseguí, después de varios años, quitarle la fe del corazón a una mujer creyente que oraba diariamente por sus familiares. Hoy los mataré, porque la incredulidad ya ha penetrado en su corazón y la falta de fe ya es evidente en sus oraciones y palabras. Hoy ella no oró con fe como lo hacía antes, y ellos serán míos en breve».

¡Qué el Señor reprenda el diablo y sus demonios! Tú puedes hacer la diferencia, creyendo en todos los aspectos de tu vida que requieran fe. Dios no solo suplirá tus necesidades materiales como también responderá a cualquier oración que demande una actitud de fe en tu vida. Imagínate que el diablo pueda sacarte la fe del corazón, y que tú te desanimes en frustración y derrota porque no ves la victoria que Dios prometió... ¡Persevera! Si no crees en la Palabra, eso te afectará en todas las áreas de tu vida espiritual. Si estás orando por la salvación de tus familiares, cree y confiesa en la promesa que dice: «Cree en el Señor Jesucristo, y serás salvo, tú y tu casa» (Hch. 16.31).

Si necesitas que Dios haga un milagro en tu cuerpo enfermo, solamente cree que Él es poderoso para hacerlo. Muchas personas no creen en la sanidad divina. ¡Yo creo! He visto a Dios sanar alrededor del mundo, en nuestras campañas y por intermedio de otros ministerios. Cuentan que en la cruzada de T. L. Osborn, en África, trajeron a un niño que había nacido sin ojos. No era ciego, sino que ese niño de 8 años había nacido sin ojos. Lo colocaron en el palco junto con su madre, mirando hacia el gran predicador T. L. Osborn, quien dijo: «Hoy quiero ver si Dios es solamente Dios de los blancos de América o también es Dios de nosotros los negros, aquí en África». T. L. Osborn lo levantó en sus brazos y orando dijo: «Sepan que Dios Todopoderoso está aquí. Señor, haz nacer ojos en este niño ahora mismo, para que Tu nombre sea glorificado». De forma instantánea, Dios creó en ese niño ojos que comenzaron a brotar en su rostro, le fueron creadas órbitas y de adentro de ellas salió un par de ojos. El niñito lloraba y decía: «¿Dónde estás mamá? Conozco tu voz, pero nunca te vi y ¡ahora puedo verte, ahora puedo verte!» Ese milagro ocurrió delante de una gran multitud, y todos los presentes, incluida la madre del niño, se arrodillaron y alabaron: «Sólo el Señor es Dios, sólo el Señor es Dios... ¡Aleluya!»

¡Dios sana hoy! Yo mismo, muchas veces, he necesitado la sanidad divina en mi propio cuerpo enfermo. ¡Él es fiel! Cree en la Palabra de Dios que te dice: «Porque yo soy Jehová tu Sanador» (Éx. 15.26). En nuestra familia tenemos innumerables testimonios de la sanidad divina. Seguramente faltaría tiempo y espacio para relatar todos los milagros que hemos presenciado. Cree en la Palabra en todas las áreas de tu vida, y verás operar al Dios de los milagros.

Damaris y yo hemos orado por centenas de personas enfermas y ellas han sido curadas. En el próximo capítulo verás que Él no solamente te llama, sino que también te capacita, suple y respalda tu ministerio y tu vida en todas tus iniciativas para Su reino. Abre tu corazón para seguir creciendo en la fe y en el conocimiento de Cristo y de su Palabra.

Dios siempre suplió mis necesidades y también suplirá las tuyas. Sólo cree en Su Palabra.

Si ya has sido llamado al ministerio como lo fui yo a los 18 años de edad, Él seguirá supliendo tus necesidades como siempre lo hizo y lo hará. Basta que creas en Su Palabra. Acuérdate que fe no es esperanza. Están relacionadas, pero no son la misma cosa porque la esperanza es el deseo del corazón y la fe es el fundamento. Tenemos que decir: «No espero ir al cielo, ¡yo voy! Ese es el fundamento, ¡el fundamento de la Palabra!

MI SEGUNDO VIAJE EN AVIÓN POR LA FE

Para poder volver a JUCUM, en febrero de 1983, acudí de nuevo a CAN, esa vez en la ciudad de Porto Alegre para intentar ir en avión hasta Belo Horizonte. Yo ya había tenido mi primera experiencia y sabía que Él estaría otra vez conmigo.

Hablé con los responsables por la lista de pasajeros y el teniente me dijo que volviera en la mañana siguiente, pero que todos los lugares ya estaban ocupados. Llegué a las 7 de la mañana al aeropuerto de la FAB en Porto Alegre. El vuelo estaba programado para las 9.30. Haría escala en Santa Catarina, Paraná, São Paulo e iría para Río de Janeiro. De allí, sabía que tenía que ir otra vez por el CAN o en ómnibus, hasta Belo Horizonte.

Las personas estaban llegando, y el sargento me dijo que el vuelo estaría repleto, a menos que alguien no apareciera.

Fui al baño de la base aérea, doblé las rodillas y dije al Señor: «Haz que alguna persona no venga, que alguien no haya podido levantarse de la cama esta mañana, agarra sus piernas y átalas a la cama. No levantes a esa persona, el asiento es mío. ¡Es mío por la fe en tu nombre, Señor Jesús! ¡Amén!»

Al volver al mostrador de la FAB, ya eran las nueve y cuarto. Escuché cuando los motores del avión fueron prendidos. La orden para embarcar había sido dada. Yo estaba en la lista de espera y sería la primera persona a embarcar si alguien faltase.

Con fe en Cristo, seguí orando mentalmente. El sargento me miraba y yo le parecía raro, allí parado o inclinado sobre el mostrador, con los ojos cerrados, «rezando» según él.

A las 9.25 el sargento anunció que estaban cerrando las puertas del avión, pero justo antes de partir ocurrió un milagro de «última hora». Un teniente entró en la sala de espera, miró al sargento, le pidió la lista de pasajeros y tras mirar el primer nombre en el papel y luego a todos nosotros, dijo: «¿Quién es Josué Yrión?» Di un grito y levanté las manos: «¡Soy yo, soy yo!» El teniente mirándome, dijo: «La esposa del capitán, que viajaría hoy, amaneció enferma, no se puede levantar de la cama. No sabemos qué le pasó. El lugar es tuyo, Josué, puedes entrar y deja tu maleta aquí que yo te la pondré en el avión». ¡Aleluya! ¡Este Dios no falla! Justo a las 9.30, la puerta se cerró y el avión del CAN corrió la pista, y yo estaba adentro, agradeciendo al Señor por esa fe que mueve «aviones» y «paraliza piernas» y que llama las cosas que no son como si ya fueran. El teniente no sabía lo que había pasado con la esposa del capitán, pero yo sabía, porque mi Dios no falla ni pierde nunca una batalla espiritual de provisión. Él te probará hasta el último momento, pero la victoria es tuya. ¡Aleluya! ¡Alaba el nombre del Señor!

CREE SOLAMENTE

Quizás estés luchando en tu interior. ¿Será que Dios suplirá? Durante todo el tiempo que le he servido, más de 22 años, nunca le he visto perder una batalla en oración con relación a algo que yo necesite. ¡Jamás! Sea en el área personal, familiar o ministerial, Él me ha suplido siempre y seguirá supliendo, porque es para Su Honor y para Su Gloria.

Cuando inclino mi cabeza y cierro los ojos, empiezo a pensar en las provisiones del pasado y las comparo con los grandes retos que tenemos hoy, como por ejemplo, predicar en grandes cruzadas alrededor del mundo, donde nuestro ministerio necesita miles de dólares para pagar los gastos de esas cruzadas populares en los países del tercer mundo. No hago otra cosa sino agradecerle, con lágrimas y arrodillado, a Aquel quien nos condujo lentamente, paso a paso, y que fue edificando nuestra fe para los grandes retos y para las dificultades mucho más grandes que estamos enfrentando actualmente.

Entrega esa área al Señor. Muchos han dejado el ministerio porque el miedo se apoderó de ellos y no consiguieron creer que Dios puede suplir sus carencias. Conozco a varias personas que, por la seguridad de tener una casa y un empleo con sueldo fijo todos los meses, abandonaran su llamado al dejar que sus emociones hablaran más alto que la propia Palabra de Dios, que dice: «Mi Dios, pues, *suplirá* todo lo que os falta conforme a sus riquezas en gloria en Cristo Jesús». (Fil. 4.19).

Cree en la Palabra de Dios y no en tus sentimientos, que te llevarán al fracaso y la derrota. Él es mi Dios, tu Dios, nuestro Dios. ¡Alabado sea Su Nombre para siempre! La fe no es una emoción, fe es una convicción operada por medio del Espíritu Santo y del conocimiento de la Palabra de Dios. No se dice: «Siento que Dios va a suplirme». Se dice: «Yo *sé* que Dios suplirá, porque Él ya lo prometió en Su Palabra». ¡Aleluya!

El gran predicador D. L. Moody dijo en cierta ocasión: «Yo creía que al orar la fe me llegaría como un rayo, pero he aprendido que la fe llega por oír y el oír por la Palabra de Dios». Eso es exactamente lo que dice la Biblia: «Así que la fe es por el oír; y el oír, por la palabra de Dios». (Ro. 10.17). Cree en la Palabra, confiesa la Palabra, escucha la Palabra, vive la Palabra y ella te dará una fe extraordinaria.

Mi tercer viaje en avión por la fe

En todo el tiempo que estuve en la EDE, de febrero a junio de 1983, Dios suplió enormemente todas mis necesidades. Al graduarme fui enviado a España y el Señor, de una manera extraordinaria, suplió el pasaje aéreo. Me fui de Porto Alegre a Río de Janeiro y de Río a Recife. Cuando llegué allí un viernes en la noche, el avión ya había partido rumbo a Madrid porque mi vuelo para Recife se había retrasado.

Viajaría por *Aerolíneas Paraguayas*. Sin embargo, el Señor me reservaba algo mejor. ¡Entonces me tuve que volver a Río! *VARIG* me mandó de vuelta de Recife a Río, por pura misericordia divina. Recuerdo que tomé un taxi y me fui a la oficina de *VARIG*. Era un sábado por la mañana. Ahí me dijeron que en *Aerolíneas Paraguayas* solamente había un vuelo semanal de Recife a Madrid. Hablé con el gerente y le pedí que por favor me cambiase el pasaje, pues ¿qué iba a hacer en Río durante toda la semana? ¿Dónde comería y dormiría, mientras esperaba por el próximo viernes? Me pidió que lo esperara un rato, entró en una sala y cerró la puerta. Ahí oré al Señor: «Jesús, tengo que irme hoy a Madrid; no puedo esperar hasta la semana que viene. Tú conoces todas mis limitaciones. Transforma el corazón de este hombre. En el nombre de Jesús, qué él cambie el pasaje. ¡Amén!»

Después de unos 10 minutos regresó y me dijo: «Nosotros no cambiamos ese tipo de pasaje, porque el valor de tu billete se refiere a una clase de servicio que tiene un precio más barato, comparándose con los nuestros de *VARIG*. No sé por qué, pero haremos una excepción en tu caso. Saldrás esta noche y llegarás mañana por la mañana, domingo, a Madrid vía *VARIG*». ¡Aleluya! ¡Ese es el Dios que no falla!

Mi querida madre me había dado el dinero que me permitió adquirir el pasaje de Recife a Madrid por *Aerolíneas Paraguayas*. Dios usó a mi madre, pero Él cambió ese pasaje por uno de *VARIG*. Recuerdo lo que ella me dijo cuando salí de Río Grande do Sul para el campo misionero español: «Él suplirá, Josué, todas tus necesidades, sean ellas tus pasajes, tu alimento, tu vestimenta, un lugar para vivir, etc. solamente Él y no tu madre será quien *siempre* suplirá todo lo que necesitas, en Cristo».

EUROPA

Al llegar a Madrid, el Señor me proveyó por medio de una hermana misionera de Chicago llamada Renée el pasaje hasta Holanda, para que yo asistiera a la Conferencia para Evangelistas de Billy Graham. Ella me prestó el dinero y tuve que creer en el Señor para poder pagarle porque ella también necesitaba ese dinero. Luego el Señor me suplió y se lo pude devolver. Ella me ayudó en un momento de necesidad, por lo cual siempre le estaré agradecido. Además, también fue mi profesora de español e inglés.

Durante la conferencia en Ámsterdam comí solamente una vez al día, con los evangelistas, porque el dinero solo me alcanzó para el pasaje y no para comer. Recuerdo que cierta mañana estaba con mucha hambre, oré por un largo rato y lloré en la presencia del Señor. Al terminar de orar, levanté los ojos y miré para el otro lado de la estación de trenes, en la plaza central de Ámsterdam, y vi la enorme letra M de *McDonald"s*, la famosa cadena de «fast food» que vende hamburguesas, etc.

Estaba hospedado en la base de JUCUM, donde el Pastor Floyd McClung Jr. era el director. Al ver la enorme letra oré al Señor y le pedí: «¡Oh! ¡Dios Todopoderoso! ¿Qué es para ti una pequeña hamburguesa de *McDonald"s*, si Tú eres el Señor de toda la tierra? ¡Tengo hambre, mucha hambre! Señor, dame una hamburguesa con queso o sin queso, pero con queso es mejor, y dame unas papas fritas con Coca-Cola. Tú puedes hacer eso. No sé cómo lo harás, pero Tú puedes hacerlo. Si me has traído hasta acá, Tú suplirás mi necesidad de comida. Te lo pido en nombre de Jesús, ¡amén!» Tan cierto como Dios vive, les digo la verdad. No pasaron ni 10 minutos y alguien tocó la puerta de mi cuarto. Al abrirla había un misionero con dos muchachos más y dos chicas, misioneras también. Él me preguntó: «¿Eres el "JUCUMero" que se vino de Brasil para la Conferencia de Billy Graham?» «Sí», le contesté. Entonces él me dijo: «Bueno, por acá es costumbre que cuando un "JUCUMero" viene de otro continente, nosotros reunimos algunos hermanos que están aquí y siempre damos la bienvenida al recién llegado. Por eso, nos gustaría estar contigo un rato e invitarte al *McDonald"s* para comer unas hamburguesas con nosotros». ¡Oh! ¡Alabado sea Su Nombre! Fue mi primera experiencia de fe en el exterior. La fe es progresiva, como ir escalón por escalón. Si Él suple una pequeña hamburguesa, ¿qué es lo que Él no podrá hacer por mí o por ti? No habrá nada que Él no pueda hacer. «Porque nada hay imposible para Dios». (Lc. 1.37). La fe no es un principio inerte, estático ni parado. La fe es viva y es real, es la corriente sanguínea del creyente que no puede parar.

Él suple pasajes, alimentos, ropas, estadía, un techo para vivir, sana tu cuerpo, salva tus familiares y amigos. ¡Él es el Señor! Cristo lo prometió: «¿No te he dicho que si crees, verás la gloria de Dios?» (Jn. 11.40). Sólo tienes que creer. ¡Eso es todo! Creer y actuar con fe en Su Palabra. ¡Eso es todo!

También el Señor me suplió fantásticamente en septiembre del 83, cuando tuve que ir de España a Mayhofen, Austria, con los misioneros y líderes de JUCUM, incluso el director nacional, el Pastor Bob y su esposa Vicky. Alguien depositó dinero en un banco en Nueva York, y el aviso del crédito en la cuenta de JUCUM llegó a través de un telegrama, unos días antes del viaje que se haría en ómnibus.

Me hospedé junto con el liderazgo de JUCUM y pude conocer a hombres como Don Stevens, encargado del barco *Anastasis* de JUCUM, además de otros grandes líderes mundiales. Pude volver a ver al Pastor Floyd McClung Jr. y agradecerle nuevamente por la ayuda que me prestó durante mi estadía en la base de JUCUM en Holanda. Fue en Mayhofen que el Señor me trató tremendamente con relación al área de la provisión divina y me habló, como recordarás en Habacuc 3.17-19, a través de un mensaje extraordinario de uno de los líderes nacionales de JUCUM en Europa.

De regreso a España, entre noviembre del 83 y enero del 84, el Señor me suplió maravillosamente para que pudiera frecuentar la Escuela de Idiomas en Madrid, donde aprendí inglés y español. Más adelante, en las campañas en Suiza e Italia, en marzo de 1984, Dios suplió nuestras ropas de invierno para poder soportar el frío y la nieve, así como también todos los gastos de viaje, alimentación y estadía en esos países. De abril a julio de 1984, los últimos meses que estuve en España, Él suplió de una manera grandiosa para cubrir las necesidades en todas las áreas de mi vida.

El milagro del pasaje de avión de España a Estados Unidos

Para viajar a Estados Unidos con el objetivo de ministrar en los Juegos Olímpicos de Los Ángeles, juntamente con el equipo de JUCUM en el verano de 1984, el Señor me suplió de una forma diferente, primero la visa en la Embajada Americana en Madrid y después el pasaje.

Sólo faltaban unos pocos días para el viaje, que estaba marcado para el día 20 de julio. Mis líderes me advirtieron que si el dinero para el pasaje no llegaba por lo menos seis días antes, no podría ir porque el lugar tenía que ser reservado.

Confié en el Señor y le dediqué una semana de ayuno y oración continua, hasta que ocurriera el milagro. Como trabajaba en la recepción y recibía las cartas para los misioneros y líderes, todos los días revisaba la correspondencia para ver si había alguna para mí. Cuando faltaban apenas cuatro días para el viaje, recibí una carta de Zurich, Suiza. La tomé de inmediato, y mientras subía la escalera entre el segundo piso y el tercero donde estaba mi cuarto, la abrí despacito, con paciencia y en oración. La agarré y dije antes de abrirla: «Sé que aquí está mi pasaje para California. Tú eres fiel, Señor. Por la fe, sé que aquí está». Cuando llegué al cuarto, abrí la carta, me senté en la silla junto a mi mesita y allí estaba... la copia del giro de Zurich para la cuenta de JUCUM en Madrid. Era la cantidad exacta que necesitaba para irme a California. Fue enviado por una hermana que me había oído predicar el domingo por la mañana, 10 de marzo de 1984, en la iglesia Apostólica del pastor Alfred Wincler en Zurich. Ella me contó en inglés, que estando en oración oyó la voz del Espíritu Santo decirle que enviase el dinero para que yo pudiera ir a Estados Unidos. ¡Aleluya! ¡Dios es fiel!

Bajé por la escalera inmediatamente hacia la recepción y pregunté al tesorero de JUCUM si ya había llegado el giro. ¡Por supuesto que sí! ¡Ya estaba depositado en la cuenta el dinero para mi pasaje! Me dirigí al pastor Afonso Cherene y compartí con él la maravillosa noticia. Después fui hasta el líder nacional, pastor Bob, y enseguida también le di a mi compañero de cuarto, James, la buena noticia. Además de ellos, otros tantos supieron y se alegraron conmigo. ¡Dios suple y suplirá siempre!

Debes creer y perseverar en la fe

Por no perseverar, muchas personas se desalientan enseguida cuando no reciben lo que esperan en un corto plazo de tiempo. En la perseverancia, la fe, la confianza y la espera en la Palabra es que eres probado y madurado. Dios hace eso porque quiere ver lo que hay en tu corazón.

Mi alma se llena de gozo cuando miro atrás y recuerdo algunas de esas experiencias que el Señor ha puesto en mi vida a través de todos estos años. Mira lo que dice la Palabra de Dios: «Y *te acordarás* de todo el *camino* por *donde te ha traído* Jehová tu Dios estos cuarenta años [22 hasta ahora en nuestro caso] en *el desierto*, para afligirte, para *probarte*, para saber lo que había en tu *corazón*, si habías de guardar o no sus mandamientos» (Dt. 8.2). ¡Aleluya! Él permite todas esas pruebas en tu vida para madurarte y guiarte por el desierto (aflicciones y necesidades), para humillarte y para que el día de mañana, después de haber crecido en el ministerio, no te olvides jamás de dónde saliste y lo que Dios hizo, está haciendo y hará contigo mientras creas en Su Palabra de poder con fe, perseverancia y espera.

Una vez, el hijo de un pastor evangélico, de 9 años, se dirigió a su padre y le contó: «La profesora de la escuela dominical nos enseñó esta mañana que Dios abrió el Mar Rojo para que Israel pasase». El padre, quien era un pastor que no creía en milagros, tratando de sacarle de la cabeza la idea de milagro, le contestó: «Realmente no fue así, hijo. Resulta que la marea del Mar Rojo en esa estación del año fue muy bajita, y por eso Israel pasó al otro lado». El niño volvió a su profesora y le relató que su padre, pastor de la iglesia, no creía en ese milagro. La maestra instruyó al niño, quien a su vez volvió a su padre y le dijo: «La profesora me dijo que Dios hizo dos columnas de agua e Israel pasó por el medio, y tú, papá, dices que no hubo milagro». Replicó el pastor: «Ya te he dicho que la marea estaba baja». Entonces exclamó el pequeño: «¡Más grande fue el milagro de Dios, entonces!» «¿Qué milagro, hijo?» «Pues que Dios sepultó a todos los egipcios en esa marea bajita del mar, porque la Biblia dice que todos los egipcios murieron ahogados después que Israel llegó al otro lado». De cualquier manera hubo milagro. ¡Alabado sea el nombre del Señor para siempre! Si tú te encuentras entre los egipcios por un lado (los demonios), el desierto a otro lado (las pruebas) y al frente el mar (aquellos obstáculos imposibles), entonces escucha la voz del Espíritu que te dice: «Si Dios te llevó hasta el mar, Él te lo abrirá y pasarás victorioso por en medio, y si acaso no lo abre, Él te hará caminar sobre las aguas del mar. De cualquier forma, Él te hará cruzar el mar, ¡y de la misma forma será un milagro también!» Acuérdate: ¡Dios es el Dios de los milagros!

A TODOS NOSOTROS DIOS CONCEDIÓ UNA MEDIDA DE FE

Dios obra de varias maneras para suplir nuestras necesidades porque cada uno de nosotros es diferente. Israel necesitaba cruzar el mar y Dios lo abrió. Pedro, al mando de Jesús, caminó sobre las aguas del mar. Noé construyó el arca y Dios lo libró del diluvio. Abraham se dispuso a ofrecer a Isaac pero Dios proveyó el cordero. Moisés sostuvo su vara en la mano y Dios dividió el mar en dos columnas. Josué apuntó su lanza hacia la ciudad de Hai y Dios le dio la victoria. Saúl luchó con su espada y Dios le permitió matar a los filisteos. David tenía una honda y tras lanzar una sola piedra, Dios la clavó en la frente de Goliat. Elías estaba con la tinaja vacía de la viuda y Dios le colocó harina. Eliseo tenía vasijas vacías y Dios las llenó de aceite hasta rebosar. Esdras conocía la Ley del Señor y Él le hizo enseñarla al pueblo con diligencia. Nehemías recibió el permiso del rey y Dios le hizo reconstruir los muros. Ester fue valiente al presentarse delante del rey y Dios libró a los judíos del exterminio. Job fue paciente y Dios le hizo vencer todas las pruebas. Salomón tuvo sabiduría y Dios lo inspiró a escribir el sabio libro de Proverbios. Isaías tuvo el don de la profecía y Dios lo usó para exhortar a Israel, y así lo convirtió en el mayor profeta de la Biblia. Jeremías tuvo fuego en sus labios y Dios le hizo predicar y profetizar para los líderes de Israel en el tiempo del cautiverio en Babilonia. Ezequiel recibió visiones y Dios le permitió ver Su gloria. Daniel fue íntegro y Dios lo libró de ser devorado en el foso por los leones. Los tres jóvenes, Sadrac, Mesac y Abed-nego, tuvieron fe y Dios los libró de las llamas del horno de Nabucodonosor. El apóstol Pablo sufrió por Cristo y Dios le concedió la gracia de ir hasta el tercer cielo. Tú siempre tendrás algo y Dios transformará lo que tienes o hiciste. Él realizará el milagro en tu vida. ¡Aleluya!

«Es pues la *fe*, la certeza de lo que se *espera*, la convicción de lo que no se ve. Porque por ella alcanzaron buen testimonio los antiguos. Por la *fe* entendemos haber sido constituido el universo por la palabra de Dios, de modo que lo que *se ve*, fue hecho de lo que no se veía» (He. 11.1-3)

Tenemos que estar seguros acerca de lo que hemos pedido en oración y qué esperamos. Alcanzaremos buen testimonio, es decir, la victoria, si actuamos con fe en la Palabra de Dios. Además, debemos andar con confianza inmutable y no por lo que vemos, como dice Pablo en su epístola: «*porque por fe andamos, no por vista*» (2 Co. 5.7). Cualquiera que sea tu necesidad, sea emocional, física, económica, familiar, de sanidad divina, etc., puedes estar seguro que Él las suplirá a todas. Muchos de los que son llamados después de haber sido capacitados y enviados, cuando tienen que actuar en fe para recibir la provisión, son vencidos por el desánimo al no ver a Dios actuar como ellos esperan. Recuerda: «Donde Dios lleva, Dios provee». ¡Jamás vi a Dios fallar en esa área y Él nunca fallará! Ten una fe correcta y Él te responderá de la manera correcta. Ten una fe poderosa y Él actuará poderosamente en tu vida. ¡Es así de sencillo!

Larry Darby dijo: «Fe es oír y creer en la Palabra de Dios, y vivir de acuerdo con ella».

QUE EL MILAGRO NO TE TOME POR SORPRESA

Cuentan que en Dallas, Texas, un pastor oraba mucho para que Dios le concediera una gran iglesia, tanto en número de miembros como en tamaño. Él oraba para que el Señor le diera millones de dólares para que la pudiera construir.

Había un miembro en su iglesia, llamado Joe, que estaba enfermo del corazón y ya estaba internado en el hospital. Todos los días, a las 8 de la mañana, el pastor lo iba a ver. Una mañana, antes de visitarlo, el pastor recibió una llamada telefónica. Era un pariente de

Joe. Le contó que el abogado le había informado que Joe acababa de heredar 20 millones de dólares en acciones de petróleo de la empresa de la familia. Le parecía que, como alguien tenía que darle la noticia a Joe, el pastor era el más indicado. Le advirtió que tuviera mucho cuidado al darle la noticia, pues como Joe estaba enfermo del corazón, podría morirse de un ataque cardíaco al escucharla. Así pues, mientras oraba y pedía a Dios sabiduría para dar la noticia a Joe, el pastor se dirigió al hospital.

Al llegar, como tenía por costumbre, saludó a su amigo y le dijo: «Joe, cuando venía para acá escuchaba la radio y pensé: ¿Qué haría yo si heredase 20 millones de dólares? Eso porque me enteré que alguien los acaba de heredar. Yo apenas estaba pensando, tú sabes, qué tremendo sería recibir esa enorme suma... (el pastor tenía miedo de decírselo directamente, porque le preocupaba que el corazón de Joe no resistiera la noticia y él caería muerto) ... y entonces, ¿tú qué harías si recibieses una herencia de 20 millones de dólares?» Joe, con mucha tranquilidad, miró al pastor y le contestó: «Bueno... yo daría 10 millones a mis hijos para que ellos estudiasen en las mejores universidades del mundo y tuvieran su futuro financiero asegurado, si yo llegase a morir». El pastor le preguntó: «¿Y los otros 10 millones? ¿Qué harías con esa cantidad?» Joe respondió: «Bueno, pues te los daría a ti, para que construyeras el templo enorme por el cual has orado tanto». Al oír eso, el pastor cayó muerto de un ataque al corazón justo al lado de la cama de Joe... ¡Oh! ¡Dios mío!

Prepárate para el momento en que el Señor supla tu necesidad. Si estás orando por cosas grandes, paga un precio alto para alcanzarlas y cree que Él te dará lo que tanto deseas. No caigas muerto cuando Dios supla tu ministerio con millones de dólares. Si fueres fiel en lo poco, mucho Él te dará. ¡Tienes que estar seguro de eso! Hoy el Señor nos ha entregado miles de dólares para sostener los 15 misioneros que tenemos y pagar la realización de cruzadas alrededor del mundo. Estoy seguro que llegará el día en que nos dará millones de dólares porque Él nos proporcionará los medios de comunicación: radio, televisión y satélites, para que podamos alcanzar este mundo perdido y llevarlo a Él. Si Él nos ha dado miles de dólares, nos dará millones también. Si somos fieles con los miles, también seremos fieles con los millones.

Harold Freeling declaró: «La fe es el acto voluntario del individuo por el cual deposita el peso de su necesidad sobre un objeto en el cual confía y, conforme a ese objeto, dirige sus actos. En el reino de las Escrituras, ese objeto es DIOS, y el acto voluntario es producido o causado por el oír y creer en *Su Palabra*». ¡Aleluya! ¡Cree en el Señor y en Su Palabra! ¡Él es fiel! Recuerda: «Si nuestra fe es una semilla viva, nacida de la confianza en Dios, nutrida por el Espíritu Santo y regada por la Palabra de Dios, seguramente esa fe producirá frutos». ¡La fe en la Palabra no fallará jamás!

ESTADOS UNIDOS

Llegamos a Estados Unidos el día 21 de julio de 1984, para ministrar en los Juegos Olímpicos de Los Ángeles, y durante mi estadía el Señor suplió todas mis necesidades.

Nos hospedamos en la iglesia La Trinidad de las Asambleas de Dios, en San Fernando, California. Esa fue la primera iglesia de Estados Unidos en la que, junto a un equipo de JUCUM, prediqué y compartí mi testimonio, un domingo por la mañana.

Más adelante también evangelizamos uno a uno por las calles. Luego me quedé en la base de JUCUM en Sunland, donde el Pastor Gérson Ribeiro me ayudó a conseguir oportunidades para predicar en las iglesias hispanas y el Señor suplió el dinero para irme a Brasil en octubre de 1984.

En aquel entonces, el Señor había colocado las bases para el ministerio hispano en Los Ángeles. Acuérdate que Él me había dicho al corazón con la voz del Espíritu Santo, en el avión de *IBERIA*, cuando viajé de Madrid a California: «... porque Los Ángeles es el lugar donde Yo quiero comenzar a usarte en tu llamado y ministerio...». California era el lugar donde Dios me quería y donde me tiene hasta hoy. Es de aquí que vamos a todas las naciones. Dios también tiene un lugar para ti. Espera Su tiempo. Él lo hará en el momento que Él decida, y no tú. Él te llevará y te suplirá todo.

RECUERDA QUE DIOS ES QUIEN SUPLE...

Capítulo 5

Dios respalda

$\mathcal{E}$l conde Nicholaus Zinzendorf dijo estas palabras con relación al respaldo de Dios: «Tengo solamente una pasión y es Él, y solamente Él. El mundo es el campo, y el campo es el mundo. Por lo tanto, mi casa será el país donde Él me quiera respaldar y podré ser usado para conquistar muchas almas para Cristo».

Ordenaciones al ministerio

Recibí el diploma de ordenación misionera de JUCUM el 7 de diciembre de 1984, en la sede de la misión en Contagem, Belo Horizonte, Minas Gerais, Brasil. Fue una ocasión de muchas alegrías de la cual conservo, con mucho cariño, las fotos tomadas aquel día, el abrazo de mis líderes de JUCUM y las palabras de felicitaciones del personal de la base. Fueron 3 largos años de espera. Desde 1982, cuando fui por primera vez a JUCUM, en 1983 cuando terminé la EDE y fui para España, en 1984 cuando fui a los Juegos Olímpicos en los Estados Unidos y por fin, al terminar 1984 fui aprobado por mis líderes nacionales como misionero de la misión. ¡Dios respalda! ¡Aleluya! Fueron 3 años.

El profeta Elías también esperó 3 años para comenzar su ministerio. La Biblia dice: «Apártate de aquí, y vuélvete al oriente y escóndete junto al arroyo de Querit, que está frente al Jordán» (1 R. 17.3). Pues bien, yo fui a «esconderme» (ser preparado) en JUCUM en Belo Horizonte, y después en España. Mira lo que dice 1 Reyes 18.1: «Pasados muchos días, vino la palabra de Jehová a Elías en el tercer año, diciendo: Vé, muéstrate a Acab...». Después de 3 años, ya había llegado el momento de «mostrarme» (comenzar públicamente), para ejercer el ministerio de la Palabra al cual Él me había llamado y preparado hasta aquel momento, como evangelista y misionero. Dios comenzaba a respaldarme después de tres años de pruebas, luchas, tribulaciones, sufrimientos, pero de grandes experiencias junto a Él. ¡Dios respalda! Con Dios todo se manifiesta en su exacto momento, como dice la Escritura: «Todo tiene su tiempo, y todo lo que se quiere debajo del cielo tiene su hora» (Ec. 3.1).

El día 16 de enero de 1985, cuando cumplí 22 años, fui ordenado ministro consagrado de la Convención General de las Asambleas de Dios de Brasil, en Anápolis, Goiás, como evangelista, conjuntamente con mi Pastor, Elizeu Dornelles Alves, y el Pastor Eliziário D. Alves, quien ya partió para estar al lado del Señor. Más tarde, el día 12 de junio de 1992, sería consagrado y ordenado ministro del Concilio General de las Asambleas de Dios de los Estados Unidos, en La Puente, California. Dios no solamente me había llamado, capacitado, enviado y suplido, sino que también ahora Dios me había respaldado al ingresar de manera oficial al ministerio que Él me había reservado como misionero y evangelista entre los años de 1984 y 1985. Trabajar con JUCUM Internacional, y con las Asambleas de Dios, fue maravilloso. Dios me dio el privilegio de ser parte de la más importante organización misionera del mundo y también ser parte de la iglesia Pentecostal más importante del mundo. Las puertas empezaron a abrirse rápidamente en muchas partes y Dios me respaldaba de una manera especial. Había llegado el tiempo del Señor. ¡Aleluya!

DE REGRESO A EUROPA

Durante el verano de 1985, participé en la Conferencia Mundial de los Pentecostales en Zurich, Suiza, del 2 al 7 de julio. El tema era: «Jesucristo, la Esperanza del Mundo». Prediqué en una campaña en Francia, en Neuville Les Dieppe, con el Pastor Francis Pfister. Después visité en tren de *Trans Europe Express* todos los países de la antigua Cortina de Hierro: Alemania oriental, Polonia, Checoslova-quia, Bulgaria, Rumania, Hungría, Yugoslavia y la Unión Soviética. Mantuve contactos con algunas iglesias y ministerios en algunos de esos países para, posteriormente, mandar cargamentos de Biblias a través de otros ministerios, a esas naciones socialistas. La experien-cia fue extraordinaria.

Gané para Cristo dentro del tren, en Bulgaria, a un joven profe-sor de leninismo y marxismo de la Universidad de Belgrado, en Yu-goslavia. Ya relaté este hecho en mi primer libro titulado: «El Poder de la Palabra de Dios».

Fui seguido por un agente de la policía secreta comunista en Ru-mania y por la famosa KGB de la antigua Unión Soviética. Pude pre-senciar la pobreza, el desánimo y la desilusión de un sistema fracasado que se mantuvo por medio de falsas promesas y mentiras que jamás podrían cumplirse. Donde está el comunismo, está la mi-seria, el hambre, la injusticia social, y la falta de cualquier tipo de li-bertad de expresión.

En Rumania, fui seguido por un hombre en todo momento, des-de que me bajé en la estación de trenes en la ciudad de Bucarest. Durante el día, a cualquier lugar que yo iba, él iba también. En un momento dado, dentro de una cafetería él se me acercó y empeza-mos a conversar. Me preguntó qué estaba haciendo en Rumania. Le respondí que estaba «paseando» para conocer el país. Salimos juntos a caminar y poco a poco se volvió más amistoso conmigo a medida que conversábamos.

Al saber que yo era brasileño, me preguntó inmediatamente so-bre Brasil, que estaba jugando las eliminatorias para la Copa del Mundo, que sería realizada en México al año siguiente, en 1986. Él me llevó a su casa. Después de conversar un largo rato sobre mu-chas cosas, me permitió que me bañase, pues yo estaba cansado como resultado del viaje durante toda la noche, y me dijo que podía quedarme a dormir allí si quisiese. Su esposa, muy atentamente, nos preparó una cena y mientras conversábamos, me trajo una colec-ción de monedas antiguas y me regaló algunas, ya que era coleccio-nador.

Al terminar, Dios me dio la oportunidad de hablarle a él y a su familia sobre el amor de Cristo. En ningún momento les hablé so-bre política, sobre la diferencia entre el capitalismo y el socialismo comunista. ¡Jamás! Yo no soy político, soy un predicador del evangelio. Después de algún tiempo, ellos se sensibilizaron al escuchar la Palabra. De repente, él se levantó de la silla, se agachó y miró debajo de la mesa donde habíamos cenado. De allí sacó una pequeña cajita, y al abrirla, para mi sorpresa, me enseñó una Biblia que había escondido debajo de la mesa. Abriendo la cajita, me dijo: «Yo sé, nosotros sabemos, mi esposa y yo, que este libro es la verdad absoluta, y no existe otra...». Me quedé atónito, perplejo y sorprendido con tal declaración. En ese momento, ellos abrieron sus corazones y me contaron que eran agentes secretos del gobierno. Al ver que yo no era ningún «espía del occidente», ellos se entregaron de una forma mucho más abierta al evangelio de Cristo. ¡Oh! ¡Qué día memorable aquel en Bucarest, en Rumania! Tengo la seguridad de que las palabras que les dije quedaron para siempre en sus corazones. Dios respaldará siempre Su Palabra.

En Yugoslavia, fui a la capital, Belgrado, y después a la región de Macedonia, donde visité la ciudad de Tesalónica. Mas tarde fui a la región de Acaya (en la Grecia actual), donde estuve en la ciudad de Corinto, y enseguida fui a Atenas. En Atenas subí el monte del Areópago, donde el apóstol Pablo predicó a los filósofos estoicos y epicúreos. El Partenón y la Acrópolis, donde Platón y Sócrates enseñaban, hoy no son más que ruinas, porque en realidad la Palabra del Dios Todopoderoso es lo único que permanece en pie. ¡Aleluya! Tuve el privilegio de orar dentro de una pequeña iglesia donde el apóstol Pablo se reunió con Silas y Timoteo.

Tuve muchas oportunidades de predicar el evangelio en esos lugares, como también dentro del tren. Algunas personas recibieron a Cristo, quien respaldó Su Palabra. Más tarde fui a Estambul, Turquía. Allá visité la famosa Mezquita Azul musulmana, donde miles de islámicos se arrodillan a diario. Testificar en esos países fue muy difícil. Tanto en los países comunistas, a causa del socialismo, como en Turquía, debido al islamismo, el reto fue enorme. Pero el Señor nunca dejó de respaldarme en todas las empresas que realicé. Fue enorme la experiencia que obtuve con estos viajes. Si Dios te llamó, Él te respaldará en todos tus proyectos.

Después de salir de los países comunistas y musulmanes, fui a Viena, Austria, donde me arrodillé en el aeropuerto, con mi Biblia abierta, y le agradecí al Señor por poder vivir en un país libre, con libertad para el culto y libertad de expresión. Alabé al Señor delante de todos y le agradecí por Su divina protección.

Participé entonces en la «Celebración de los 25 Años de JUCUM», en Copenhague, Dinamarca, del 26 al 28 de julio de 1985. Allá encontré al Pastor Afonso Cherene, que estaba con el personal de España. En aquella ocasión conocí a un predicador que era un evangelista internacional: El Dr. Luis Palau. También conocí al Rev. Loren Cunningham, fundador y presidente mundial de JUCUM y al gran hombre de Dios, el hermano Andrés, el famoso contrabandista de Biblias en los países comunistas. Al abrazarlo, lo besé para «recibir de su unción». Aprendí tanto con esos grandes hombres de Dios, que me faltaría tiempo para contarles lo que Dios me enseñó en aquellos días. Algo era cierto, Dios estaba apoyándome en todos mis proyectos y cumpliendo los deseos de mi corazón, y esto era solamente una respuesta a las oraciones hechas con fervor, fe y esperanza. ¡Sabe que Dios te respalda!

Después fui a Madrid, donde el Señor me suplió espléndidamente la visa, para que pudiese regresar a los Estados Unidos. El embajador estadounidense quiso hablar conmigo cuando solicité la visa con una carta del Pastor Bob, el ex-director Nacional de JUCUM en España. Tras examinar mis documentos, diplomas misioneros y la ordenación de las Asambleas de Dios, él me miró a los ojos y me dijo: «Tú eres muy joven para ser misionero y evangelista, sólo tienes 22 años de edad». Le respondí: «Y usted también es muy joven para ser embajador». Él respondió: «El presidente de los Estados Unidos me colocó aquí». Yo le respondí: «El Señor Jesucristo me colocó aquí en España como misionero». ¡Listo! Había terminado la entrevista con el embajador en Madrid, y mi pasaporte quedó sellado con una visa de entradas múltiples para entrar y salir de los Estados Unidos durante 5 años, desde 1985 hasta 1990. ¡Aleluya! ¡Éste es el Dios que Respalda!

De regreso a los Estados Unidos

Regresé a los Estados Unidos en septiembre de 1985, y me quedé hasta octubre. Comencé a predicar en varias iglesias hispanas de las Asambleas de Dios y otros concilios independientes en California. Fueron dos meses en que se manifestaron el poder y la gloria de Dios en cultos juveniles, retiros, seminarios, campamentos, convenciones, cruzadas evangelísticas, en fin, prediqué con unción y poder y muchos fueron los salvados, sanados, bautizados en el Espíritu Santo, restaurados, llamados al ministerio, etc.

Países de Asia

En noviembre de 1985, fui a Corea del Sur, donde estuve en la iglesia del Dr. Paul (David) Yonggi Cho. Tuve el honor y el privilegio de hablar con él en persona, y le pedí que orase por mí. Él fue muy amable y un domingo por la mañana se levantó, puso sus manos sobre mi cabeza y oró de una forma tan poderosa que jamás lo olvidaré. ¡Qué momento fue aquel! ¡Ser bendecido por el pastor de la iglesia con mayor número de miembros del mundo! En aquel tiempo, la iglesia tenía 560.000 miembros, hoy ya tiene casi un millón.

De allí salí a Japón, donde estuve en la base de JUCUM en Tokio, cuyo director nacional era Kalafi Moala. Años más tarde, invitados por el Pastor Ricardo Kitaoka, regresaríamos a Japón para una gran cruzada evangelística entre los japoneses, brasileños e hispanos en Toyota, Tokorozawa y Nagano, durante el mes de agosto del 2000.

Hawai

De Japón fui, en la primera semana de diciembre de 1985, a Kailua-Kona en Hawai, Estados Unidos. Allí participé, junto a misioneros de todo el mundo, en la «Celebración de los 25 Años de JUCUM».

Allá, en una reunión con mis líderes, el Pastor Jim Stier, el Pastor Gérson Ribeiro y el Pastor Jaime Araújo, expuse mi deseo de comenzar un ministerio con JUCUM de cruzadas evangelísticas en todo el mundo. El Pastor Jim y el Pastor Gérson me escucharon con atención, pero dijeron que en aquel momento JUCUM no tenía la visión de realizar cruzadas. Al Pastor Jaime Araújo le pareció que era una buena idea. En oración y obediencia a mis líderes, les abrí mi corazón y les dije que era para eso que el Señor me había llamado, capacitado, enviado, suplido y respaldado hasta aquel momento. Quizás ellos no hayan entendido, o tal vez no fuese ése el deseo del Señor para conmigo: Comenzar este ministerio nuevo dentro de JUCUM en aquel momento.

Actualmente, JUCUM posee ese ministerio de cruzadas en todo el mundo, del cual Mark Anderson es el fundador y director internacional. Yo quise comenzar este proyecto porque era el deseo de mi corazón, pero no tuve la oportunidad y en razón de la respuesta no satisfactoria de mis líderes Jim Stier y Gérson Ribeiro, entiendo que no recibí la orientación del Espíritu para hacerlo en JUCUM. Tal vez mi visión no se «encajaba» en la de JUCUM en aquel momento, o quizá no tuve o no me fue dada la oportunidad de exponer la idea con claridad.

Con reverencia, sumisión y obediencia a mis líderes, decidí, en oración, abandonar JUCUM y cumplir mi llamado de evangelista para las naciones. Fue una decisión muy dolorosa y triste para mí, pero tuve que tomarla. JUCUM siempre estará dentro de mi corazón y donde quiera que vaya, además siempre la recomiendo alrededor del mundo, a los pastores y ministros, pues fue la organización que sentó las bases y el fundamento para mi llamado y ministerio. Pedí a ellos que orasen por mí, y con el cariño y el respaldo de mis líderes, ellos pusieron sus manos sobre mis hombros y oraron para que Dios cumpliese Su propósito en mi vida.

Salí de JUCUM cuando Dios así lo decidió, con obediencia y respaldo, no rebelándome como tantos otros lo hacen en sus denominaciones.

Catorce años más tarde, fui invitado por el Pastor Tony Lima, para predicar en el Congreso Mundial de Misiones de JUCUM, en Brasil, Fortaleza, Ceará, del 23 al 30 de agosto de 1998. El Congreso se llamó «La Ventana Fortaleza». Tuvimos 27.000 personas en el estadio y un total de 8.200 se convirtieron al Señor. Estuvieron presentes congresistas de 95 países del mundo, y tuve el privilegio de predicar junto a Loren Cunningham, el fundador de JUCUM.

Para mí fue algo inimaginable: yo, que comencé limpiando los baños de JUCUM a los 19 años de edad, algún día predicaría al lado de Loren. ¡Solamente Dios puede hacer esto posible! Él me respaldó extraordinariamente. Allá reencontré al Pastor Jim Stier y al Pastor Gérson Ribeiro y pude abrazarlos después de 14 años, como en los viejos tiempos. Muchos hombres de Dios que formaron parte de JUCUM salieron y fundaron grandes ministerios, pero su inicio humilde fue en JUCUM. Nunca debemos olvidar de esto. Fueron 4 años de grandes experiencias con Dios en esa gran organización misionera, y le agradeceré siempre al Señor por los grandes líderes que tuve.

Al tomar el avión de Honolulú a Los Ángeles, después de esa reunión en diciembre de 1985, nuevamente la voz apacible del Espíritu le habló a mi corazón diciéndome: «Es en Los Ángeles que yo te quiero y allí cumplirás tu llamado y ministerio, y predicarás alrededor del mundo. Hoy termina esta etapa y comienza un nuevo camino en tu vida y ministerio. Solamente sé fiel... Yo estaré contigo y te apoyaré en todos tus proyectos».

NUEVA YORK

Él así lo hizo. Con 23 años de edad y todavía soltero, fui invitado a predicar en la Convención Mundial Juvenil de A.J.A.I.C. (Asociación Juvenil de la Asamblea de Iglesias Cristianas), durante los días 25 y 26 de abril de 1986, en Brooklyn, Nueva York. Fue la gloria de Dios: centenares de centenares de jóvenes fueron restaurados, bautizados y llenos del Espíritu Santo y llamados al ministerio.

JOSUÉ YRION EVANGELISMO Y MISIONES MUNDIALES, INC.

Él continuó respaldándome y el día 9 de mayo de 1986, fundamos el ministerio, con oficina en Los Ángeles, California, bajo el nombre «Josué Yrion Ministries», que en portugués es «Organização Evangelística Josué Yrion» (O.E.J.Y), una organización mundial de fe concentrada en Cristo, con denominación internacional, sin fines lucrativos, para servir al Cuerpo de Cristo, ministrar en todas las naciones y presentar a Jesucristo como el único Salvador y Señor a través de Su Palabra.

El Señor nos había dado Palabra para el ministerio: «Pídeme, y te daré por herencia las naciones, y por posesión tuya los confines de la tierra» (Sal. 2.8). Más tarde, abriríamos nuestra oficina y registraríamos el ministerio en Brasil, con sede en la ciudad de Belo Horizonte, Minas Gerais, en el año 1999.

En la declaración de fe de la O.E.J.Y., dejamos bien claro que: «Nosotros *creemos* que existe un solo y único Dios, trino y perfecto, en tres personas, Padre, Hijo y Espíritu Santo; que la Biblia es la inspirada Palabra de Dios; la suprema regla de fe y de autoridad en su práctica; creemos en la eterna deidad de Jesucristo; en su nacimiento virginal; su muerte en el Calvario como substituto por nuestros pecados; en su resurrección corporal; que la salvación es por la fe en Cristo; que todo hombre está perdido y separado si no tiene la salvación en Cristo; que la iglesia está formada por creyentes quienes pasaron por un nuevo nacimiento; en el ministerio presente del Espíritu Santo; que los creyentes son llamados a la santidad; que son llamados para ir por todo el mundo y predicar el evangelio a toda criatura; en la venida del Señor Jesucristo a la tierra, que es el arrebatamiento de la iglesia; en la gran tribulación, en el reino milenario de Cristo, en la destrucción completa del diablo y sus demonios para siempre en el lago de fuego; y en la nueva Jerusalén, donde viviremos eternamente con el Padre, el Hijo y el Espíritu Santo, junto a todos los redimidos y salvados por la Sangre de Cristo».

EL RESPALDO DE DIOS

Hasta aquí Dios me respaldó y cumplió su propósito en mi vida. Quién diría que en la misma ciudad de Belo Horizonte, donde Dios me llamó para capacitarme en JUCUM, Él haría que fundásemos el ministerio y abriésemos una oficina 17 años después.

Hoy tenemos la oficina de Los Ángeles para los de habla hispana e inglesa, y la de Brasil para los de habla portuguesa, a cargo de mi secretaria Adriana Silva, quien es muy eficiente. Tenemos oficinas y representantes del ministerio en Asia y en la India, con el Rev. Paul S. Ibobi, para toda Europa en Noruega, con la presencia de Isaías Muñoz, para África en Gana, con el Rev. John K. Appiah, y en New Jersey para los de habla portuguesa en los Estados Unidos, donde el Pastor Wilmar Silveira es el director internacional. también tenemos representantes en Brisbane, Australia, con los pastores Hugo y Gracie Vargas. Dios me ha dado un equipo fabuloso, para trabajar juntos y alcanzar todas las naciones de la tierra en nombre de Cristo. Él me prometió respaldarme y lo está haciendo todos los días. Vamos a abrir incluso otras oficinas en otras partes del mundo que necesitan el evangelio de Cristo. Él realizará todo a su debido tiempo, mientras Él mismo vaya abriendo las puertas.

RECUERDE QUE ES DIOS QUIEN RESPALDA...

II. NUESTRA PARTE

Capítulo 6

ATENDER EL LLAMADO POR FE

ohn Wesley, el famoso predicador inglés, dirigiéndose a los ministros, dijo lo siguiente sobre responder al llamado: «Dame cien predicadores que no teman a nadie, solamente al pecado, y que no deseen nada más, sino a Dios solamente, y que estos cien predicadores respondan al llamado por la fe, como es debido, y estos cien predicadores transformarán el mundo para Cristo».

Cuando seas llamado, tú debes responder por la fe y creer en la Palabra comprometiéndote a cumplir con las responsabilidades de los que tienen el privilegio de ser llamados. La Biblia dice: «Pero sin fe es imposible agradar a Dios» (He. 11.6a). Será imposible que le puedas ser fiel a Cristo y a su llamado solamente creyendo en las habilidades, dones y talentos que Él te concedió. El capítulo 11 de la epístola a los Hebreos debe ser la base de la fe de tu llamado. Él lo fue y todavía lo es para mí. Cuando te llegue el desánimo, acuérdate de Moisés quien «se sostuvo como viendo al Invisible» (He. 11.27b).

Cuando fui llamado, simplemente actué a través de la fe. Renuncié a todo, por el gran deseo de ganar almas para Cristo. Todo por lo que yo pasé, todas las pruebas, obstáculos, tribulaciones, aflicciones, el hambre, la sed, el frío, el calor, el cansancio extremo, los ayunos, las vigilias, los peligros, los viajes constantes, la falta de hospedaje seguro, las persecuciones, las difamaciones, las grandes necesidades, la angustia, el sufrimiento, las prisiones, los castigos, las tristezas, la pobreza de no poseer nada, pero teniéndolo todo, con mucho trabajo, durmiendo en los bancos de las estaciones de trenes, en las terminales de ómnibus y aeropuertos, y tantas otras cosas más por las que pasé y no dejo de pasar. Todo lo que enfrenté, lo hice y hago por la fe en el Hijo de Dios, quien me llamó para predicar Su Palabra.

Por la fe respondí al llamado sin saber lo que realmente vendría, pues la Palabra de Dios dice: «Por la fe Abraham, siendo *llamado*, obedeció para salir al *lugar* que había de recibir... y salió sin saber a dónde iba» (He. 11.8). Él respondió al llamado por la fe. No podemos responder al llamado a través de nuestro propio razonamiento, ya que la mente no entiende las cosas del Espíritu. Solamente una mente renovada en Cristo puede entender y discernir las cosas de Dios. La fe reside en el alma, dentro del ser. La Palabra nos dice que el llamado está condicionado a que nos rindamos a Él, pues Pablo nos dice que: «Todo lo sufre, todo lo cree, todo lo espera, todo lo soporta. El amor nunca deja de ser...» (1 Co. 13.7-8). Hemos respondido al llamado por la fe con un gran amor en nuestros corazones por la obra de Dios.

Jen era una joven cristiana tan tímida, que no se arriesgaba ni siquiera a presentarse a sus nuevos compañeros el primer día de clases en la universidad. Ella estaba allí para graduarse y conseguir un buen trabajo. Allí oyó el mensaje de un predicador invitado, que habló sobre la necesidad de las misiones mundiales. Ella fue transformada por la Palabra de Dios. Fue llamada, respondió al desafío por la fe y fue a México, Hong Kong y al Oriente Medio. Ahora ella está ganando a las mujeres musulmanas para Cristo en un país muy difícil y extremadamente cerrado al Evangelio en Asia, que está en la Ventana 10/40.

Ella respondió a su llamado por la fe. ¡Tú debes hacer lo mismo! Comparte con el pastor y con los líderes de tu iglesia tu llamado y el deseo de tu corazón. Debes estar atento a lo que ellos te dirán. Pídeles que oren por ti y te aconsejen de acuerdo con tus convicciones. Pide el apoyo de personas que ya pasaron por esa experiencia de ser incomprendidos o que sí entienden tu llamado. A veces no somos específicos y claros en transmitir a los demás nuestro llamado y las personas no entienden de qué se trata.

EL LLAMADO DEL PROFETA ISAÍAS

Entonces dije: ¡Ay de mí, que soy muerto! Porque siendo un hombre inmundo de labios y habitando en medio de pueblo que tiene labios inmundos, han visto mis ojos al Rey, Jehová de los ejércitos. Y voló hacia mí uno de los serafines teniendo en su mano un carbón encendido tomado del altar con unas tenazas; y tocó con él sobre mi boca, dijo: He aquí que esto tocó tus labios, y es quitada tu culpa, y limpio tu pecado. Después oí la voz del Señor, que decía: ¿A quién enviaré, y quién irá por nosotros? Entonces respondí yo: *Heme aquí, envíame a mí.* Y dijo: Anda y di a este pueblo...» (Is. 6.5, 9).

ISAÍAS TUVO CONVICCIÓN

Él dijo: «¡Ay de mí!» El reconocimiento de su necesidad de responder por la fe al llamado lo llevó a exclamar esto con gran temor y reverencia, y esto a su vez le trajo una gran convicción. Tú no puedes servir al Señor si no respondes por fe y convicción a su llamado. Cuando yo lo recibí, tuve de inmediato una convicción, dada por el Espíritu Santo, de que era Su perfecta voluntad para mí. ¡Todo lo que yo tuve que hacer fue responderle por fe y listo!

Una muchacha norteamericana fue a Paris. Allá encontró a un joven radical comunista de quien se enamoró. Ella le dijo que él era el primer novio suyo que tenía convicción y una causa, pues todos los novios anteriores, según ella, tenían la cabeza vacía. Él le escribió una carta diciéndole: «Ya no puedo ser tu novio. Tú eres capitalista y yo soy comunista. ¡Tengo una causa! El comunismo es mi llamado, mi vida y propósito. Pienso en ello durante el día y también lo sueño por la noche. Lo siento mucho, pero debemos terminar nuestra relación».

Si nosotros los creyentes tuviésemos esa entrega, ¡que diferencia haría para el reino de Dios! Yo respondí por la fe al llamado, entregándole todo al Señor y creyendo en Su Palabra, que Él sería fiel, y así lo fue. ¡Ten convicción! La convicción no se vende, no se cambia ni se presta, uno muere con ella. La convicción se rige por principios de perseverancia, entrega, pasión y fe que no cambian nunca. ¡Se vive con ellos diariamente!

Isaías tuvo confesión

Él dijo: «¡Soy inmundo de labios!» Isaías reconoció su necesidad de arrepentimiento. Cuando somos llamados debemos despojarnos de todas las cosas que nos estorban. Él respondió a su llamado arrepintiéndose por fe de sus pecados. La Biblia nos dice: «...despojémonos de todo peso y del pecado que nos asedia, y corramos con paciencia la carrera [el llamado y el ministerio] que tenemos por delante, *puestos los ojos* en Jesús...» (He. 12.1-2).

A partir de 1720, mientras estudiaba en la Universidad de Halle, el gran misionero Zinzendorf y su pequeño grupo de moravos, fueron inspirados para las misiones. Lloraron y se arrepintieron de sus pecados durante varias vigilias durante la madrugada, y comenzaron un trabajo de misiones, haciendo en 20 años más de lo que todas las iglesias protestantes habían realizado en los 200 años anteriores. Después fundaron el Movimiento Voluntario de Estudiantes, y así introdujeron a 20 mil estudiantes en el campo misionero mundial. ¡Aleluya! La confesión y el arrepentimiento te harán responder al llamado por la fe, sabiendo que fue Él quien te perdonó y hará que otros también se arrepientan a través de ti.

Mantén siempre una actitud de arrepentimiento, principalmente cuando el Espíritu Santo te exhorte acerca de algo. Isaías quería profetizar y traer el entendimiento a los demás, pero él mismo necesitaba el perdón de Dios. Cuántos han ministrado con duras palabras en sus púlpitos, mientras siguen en pecado. Spurgeon decía que tales predicadores acusaban campantes al mundo entero desde sus «castillos de la cobardía». Ellos suben a los púlpitos con un bate de béisbol y le rompen la cabeza a sus oyentes... ¡No seas tú así!

Isaías tuvo santificación

El profeta dijo que el «serafín» trajo una brasa viva tomada del altar con una tenaza y que con ella tocó su boca. Aquí, Isaías respondió a su llamado por la fe, santificándose a sí mismo para poder ser usado por Dios al profetizar a Israel. Tú no puedes servir a Dios y al pecado. Esto es imposible. Tenemos que vivir una vida santa. La Escritura dice: «Mas si así no lo hacéis, he aquí habréis pecado ante Jehová; y sabed que vuestro pecado os alcanzará» (Nm. 32.23).

Cuántos ministros, pastores, evangelistas y misioneros han perdido la gracia de Dios, causando escándalos cuyo daño es imposible calcular. Realmente es imposible calcular el daño causado por obreros sin santidad, que hicieron la obra de Dios sin conocer y amar primero al Dios de la obra. Grandes evangelistas han sido la vergüenza de la causa santa de Cristo y de Su Palabra al caer tan bajo, ensuciando ese llamado tan divino de predicar la Palabra. Cuántos pastores de «grandes iglesias» fracasaron, cometiendo adulterio con sus secretarias, avergonzando la causa Santa de Cristo en sus barrios, ciudades y países. ¡Nadie está exento del pecado! El apóstol Pablo nos dice: «Así que, el que piensa estar firme, mire que no caiga. No os ha sobrevenido ninguna tentación que no sea humana; pero fiel es Dios, que no os dejará ser tentados *más* de lo que *podéis resistir*, sino que dará juntamente con la tentación la salida, para que la podáis soportar» (1 Co. 10.12-13).

¡Tú puedes vencer! Cuántos amigos míos y colegas del ministerio, hoy han fracasado y están derrotados, porque cayeron y perdieron su reputación, sus nombres, sus ministerios, sus familias, lo perdieron todo, solamente por una «aventura» fuera del matrimonio que no los llevó a nada, excepto a la vergüenza y a la destrucción. Cierto día, una hermana estaba limpiando la iglesia después del culto. Todos ya se habían ido y ella estaba sola, con su escoba barriendo el templo. Un joven entró y le preguntó: «Señora, ¿esto es una iglesia?» «Sí, es una iglesia», respondió la hermana. Y el joven respondió: «Pero no veo los santos colgados en las paredes, ni el Cristo crucificado allí en el altar... ¿Está usted segura de que esto es una iglesia?» Nuevamente la hermana le dijo: «Sí, joven, ¡es una iglesia!» Él insistió: «Pero no veo los «santos» colgados en las paredes...». En aquel momento la hermana se percató de lo que él estaba diciendo y respondió: «¡Ah! Sí, ¿los «santos» dice usted?» «Sí», le dijo él, «¿dónde están?» «Ah, querido joven, esos «santos» no están colgados en la pared, ellos llegan mañana, a partir de las siete de la noche, cuando comenzará el culto», dijo la hermana. El apóstol Pedro nos dice que somos, «linaje escogido, real sacerdocio, nación *santa*» (1 P. 2.9). Somos separados del pecado para servir a un Dios Santo. Santifica tu vida y verás que cosas increíbles ocurrirán a tu llamado y ministerio. La Biblia dice que Josué, el gran general del ejército de Israel, antes de hacer la travesía del río Jordán, «dijo al pueblo: Santificaos, porque Jehová hará mañana maravillas entre vosotros» (Josué 3.5).

Sé recto y fiel en todas las áreas de tu vida y verás que en tu llamado y ministerio ocurrirán grandes milagros, y tú prosperarás en todo. Desdichadamente en Brasil, «grandes pastores» han manchado el santo ministerio, perdiendo la gracia divina y casándose con otra mujer después de haberse divorciado de sus propias esposas, habiendo ellos mismos pecado horriblemente contra el Señor. Y no solamente en Brasil, sino en el mundo entero, el ministerio ha sufrido enormemente a causa de esos «hombres de Dios» que no solamente pecaron, sino que nunca se arrepintieron ni pidieron perdón públicamente, y continuaron con sus fornicaciones, empecinados en ocupar el mismo púlpito que nosotros ocupamos y fundando el «ministerio de los divorciados», que no es otra cosa que realmente el «ministerio de los adúlteros y fornicadores». ¡Que Dios tenga misericordia de ellos! Vive una vida santa y Dios obrará grandes cosas en tu vida. ¡Aleluya!

Sé fiel en los diezmos y ofrendas, no le robes a Dios por ningún concepto. Sé fiel a tu esposa y familia así como en todas las áreas de tu vida, y verás cómo el Señor hará grandes obras a través de ti. La Biblia dice: «Pues la voluntad de Dios, es vuestra santificación... Pues no nos ha llamado Dios a inmundicia, sino a santificación» (1 Ts. 4.3, 7).

Isaías tuvo comunión

Él dijo: «Después de eso oí la voz del Señor...». Isaías respondió al llamado de Dios por la fe y el resultado fue que oyó la voz de Dios. Tú no puedes oír la voz del Señor a menos que tengas comunión con Él. ¡Sin eso, sería imposible! Tú no puedes recibir el llamado del Señor sin oír Su voz de alguna manera, sea de la forma que sea. Dios ya te ha hablado. El problema, tal vez, es que tú no oyes. Mira lo que dice la Palabra de Dios: «Sin embargo, en una o en dos maneras habla Dios, pero el hombre no entiende. Por sueño, en visión nocturna... Entonces revela al oído de los hombres y señala su consejo, para quitar al hombre de su obra. Detendrá su alma del sepulcro, y su vida de que perezca a espada. También sobre su cama [en otra traducción dice que también en la enfermedad *habla* Dios] es castigado con dolor fuerte en todos los huesos» (Job 33.14, 16-19).

Este es un aspecto de mucha importancia en cuanto a su llamado. Solamente oyendo la voz de Dios, Él podrá guiarte por caminos que nadie más que Él conoce. El reverendo doctor Martin Luther King Jr. dijo en cierta ocasión: «No conozco muy bien el camino por donde voy, pero conozco muy bien a quien conoce el camino, y eso me basta...»

En Vietnam, un joven fue preso por usar drogas. En la prisión, él encontró dos pastores de las Asambleas de Dios que estaban allí presos por predicar la Palabra en aquel país comunista. Esos pastores lo llevaron a Cristo. Después de 2 años, los pastores fueron dejados en libertad. El joven salió después. Ese muchacho, estando en oración y comunión con Cristo, oyó la voz del Espíritu Santo que lo llamaba a predicar la Palabra. Acudió a un instituto bíblico. Al primer semestre, volvió a su casa y predicó el evangelio entre la tribu blanca «Tai», en Vietnam. En un mes solamente, 753 personas en 5 aldeas, respondieron al Evangelio, convirtiéndose. Todo comenzó porque aquel joven oyó la voz de Dios.

¿Tú ya oíste la voz del Señor alguna vez? Aquella voz suave de Su Espíritu, que le habla a nuestros oídos y también a nuestros corazones de muchas maneras. Aquel joven respondió al llamado, y respondió por la fe, y hoy la tribu «Tai» ha sido salva porque él respondió al llamado. Pasa noches enteras orando, así como yo lo hacía en España, y todavía hago esporádicamente, siempre que lo creo necesario. En oración, tu llamado será fortificado y tú podrás responderle por la fe, sin ningún problema.

ISAÍAS TUVO CONSAGRACIÓN

Él dijo: «Heme aquí, envíame a mí». Isaías responde al llamado por la fe, consagrando su vida por entero al servicio del Señor, ofreciéndose a sí mismo para cumplir el ministerio. En mi mensaje a los pastores de Temuco, Chile, en enero del 2002, yo dije estas palabras: «Sin consagración no hay unción». ¡Simple y cierto!

Un amigo de D. L. Moody le dijo en cierta ocasión, en el año 1872: «Dios está buscando a un hombre, un solo hombre, que se *consagre* totalmente a Él, y ese hombre verá lo que Dios podrá realizar a través de él...». Moody respondió: «¡Yo seré ese hombre!» Y lo fue. T. L. Osborn dijo: «Dios te usará en la medida de tu consagración y entrega a Él, ni más, ni menos...». ¡Esto es verdad!

En Birmania existen 135 grupos étnicos y sociales en la región de Myanmar. Ellos viven aislados en áreas remotas, donde es muy difícil introducir el Evangelio. Un monje budista oyó el Evangelio por radio. Se quedó curioso y quería saber más sobre ese «Dios» Jesucristo. Entonces dejó el monasterio y se fue para la capital Rangún, donde encontró al predicador de la radio local, llamado Myo Chit, que lo convirtió del budismo a Cristo. Después el monje fue al Instituto Bíblico y consagró su vida a Dios. Volvió y habló de Cristo al pueblo «*Arakahs*». Los monjes le prohibieron predicar, pero él no se dejó intimidar y continuó. En esa época hubo una gran sequía en la región, y el ex-monje retó a los monjes budistas, diciéndoles: «Yo voy a orar a Cristo. Ustedes orarán a Buda. El dios que responda y mande la lluvia, será el verdadero Dios...». Los budistas oraron a Buda y nada sucedió. Cuando el ex-monje que ahora era evangelista oró, entonces llovió. Los monjes budistas dijeron: «¡Qué coincidencia!» Los budistas oraron nuevamente y nada; sin embargo, cuando el ex-monje creyente oró de nuevo, nuevamente llovió. Los monjes budistas se arrodillaron diciendo: «¡Sólo el Señor es Dios!» Mientras tanto, Myo Chit decía: «¿Quien puede más, Buda o Cristo?»

Uno de nuestros representantes del ministerio y misionero en India, el Rev. S. Paul Ibobi, acaba de volver de Birmania, donde predicó a más de mil personas en aquella región de Myanmar. Dios lo usó con poder.

Isaías tuvo comisión

Isaías nos relata que Dios le habló, diciendo: «Ve, y dile a este pueblo...». Isaías finalmente respondió al llamado por la fe y es enviado por el Señor a predicar Su Palabra. Después de tener convicción, pasó por la confesión, la santificación, la comunión, la consagración, y finalmente la comisión directa del Señor para *ir* y predicar Su Palabra, respondiendo a su llamado de profeta, por la fe. El propio Jesús, nos comisionó: «Id por todo el mundo y predicad el evangelio a toda criatura» (Mr. 16.15).

Él ya nos envió. Ya hemos respondido a Su voz. Todo lo que tenemos que hacer es predicar y predicar.

En 1904, el gran evangelista Evan Roberts, fue comisionado por Dios a predicar en Gales, en el Reino Unido. Él comenzó a predicar con poder y unción, y la gloria de Dios fue derramada. Más de 40 mil personas se convirtieron. No había lugar en las iglesias, pues estaban todas llenas. Las filas daban 3 o 4 vueltas alrededor del templo y los cultos comenzaban a las 10 de la mañana y se extendían hasta la medianoche. Las personas fueron impactadas por el mensaje, y muchos se arrepintieron de sus pecados con tal convicción, que iban corriendo a los correos a hacer giros postales y pagar sus cuentas, pues creían que Jesús vendría en aquellos días.

No hubo más delitos. Los abogados se quedaron sin trabajo. Las prisiones comenzaron a vaciarse, ya que los presos se convirtieron y los directores también. Ellos eran libertados durante la noche y cantaban en el coro de la iglesia. Los jueces no tenían más trabajo. Ni siquiera las mulas captaban las órdenes de los mineros, que al llegar al trabajo los lunes, las abrazaban y, arrodillándose, les pedían perdón por los maltratos cometidos contra ellas, sobrecargándolas de peso en el trabajo de las minas de carbón.

Los hospitales estaban vacíos, ya que los enfermos habían sido curados. Los médicos no tenían trabajo, a no ser cuando ayudaban a las mujeres a dar a luz. Los cines cerraron por completo. No se vendían más bebidas alcohólicas en los bares y cafeterías.

A las 5.15 de la mañana, cuando Evan Roberts se retiró de Gales, después de cumplir su ministerio allá, en 1904, la gloria de Dios se derramó en todo el país. Más de 1.700 kilómetros cuadrados fueron sacudidos con el poder de Dios. Recientemente, casi cien años después, un hombre pidió una cerveza en cierto bar en Gales, y el muchacho que lo atendió le señaló con el dedo una placa en la pared, que decía: «Aquí no vendemos bebidas alcohólicas, pues hace casi cien años atrás pasó por aquí un hombre llamado Evan Roberts».

Que podamos ser comisionados como esos grandes hombres del pasado. Que podamos responder al llamado por la fe como Roberts lo hizo llevando miles de miles de personas a la salvación, restauradas, sanadas, llenas del Espíritu Santo y por cierto, llamadas al ministerio también a través de sus mensajes.

Al ser llamado para desarrollar cualquier ministerio que Él haya reservado para ti, respóndele con fe y valentía, sabiendo que Él estará siempre contigo. ¿Te acuerdas de los héroes de David? Hombres sencillos que lo apoyaron, y cada día Dios bendijo increíblemente a David. Mira lo que dice la Escritura: «Estos ayudaron a David contra la banda de merodeadores, pues todos ellos eran hombres valientes, y fueron capitanes en el ejército. Porque entonces todos los días venía ayuda a David, hasta hacerse un gran ejército, como ejército de Dios» (1 Cr. 12.21, 22).

Dios te ayudará de igual forma, día tras día en tu llamado. Él colocará personas que apoyarán tu causa. Personas valientes y sin miedo vendrán a ti y se comprometerán con la visión que has recibido. El Señor te hará crecer *cada día*, y fortalecerá tu interior en el poder del Espíritu, hasta que tú te conviertas en un gran y poderoso ministro y te hagas parte integrante del ejército de Dios para combatir el reino de las tinieblas con Su Palabra. Cuando el Señor me llamó, jamás pensé que un día alcanzaríamos las naciones para Él. Y esto es sólo el comienzo, pues sé que el Señor tiene cosas mucho más grandes para nuestro ministerio, cuyo tiempo todavía no llega, pero ¡estoy seguro que vendrá! ¡Dios hará lo mismo contigo! Dios no tiene siervos «especiales», todos somos iguales delante de Él. El Señor no tiene puertas cerradas. Él no necesita pasaportes, Él no necesita visas, Él no está limitado por las leyes de los hombres, Él levanta a quien quiere, cuando quiere, del lugar que Él quiere, y nos comisiona a predicar en el lugar donde Él quiere. ¡Él es soberano! ¡Aleluya!

RECUERDA QUE ES DIOS QUIEN TE HACE RESPONDER
POR LA FE, A SU LLAMADO.

Capítulo 7

Obedecer el llamado por fe

El escocés Robert Moffat, el gran misionero enviado a África del Sur, dijo estas palabras cuando se refirió a la obediencia al llamado en su propia vida:

«¡Oh!, si yo pudiese controlar mil vidas y mil cuerpos al mismo tiempo, todos serían dedicados en completa *obediencia* al Señor para cumplir el sagrado llamado de predicar la Palabra a los pecadores, sin importar que ellos fuesen degenerados o menospreciados, pues son mortales amados a los ojos del Señor».

La Biblia dice que «por la fe Abraham, siendo llamado, *obedeció para salir* al lugar que había de recibir como herencia; y salió sin saber a dónde iba» (He. 11.8). La Biblia nos dice que Abraham fue *por la fe*, y solamente por la fe, tras haber sido *llamado*. Eso también recibí yo: El llamado divino, y eso mismo has recibido tú. Simplemente, él *obedeció*. La obediencia es la puerta que tú debes cruzar para recibir la herencia, tu ministerio, tus dones y tus talentos. Date cuenta de que él *salió*. Sal tú también, en obediencia y por la fe, para cumplir el llamado que Él te hizo.

Cierta vez un grupo de estudiantes de teología estaba en una sesión de preguntas y respuestas en el seminario bíblico. Uno de ellos preguntó al otro: «¿Cómo interpretas la gran comisión?» El alumno, que además de estudiar la Palabra en el seminario también estaba en el ejército de su país, respondió: «Tú no debes interpretar la gran comisión, debes *obedecerla*». ¡Absoluta verdad! Nosotros somos llamados a obedecer el llamado, no a interpretarlo. Si dejásemos un poco de lado tantos estudios teológicos que han confundido a tantos jóvenes, y simplemente predicásemos la Palabra de Dios en su sencillez, tendríamos millones de nuevas conversiones cada año. En cambio, hacemos todo lo contrario: Damos más énfasis al intelectualismo que a la salvación de los perdidos. El estudio es muy importante. Yo estudié en JUCUM, estudié en las Asambleas de Dios y estudié en otras organizaciones cristianas a lo largo de estos 22 años en que he servido al Señor. He tomado cursos alrededor del mundo en congresos, seminarios y convenciones siempre que tengo tiempo y oportunidad. ¡Pero eso *no* es lo más importante! Lo importante es que por la fe he obedecido al llamado y nunca coloco la teología intelectual delante de los dones espirituales. Eso está fuera de orden y es ridículo. El poder de Dios está por encima de cualquier institución superior de enseñanza teológica. El Señor es superior a cualquier doctorado humano. La obediencia tiene más valor para Dios que muchos «diplomas» colgados en las oficinas de muchos «ministros» que están secos y vacíos por dentro, y que por miedo o timidez, no predican la verdad y no han obedecido el real llamado en sus vidas pues prefirieron el confort, el materialismo y la estabilidad financiera de un «salario», en lugar de responder, por fe y en obediencia, al llamado. Algunos de ellos fueron realmente llamados como evangelistas y misioneros, pero prefirieron «pastorear» iglesias que nunca crecieron y jamás crecerán, con sus bancas muertas y vacías, todo porque ese «hombre de Dios» está *fuera* de la voluntad del Señor y porque olvidó lo que está escrito: «Fiel es el que os llama, el cual también lo hará» (1 Ts. 5.24). Si Él nos llamó, Él cumplirá Su Palabra en nosotros. Todo lo que tenemos que hacer es ser obedientes a nuestro llamado.

Cuando en junio de 1992 fui invitado por la Universidad William Carey que tiene el Centro de las Misiones Mundiales en Pasadena, California, para enseñar sobre misiones al Departamento de Estudios Hispanos, siempre insistí en el poder de Dios y de Su Palabra, y no en el intelectualismo religioso. El representante de la universidad, un norteamericano de ojos azules y cabellos rubios, pidió la Palabra el primer día de clases y dijo: «En una de mis oraciones dije al Señor: ¿Cómo haremos nosotros para alcanzar al mundo para ti?» El Señor preguntó: «¿Nosotros quiénes?» «Nosotros», dije yo, "los norteamericanos…». El Señor me exhortó, diciendo: «Tu tiempo ya está terminando, pero mira hacia América Latina, entre los hispanos y los brasileños, pues ellos terminarán la tarea de la gran comisión mundial del evangelismo y las misiones». ¡Aleluya! ¡Nuestro tiempo llegó! Nosotros estamos y estaremos siempre agradecidos por lo que los norteamericanos hicieron, hacen y harán, pero Dios dijo a aquel hombre norteamericano que ahora es nuestro tiempo. No se lo dijo a un hispano ni a un brasileño, Él se lo dijo a un norteamericano para no dejar dudas, problemas o algún «malentendido».

La Biblia dice a todos los creyentes «que obedezcan, que estén dispuestos a toda buena obra» (Tito 3.1). Si Dios nos entregó la responsabilidad y la autoridad de terminar la tarea de la gran comisión, entonces todo lo que tenemos que hacer por la fe, es obedecer nuestro llamado y estar preparados para toda buena obra, en cualquier lugar que Él nos quiera. Cuando tú aceptas realmente lo que Él tiene para ti, creyendo que Él lo hará, entonces será visible tu obediencia delante de los demás, pues en tu iglesia y entre tus familiares y amigos, se cumplirá la palabra de Pablo a los romanos, que dice: «Porque vuestra obediencia ha llegado a ser notoria a todos» (Ro. 16.19). Además, cuando Dios te conceda tu graduación en los estudios bíblicos, y recibas el certificado de ordenación de tu denominación, o quién sabe, otro certificado de ordenación de otra organización cristiana, y los cuelgues en tu pared con satisfacción, humildad y agradecimiento al Señor, entonces el propio Dios, tus líderes y otros ministros reconocerán tu esfuerzo, y aunque verán que todavía te falta mucho, sabrán con seguridad que te esforzarás más. Tal vez algún día recibas una carta o un mensaje electrónico de alguien que te diga estas mismas palabras que Pablo escribió a Filemón: «Te he escrito confiando en tu *obediencia*, sabiendo que harás aun más de lo que digo» (Flm. 1.21). ¡Por la fe obedece y Dios hará grandes cosas contigo!

España, Israel y Egipto

Cuando después de un tiempo, en oración, oí la voz del Señor diciéndome que debía regresar a España y predicar allá, simplemente obedecí Su orden. Junto a un compañero me fui a Europa, y del 23 al 26 de octubre de 1986 prediqué en Madrid, donde Dios hizo grandes cosas, llamando muchos al ministerio. Ahora no solamente había sido llamado y enviado a España, sino que a través de mi mensaje otros también recibieron el mismo llamado. Fueron días memorables. Después fuimos a Jerusalén en Israel, y al Cairo en Egipto. Dios habló de una manera extraordinaria a mi corazón durante los períodos de oración, mientras visitaba los lugares sagrados por todo Israel. Fue una experiencia maravillosa. En El Cairo, el Señor me habló de una manera muy especial. Estábamos hospedados en el decimonoveno piso del hotel. Cierta madrugada abrí la ventana, mire la ciudad y lloré al ver tantos musulmanes que no conocían la verdad y dije: «¡Oh! ¡Dios, si tú pudieses darme las naciones yo te daría mi vida!» En oración dije al Señor: «Quiero sentir la realidad de las palabras del apóstol Pablo: «...pero el Espíritu mismo intercede por nosotros con gemidos indecibles» (Ro. 8.26). «¡Yo quiero, oh Dios, sentir esos gemidos, el dolor por las almas perdidas! Hazlo por favor, aquí y ahora, dentro de este cuarto, en este hotel aquí en El Cairo. Hazlo. Quiero sentir lo que *Tú* sientes». Mis queridos lectores, déjenme decirles que empecé a retorcerme y a sentir un dolor tan fuerte en mi corazón, que pensé que tendría un infarto. Me arrodillé bañado en lágrimas y oí la voz de Dios, diciéndome: «Yo no siento con un corazón de carne, no veo a través de ojos humanos y no pienso como la mente humana. Para que puedas entender mi dolor por las almas perdidas, tendrás que entrar en la dimensión de mi Espíritu, discernir por mi Espíritu, amar a través de mi Espíritu...». Luego me preguntó el Señor: «¿Estás dispuesto a llorar conmigo por las almas perdidas de Egipto y del mundo entero?» Yo le respondí: «Sí, sí...», y Él concluyó diciendo: «Entonces vive en el Espíritu, y entenderás esos gemidos indecibles que están en mi corazón por un mundo perdido en el pecado».

¡Qué experiencia tan extraordinaria! ¡Jamás la olvidaré! Entiendo que en griego «*sarkikos*» es el hombre carnal, «*psikikos*» es el hombre natural y normal, pero «*pneumatikos*» es el hombre espiritual. Es aquí donde tenemos que vivir, en la dimensión del Espíritu. Al regresar el 10 de noviembre de 1986 a los Estados Unidos, yo quedé completamente transformado por esa experiencia. Mis mensajes y actitudes cambiaron. Cuando tenemos un encuentro así, con el Dios de las misiones, somos renovados. ¡Aleluya!

Bases para el ministerio hispano y portugués

Entre los años de 1987 y 1990, ministré extensivamente en obediencia al Señor, en casi todo el territorio de los Estados Unidos, sentando las bases y formando las raíces del ministerio en español y portugués. El 4 de junio de 1988 me casé en Downey, California, con una muchacha sabia, bella y profundamente comprometida con el Señor, Damaris Brito, hija de un gran hombre de Dios que había ministrado en Cuba, donde sufrió con su familia las persecuciones del sistema comunista de Fidel Castro y tuvieron que esperar 20 años hasta recibir la visa para salir de Cuba. ¡Dios me trajo a Damaris! Una madre ejemplar para nuestros hijos, una predicadora poderosa y elocuente, y ante todo, una esposa virtuosa en todo el sentido de la Palabra, quien entiende, respalda mi llamado y enseña la Palabra de Dios a los niños durante mi ausencia, por causa de tantos viajes para cumplir el ministerio.

México

En obediencia al Señor y a su llamado en nuestra vida, fuimos a ministrar en la capital de México del 20 de mayo al 10 de junio de 1991, y allí el Señor se glorificó con gran poder en medio de tantos problemas, enfermedades y luchas espirituales que tuvimos contra el príncipe de las tinieblas. ¡Pero lo vencimos en nombre del Señor Jesucristo! Nuestra estadía en la capital azteca fue casi cancelada debido a las enfermedades de Kathryn, quien estaba recién nacida. Yo también tuve gastroenteritis, una infección en los intestinos. En oración, al levantarme por la fe de mi cama donde estaba enfermo, le dije al Señor: «Estamos a punto de llamar a *PAN AM* y cambiar nuestros boletos para regresar a California. Si llego hasta la puerta de mi cuarto y me sanas, nos quedamos...». Tan cierto como que Dios vive, al tocar la puerta con mi mano, todos los síntomas de la enfermedad que me había dejado sin comer por dos días, desaparecieron por completo y fui curado en nombre del Señor Jesucristo. ¡Aleluya! Predicamos en iglesias de más de 8 mil miembros y muchos centenares de personas fueron grandemente edificadas, salvas, sanadas y llenas del Espíritu Santo. Fue una gran experiencia junto a mi esposa Damaris y nuestra pequeña Kathryn, quien con apenas 6 meses de nacida, ya estaba con nosotros en el campo evangelístico...

El Salvador

Más tarde fue organizada una cruzada por las Asambleas de Dios en el Estadio Luis Angel Firpo, en Usulután, El Salvador, Centroamérica, del 20 al 26 de enero de 1992. Fui invitado para ser el predicador. En obediencia, respondí al llamado y fui. Contamos con la presencia de 16 mil personas, en su mayoría creyentes. Hubo más de 400 conversiones. Solo habían pasado cuatro días desde que la paz fue firmada, en Ciudad de México, entre la guerrilla comunista y el gobierno de El Salvador. Las personas estaban felices y abiertas al evangelio. Hubo mucha sanidad y bautismos del Espíritu Santo. ¡Aleluya! Tuve la oportunidad de predicar el sábado por la mañana a centenares de pastores que habían apoyado la cruzada. Me impresionó el poder de aquellos hombres, por la humildad y seriedad con que ellos rigen sus ministerios. Nos ministramos unos a los otros en oración, y ¡fue algo maravilloso! Después invité a todos los pastores para almorzar en un restaurante, bajo el auspicio de nuestro ministerio, oportunidad en que tuvimos un tiempo maravilloso de comunión y testimonios, de cómo ellos habían sobrevivido durante la guerra. Había allí algunos pastores que habían sido presos por la guerrilla comunista y que después fueron libertados milagrosamente y continuaron *obedientemente*, sin ningún temor, sus ministerios. ¡Aleluya! Tremendos hombres de Dios en el verdadero sentido de la Palabra.

Nuevamente en México

Más tarde, en obediencia, fui a predicar invitado por las Asambleas de Dios de Ciudad Juarez, México, en la Plaza de Toros Balderas. La cruzada se realizó del 28 al 31 de mayo de 1992. Tuvimos la presencia de 4 mil personas. Hubo muchas conversiones y el poder de Dios se derramó allí también.

Dios pide nuestra obediencia por las almas

El Dr. David Barret dijo: «Existen 600 millones de creyentes que están comprometidos en *obediencia* con las misiones cristianas, sea de una manera o de otra» Tú tienes tres opciones para comprometerte con el llamado de Dios a las misiones. Primero, puedes *ir en* obediencia, ser enviado. Segundo, puedes en obediencia, *orar* por la obra misionera. Tercero, puedes en obediencia *colaborar*, que es mantener las misiones financieramente. ¿Cuál es tu opción y tu elección? El doctor Oswald Smith decía: «O vas, o enviaremos a alguien en tu lugar, o tú oras por las misiones o contribuyes en obediencia para mantener a los misioneros en el campo del evangelio». En otras palabras, ¡la elección es tuya!

Lee creció en un país que prohíbe el cristianismo, los Emiratos Árabes. Él vino a los Estados Unidos para hacer su doctorado. Se quedó impresionado con el amor de los estudiantes cristianos de la universidad y quiso saber más de Cristo. Después de un buen tiempo de reflexión, Lee entregó su corazón a Cristo y se convirtió, regresó a su país, en *obediencia* al Señor, y está predicando la Palabra de Dios en aquella nación musulmana que está cerrada al evangelio.

Cuántas personas como Lee obedecieron al llamado de la fe y están en países difíciles para predicar la Palabra, pero aun así, ellos lo hacen con entrega, pasión y esfuerzo. ¡Haz tú lo mismo!

La Biblia dice en los capítulos 2 y 3 de Apocalipsis, que el Señor dijo a Juan que escribiera 7 cartas a 7 iglesias diferentes ubicadas en Éfeso, Esmirna, Pérgamo, Tiatira, Sardis, Filadelfia y Laodicea, y que las dirigiese a los *«7 ángeles de estas iglesias»* ¿Quiénes son esos ángeles? Son los pastores y ministros encargados y responsables que, al oír la voz de Dios, obedientemente cumplen las órdenes y realizan el trabajo del Señor. Ahora fíjate en lo que dice en Salmos: «Bendecid a Jehová; vosotros *sus ángeles* poderosos en fortaleza, que ejecutáis su palabra, obedeciendo a la voz de su precepto» (Sal. 103.20). Nosotros somos esos ángeles, que estamos «revestidos de poder» por la unción del Espíritu Santo, que bendecimos al Señor por todo lo que Él ha hecho al llamarnos al santo ministerio, nosotros los que cumplimos sus órdenes y *obedecemos* Su voz. ¡Aleluya! Claro que los ángeles, serafines, arcángeles y querubines obedecen la voz del Señor y cumplen Su deseo. Pero a ellos no les fue concedido el gran privilegio que nos tocó a nosotros, el de «predicar la Palabra». El apóstol Pedro dice en su primera epístola que los profetas habían profetizado sobre Cristo, pero a nosotros nos fue dado el privilegio de predicar la Palabra de Cristo, y tan grande es ese privilegio que se considera una de las «cosas en las cuales anhelan mirar los ángeles» (1 P. 1.12).

¿No es maravilloso saber que los ángeles nos protegen, nos cuidan, luchan por nosotros contra los demonios, nos libran de accidentes, atentados y robos, pero que a ellos no les fue otorgada la responsabilidad de predicar, sino a nosotros? ¡Aleluya! Seamos, pues, fieles a Él, obedeciéndole en todo.

Se cuenta que D. L. Moody, ganaba obedientemente un alma por día para el Señor. Cierta noche en Chicago, se puso su ropa de cama y se acostó a dormir. Se le había olvidado ganar aquella «alma diaria» para el Señor y entonces el Espíritu Santo le habló: «Moody, ¿dónde está mi alma de hoy?» Él respondió: «¡Oh, Dios mío! ¡Se me olvidó! Mañana conquistaré dos» Pero el Espíritu le respondió: «Levántate ahora, sal a la calle y busca un alma», a lo cual respondió: «Pero Señor, ya es muy tarde, mañana conquistaré dos como ya te dije». «¡No, la quiero ahora!» Entonces Moody se levantó, casi a medianoche, se cambió de ropa y salió a la calle refunfuñando y diciendo dentro de sí: «¡Caramba! No hay un alma viva caminando por las calles a esta hora, ¡ay Dios!» No obstante salió por fe, en obediencia a su llamado de evangelista. Después de caminar por un largo rato, vio a un hombre parado en una esquina. Fue hacia él y le dijo: «Quiero hablarle de Jesús». El hombre pensó que Moody era un ladrón o algo parecido ¡y salió corriendo! Imagínate a alguien que te dice a la medianoche en una esquina: «Quiero hablarle de Jesús». Moody se fue detrás de él gritando en voz alta: «¡Pare, pare, por favor, pare, en nombre de Jesús! Si no se detiene ahora, no podré volver a mi casa a dormir». El hombre continuó corriendo. Moody ya estaba cansado, pues era un hombre bastante pesado. Con la lengua afuera, oró: «Señor, o lo haces parar, o yo desisto aquí mismo». Para gran sorpresa de Moody, el hombre se detuvo. ¡Pero se detuvo para entrar a su casa! Moody dijo dentro de sí: «Y ahora, ¿qué hago?»

El hombre abrió la puerta y entró. Moody llegó corriendo y entró detrás de él. El hombre se metió debajo de su cama hasta que Moody lo agarró de las piernas y lo sacó de debajo de la cama, lo hizo sentarse y mientras jadeaba le dijo: «Por favor, escúcheme... Dios... tiene un plan... para su vida... Jesús le ama y...». Moody le predicó el evangelio, en obediencia al Señor. Aquel hombre se convirtió. Algunas semanas después, toda su familia se convirtió. Ese mismo individuo se convirtió en un gran hombre de Dios y predicador de Su Palabra. Centenares de personas vinieron a conocer a Cristo a través del hombre que Moody arrastró de «debajo de su cama» y ganó para Cristo, y estoy seguro que después de eso, él pudo dormir tranquilo. ¡Aleluya!

DIOS PIDE QUE EL GANAR ALMAS SEA UN PRIVILEGIO PARA NOSOTROS

Estaba yo predicando en Brooklyn Park, Minnesota, EE.UU., en marzo de 2002, cuando un hermano americano llamado Fred Durston se me acercó y me dijo que estaba trabajando en el ministerio Billy Graham y que ellos nos habían enviado una invitación el año anterior, procedente de Chile, a través de la A.E.B.G. (Asociación Evangelista Billy Graham), para que yo fuese uno de los predicadores en Temuco, en el Mini Ámsterdam 2001. Yo le dije que desdichadamente estábamos en Gana, en África occidental, realizando una cruzada, cuando la invitación nos llegó. Fred es el coordinador regional de los ministerios internacionales de la oficina de la A.E.B.G. en Minneapolis, Minnesota. Para mí fue un gran honor y un privilegio haber recibido una invitación de esa índole por parte de la organización evangelística de Billy Graham. ¿Quién diría que algún día eso ocurriría? Yo solamente quiero almas y deseo conquistar este mundo para Cristo. Como dijo el gran reformador escocés John Knox: «¡Oh Señor, dame las almas de Escocia o me muero!» Fui obediente a Él con relación a mi llamado, lo soy y seré siempre obediente a Él.

DIOS PIDE NUESTRO AMOR POR LAS ALMAS

Billy Sunday, el gran evangelista, en cierta ocasión estaba en una cruzada en Nueva York. Él fue entrevistado por un reportero en una habitación en el segundo piso del hotel en que estaba hospedado. El reportero le preguntó: «¿Cuál es el secreto del éxito de su ministerio?» Billy Sunday se levantó, fue hasta la ventana, abrió la cortina y preguntó al reportero: «¿Qué ves allá abajo?» El reportero respondió: «Veo calles, tiendas, aceras, automóviles». Billy Sunday le volvió a preguntar: «¿Pero, qué más ves?» «Ah, también veo muchas personas», dijo el reportero. «Ah, personas», dijo el evangelista. «Sí, personas», respondió nuevamente el reportero. Entonces, dijo Sunday: «Pero dentro de aquellas personas ¿qué ves?» «No veo nada», le respondió el reportero. «Tú no puedes ver», dijo Billy Sunday, «pero existe un alma dentro de cada una de ellas, y la mayoría está perdida. ¿Quieres tú saber el porqué del éxito de mi ministerio? ¡Yo amo las almas! Yo las amo y quiero predicar obedientemente a las pobres almas perdidas que van camino del infierno. Yo quiero almas, almas y más almas». ¡Qué entrega! ¡Qué pasión! ¡Qué obediencia!

DIOS PIDE NUESTRA PREDICACIÓN A LAS ALMAS

La Biblia dice: «Y recorrió Jesús toda Galilea, enseñando en las sinagogas de ellos, y *predicando* el evangelio del reino y sanando toda enfermedad y toda dolencia en el pueblo» (Mt. 4.23).

Cristo nos dio el ejemplo. Él mismo aprendió la obediencia en Su ministerio con relación a su llamado, pues la Biblia dice que «aunque era Hijo, por lo que padeció aprendió la *obediencia*» (He. 5.8). Pedro y Juan predicaron en Samaria obedientemente. Hechos nos relata que «ellos, habiendo testificado y hablado la palabra de Dios, se volvieron a Jerusalén y en muchas poblaciones de los samaritanos anunciaron el evangelio» (Hch. 8.25). Leemos incluso en Hechos sobre lo que hizo el apóstol Pablo después de su conversión: «En seguida *predicaba* a Cristo en las sinagogas, diciendo que este era el Hijo de Dios» (Hch. 9.20). También nos dice el apóstol Pablo: «De manera que desde Jerusalén y por los alrededores hasta el Ilírico todo *lo he llenado* del evangelio de Cristo» (Ro. 15.19). Escribió inclusive a los Corintios: «Además, os declaro, hermanos el evangelio que os he *predicado*, el cual también recibisteis, en el cual también perseveráis» (1 Co. 15.1). ¡Aleluya! ¡Predica la Palabra! A los filósofos en Atenas Pablo les predicaba como dice la Biblia: «Porque predicaba el evangelio de Jesús, y de la resurrección» (Hch. 17.18). Después de predicar a los judíos de Roma, que no quisieron oír la Palabra y aceptarla, la Escritura dice sobre Pablo: «*predicando* el reino de Dios y enseñando acerca del Señor Jesucristo, abiertamente y sin impedimento. (Hch. 28.31). Dice el apóstol inclusive, que no debemos promovernos a nosotros mismos en el ministerio de la predicación, «porque no nos *predicamos* a nosotros mismos, sino a Jesucristo como Señor» (2 Co. 4.5). Y mucho menos, nos advierte Pablo, debemos predicar por interés propio contra alguien: «Algunos, a la verdad, *predican* a Cristo por envidia y contienda» (Fil. 1.15). Además, su consejo a Timoteo fue: «que *prediques* la palabra; que instes a tiempo y fuera de tiempo; redarguye, reprende, exhorta con toda paciencia y doctrina» (2 Ti. 4.2). Pablo escribió también que Dios nos salva «por la locura de la *predicación*» (1 Co. 1.21). Por eso, nuestras palabras, como las de él, deben basarse en la unción de Dios: «Y ni mi palabra ni mi *predicación* fue con palabras persuasivas de humana sabiduría, sino con demostración del Espíritu y de poder» (1 Co. 2.4). Aquel gran hombre de Dios concluyó diciendo: «¡Ay de mí si no *anunciare* el evangelio!» (1 Co. 9.16). Los demás apóstoles también obedecieron la voz del Señor. La Escritura dice que «todos los días, en el templo y por las casas, no cesaban de *enseñar* y predicar a Jesucristo» (Hch. 5.42). ¡Gloria a Dios! También se afirma lo siguiente de Felipe, el evangelista: «*Bajando Felipe a la ciudad de Samaria, **les predicaba** a Cristo*» (Hch. 8.5). En el discurso de Pedro en Cesarea, él dijo: «*Y nos mandó que **predicásemos** al pueblo, y testificásemos que él es el que Dios ha puesto por Juez de vivos y muertos*» (Hch. 10.42). ¡Aleluya! Por eso tenemos que predicar en *obediencia*, pues el predicador tiene la revelación divina en un libro infalible: la Biblia. El predicador posee la ley de Dios dentro de su corazón y la proclama con su boca. Posee el poder de Dios en su vida y predica sin miedo, con audacia, intrepidez, sin favoritismo o parcialidad, y su mensaje es claro, simple y poderoso: ¡Jesús es el Señor! ¡Aleluya! Por este motivo dijo Stephen Neil: «La única razón para ser cristiano es la gran evidencia de que solamente el cristianismo es la verdad sobre otras religiones y sectas, pues nuestra fe cristiana es única y verdadera, no hay otra».

Dios pide nuestro interés en las almas

Durante la Conferencia de Billy Graham en Ámsterdam, en julio de 1983, yo estaba esperando el tren para ir al centro de convenciones, cuando un joven «punk» cruzó la plaza central y vino en mi dirección. En su camiseta estaban escritas estas palabras: «*I was born to go to hell*», que traducido es: «Yo nací para ir para el infierno». Me quedé atónito y fui detrás de él juntamente con otros congresistas que también esperaban el tren, lo detuvimos y le dijimos: «Tú no naciste para ir para al infierno, tú naciste para ir al cielo». Él se sorprendió. Nosotros lo invitamos para que se sentara un rato en la plaza y comenzamos a hablar con él. Nos olvidamos de tomar el tren y de la conferencia, por quedarnos a evangelizar a aquel muchacho. Él sentía un profundo dolor en su corazón, porque su madre lo había engendrado en la prostitución, y él nunca conoció a su padre. El sentimiento de rencor y el odio que sentía por su madre eran muy intensos. Le hablamos del amor de Cristo, del perdón y de la cruz. Él nos dijo que ya había experimentado todo tipo de drogas y sexo, por eso se ponía esa camiseta con aquellas palabras terribles: «Yo nací para ir para el infierno». En cierto momento, el amor de Dios penetró en su corazón. Puso más atención a lo que le decíamos y la convicción del Espíritu Santo le habló. Entonces, después de hablarle de los pasos para acercarse al Señor, entre lágrimas, él aceptó a Cristo como su Salvador y Señor. Algunos minutos después logró decir: «Ya puedo perdonar a mi madre, siento algo diferente en mí». ¡Aleluya! Después se quitó la camiseta y nosotros le preguntamos: «¿Te vas a ir a casa sin la camiseta?» «¡Pues claro!», respondió él. «No puedo tenerla más. Me voy a mi casa sin ella, pero con Cristo dentro de mi corazón». ¡Aleluya! ¡Predica la Palabra obedientemente! Fueron necesarios apenas algunos momentos de obediencia al Espíritu, e interés de nuestra parte, para que el Señor lo conquistase y lo rescatase de las drogas, del sexo corrupto, de la perversión, del rencor, del odio y del propio infierno. Ahora él puede cambiar la frase y ponerse una camiseta nueva que diga: «Yo nací para ir al cielo». ¡Aleluya! ¡Predica la Palabra en obediencia, entrega y pasión, deja los resultados con Dios, y Él lo hará!

El doctor Oswald Smith dijo las siguientes palabras en el congreso de evangelismo en Berlín, Alemania oriental, en 1966: «Si el propósito de Dios es conquistar el mundo para Cristo a través del evangelismo y las misiones, si la meta de Dios es alcanzar a los perdidos con el amor de la cruz a través del evangelismo y misiones, y el gran deseo del corazón de Dios es que todo el mundo le conozca a través de Su Palabra predicada en evangelismo y misiones, y tú [dirigiéndose a los congresistas], si no estás *interesado*, en *obediencia*, en predicar la Palabra a través del evangelismo y las misiones, entonces hay una gran probabilidad de que *todavía* no hayas nacido de nuevo». ¡Qué palabras tan poderosas! Si realmente no estamos dispuestos a predicar como individuos o iglesia la Palabra a los perdidos, si no los amamos, ¿cómo es posible que seamos salvos? Si no nos interesamos por aquellos que pasan o están a nuestro alrededor, sin que nos importe la condición de sus almas perdidas, entonces ¿cuál es el amor de Dios en nosotros?

Dios pide nuestra perseverancia
por las almas

Recuerdo la ocasión en que fui a Seúl, Corea del Sur, en noviembre de 1985. El vuelo duró 16 horas. Le pregunté a un caballero que estaba a mi lado en el avión: «¿Está listo para viajar?» Él respondió: «¡Sí! Me estoy preparando sicológicamente». Entonces le dije: «Muy bien, usted se prepara sicológicamente y yo espiritualmente. Si este avión se cae yo iré al cielo, y usted al infierno». Aquel hombre se puso bravísimo y me respondió: «¡No quiero hablar más con usted!» Le respondí: «No hay problema, tenemos 16 horas por delante. Puede ir al baño y volver todas las veces que quiera. Yo estaré aquí esperándolo para hablarle de Cristo». Durante todo el vuelo él me evitó, pero yo oraba y *obedientemente*, busqué una oportunidad para evangelizarlo. Como vi que mis intentos eran inútiles, oré al Señor y le dije: «Señor, haz que este avión tiemble, pero de una manera como nunca antes... pero... ah, no te olvides... que yo estoy aquí...». Después de mucho tiempo, cuando ya estábamos llegando a Seúl, el avión entró en una nube cargada de agua, lista para llover. El avión comenzó a temblar de tal manera, que los portaequipajes se abrieron y las cosas empezaron a caer al piso. El hombre estaba durmiendo y se despertó asustado. Me miró de inmediato y me preguntó: «¿Qué pasa aquí?» Le respondí: «Amigo, el avión está cayendo...». «¡Nooooooooo!», gritó el hombre. Yo le dije: «¡Prepárate! No quisiste oír» Entonces él agarró mi brazo, terriblemente asustado, y me dijo: «¿Qué era lo que me estaba diciendo del cielo y del infierno? De Cristo y... no sé qué..ah...» Le respondí: «¡Ya es muy tarde! El infierno está esperándote... porque no quisiste oír...». Él me dijo: «¡Noooooo! Ahora sí quiero oír!»

Dios nos llamará a cuentas con relación
a las almas

Ah, mi querido lector, cuando tú obedeces el llamado divino y lo cumples con perseverancia, Dios hará Su parte y traerá convicción al corazón de aquellos que oigan. Desdichadamente, algunas personas sienten vergüenza de compartir su fe en Cristo con los demás.

Recuerda estas palabras del Señor: «Os digo que todo aquel que me confesare delante de los hombres, también el Hijo del Hombre le confesará delante de los ángeles de Dios; mas *el que me negare* delante de los hombres será negado delante de los ángeles de Dios» (Lc. 12.8, 9).

Si tienes vergüenza y te niegas a predicar, anunciar, evangelizar y hablar del amor de Cristo públicamente delante de cualquier persona, Él también se avergonzará de ti públicamente, y te negará en el día del juicio final delante de todos. ¡Qué triste será! ¡Cuántas personas ya dejaron su llamado y ministerio en desobediencia, negaron la eficacia de las Escrituras y tuvieron vergüenza o simplemente no quisieron hablar del amor de Aquél que los salvó eternamente! Cuántos «creyentes» públicamente, en programas de televisión o en la radio, o delante de personas importantes, de sus jefes, de sus profesores, de sus amigos, de su familia y de tantas otras personas, se callaron y dejaron que la Palabra fuese avergonzada a través de ellos, por el simple hecho de negar a Cristo, al sentirse «avergonzados» por ser llamados «creyentes», y le hicieron caer en el ridículo a través de sus acciones, palabras y conducta. ¡Qué Dios tenga misericordia de nosotros!

DIOS JUZGARÁ A LOS DESOBEDIENTES EN CUANTO A LAS ALMAS

En Argentina, hace mucho tiempo atrás, una joven de 16 años recibió el llamado del Señor para predicar Su Palabra. Sin embargo, como ella tenía novio, decidió comprometerse y casarse con él a los 17 años, cuando todavía era muy joven. Al tener casi dieciocho años, dio a luz a su hijo. Ella pensó: «Primero voy a educarlo y a verlo crecer. Todavía soy muy joven. Después serviré al Señor». El tiempo pasó tan rápido, que ella ni se dio cuenta. Ese hijo, siendo un muchacho de apenas dieciocho años, se comprometió y se casó a los diecinueve años, y a los veinte tuvo su primer hijo. Su madre de escasos 36 años ya era abuela. Ella pensó nuevamente: «Primero ayudaré a educar mi nieto, después serviré al Señor. Todavía soy joven».

Cuando llegó a sus 60 y tantos años y ya era bisabuela, había olvidado hacía mucho tiempo su llamado, después que el Señor le hablara muchas y muchas veces a través de Su Palabra y de varias maneras diferentes, un profeta del Señor que caminaba por las calles de Buenos Aires oyó la voz del Espíritu Santo decirle: «Ve a la casa del otro lado de la calle y di a esa persona las palabras que yo te diré». Él cruzó la calle y tocó a la puerta. Una señora lo atendió. Él levantó su mano y dijo: «Así dice el Señor: Yo te llamé cuando eras joven, cuando todavía tenías muy poca edad pero te olvidaste de mí. Preferiste cuidar a tu hijo, tu nieto y tu biznieto, y me dejaste de lado. Muy bien, así dice el Dios Todopoderoso: Rehusaste mi llamado, ignorando mi voz varias veces y de varias formas, cuando yo te busqué. Miles de miles de miles de argentinos se irán al infierno por culpa de tu *desobediencia*, y de todos ellos tú me rendirás cuenta al final de los tiempos». Al día siguiente, ella amaneció muerta en su silla en la sala de su casa... ¡Qué cosa terrible! Que sirva de ejemplo para todos nosotros. ¡Qué Dios nos guarde de poner nuestros intereses antes de Su llamado y de Su Palabra! Si Dios te comisionó, por la fe *obedécele*, cueste lo que cueste.

Debes estar dispuesto a dar al Señor lo mejor que tengas dentro de ti. Haz de su llamado tu causa, tu meta, tu pasión y la entrega de tu vida. No midas esfuerzos, sufrimientos, pruebas, tribulaciones, necesidades o abnegaciones para servir al Dios Todopoderoso. ¡Él es digno! Él dejó todo para darnos lo mejor de sí y fue clavado en la cruz por nuestros pecados. No importa lo que tú tengas que pasar, pues Él estará a tu lado donde quiera que estés. Un cristiano, en las montañas de Vietnam, comentando sobre las penas y necesidades que los creyentes pasan allí, dijo: «El sufrimiento no es lo peor que nos puede suceder, la desobediencia a Dios es lo peor...».

Recuerda que es Dios quien te hace obedecer,
por la fe, a su llamado...

Capítulo 8

Por la fe, crucifica tu «yo» por el llamado

*J*ohn Paton, el gran misionero escocés presbiteriano, quien fue enviado en 1858 a los Mares del Sur, ejerció su ministerio en el grupo de islas conocido como «Nuevas Hébridas» o Vanuatu en la actualidad que se encuentra entre Australia y Fiji al sur del Pacífico, específicamente en la isla de Tanna y otros lugares remotos. Hablando sobre crucificar su «yo» para servir a Cristo, dijo: «Entre los que intentaron desanimarme sobre mi llamado a las misiones, se encontraba un señor creyente cuyo argumento era este: ¡Allá hay caníbales! ¡Serás comido por ellos!» Entonces le contesté: «Querido caballero, ya estás avanzado en años y conforme a tu expectativa de vida sé que muy en breve te irás al túmulo, ¡donde te comerán los gusanos! Te digo que ya crucifiqué mi ego y puedo vivir o morir sirviendo al Señor, así que para mí no hay diferencia entre ser comido por los caníbales o por los gusanos».

Jesús dijo: «De cierto, de cierto os digo, que si el grano de trigo no cae en la tierra y muere, queda solo; pero si muere, lleva mucho fruto. El que ama su vida, la perderá; y el que aborrece su vida en este mundo, para vida eterna la guardará» (Jn. 12.24-25). Cristo dejó en claro que si estamos dispuestos a morir a nosotros mismos, es decir a nuestro «yo», produciremos frutos. Si despreciamos nuestra vida por Su Evangelio y por Su llamado, la encontraremos nuevamente. Salvar nuestra vida sin Cristo es igual que perderla, y perder la vida con Cristo es igual que salvarla. La vida sin Cristo es igual a la muerte, y la muerte del «yo» con Cristo es igual a la vida. El «yo» o nuestro «ego», está estrechamente relacionado con el área de la humildad en nosotros. Cuando Dios nos quebranta en su trato íntimo de todas las áreas de nuestra vida espiritual, Él trabaja específicamente en lo más profundo de nuestro ser, para que muera esa carne, esos instintos pecaminosos y destructivos que operan en nosotros.

LA HUMILDAD

Había cierto hombre desamparado que vivía en las calles y que al convertirse, inmediatamente se hizo miembro de una iglesia. En todos los cultos, durante mucho tiempo, él cargaba una pequeña maleta negra. El pastor siempre le veía traer esa «maletita negra» y se preguntaba qué habría en ella. Pasó el tiempo y Dios lo bendijo grandemente de todas las formas, porque buscó al Señor de todo su corazón y pasó a vivir una vida recta y llena del Espíritu Santo. Más adelante, Dios lo llamó para servirle. A los dos años, al final del culto, el pastor le pidió que le mostrara qué había adentro de la famosa «maleta negra». El hermano tranquilamente se la abrió. Para sorpresa del pastor y de todos, lo que había en ella era solamente un pantalón viejo y roto, una camisa blanca sucia y un par de zapatos viejos, sucios y de mal olor... El pastor se sorprendió y le dijo: «¿Pero por qué llevas esas cosas ahí adentro? Pensé que ahí guardabas alguna cosa extremadamente importante». El hermano le respondió: «¡Es más importante de lo que usted piensa! Traigo ese pantalón roto, esa camisa blanca y sucia, y ese par de zapatos viejos y con mal olor, para que el día que piense que yo soy alguien «importante» o que mi «yo» sea exaltado, o cuando el Señor me bendiga más de lo que Él ya lo ha hecho, y piense que soy «especial» a mis ojos, todo lo que tengo que hacer es abrir esta maleta negra, mirar hacia adentro y nunca olvidar dónde estaba yo y de cuál situación el Señor me sacó y me levantó». ¡Aleluya! Aquel hombre ya había crucificado su «yo» y estaba listo para servir al Señor. Él reconoció lo que Dios había hecho por él. ¿Y tú?

En el proceso de la madurez cristiana, el Señor te llevará a la humildad y al quebrantamiento, para poder usarte en Su obra. Es en esas áreas que muchos no resisten y se apartan, no permitiendo el «trato» del Espíritu.

Todos los grandes hombres de Dios tuvieron que pasar por el «desierto» del quebrantamiento en las áreas de su vida en que fuera necesario. En Mateo 16.21-28 leemos que cuando Jesús se encaminaba a Jerusalén para ser crucificado, Pedro lo reprendió, no sabiendo lo que hacía, porque la Biblia dice que era necesario que Cristo fuera a Jerusalén y padeciese mucho hasta ser muerto. El versículo 24 dice: «Entonces Jesús dijo a sus discípulos: Si alguno [Pedro, tú, yo o cualquiera] quiere venir en pos de mí, niéguese a sí mismo [muere a su "yo"], *y tome su cruz* [pague el precio], *y sígame* [para morir con Él]». Ese es el verdadero cristianismo, la «cruz». Sin cruz no hay evangelio. Por eso, muere a tu «yo».

Toma tu cruz

Cuentan que cierta vez una hermana creyente tuvo un sueño. En el sueño, estaba con otra hermana conocida suya de la iglesia. Las dos estaban en un desierto y cada una llevaba una cruz pesada y difícil de cargar. Más adelante una de las hermanas paró y le dijo a la que soñaba: «Voy a cortar un pedazo de mi cruz». La hermana que soñaba respondió: «No hagas eso, tú debes llevar tu cruz, como dijo Jesús. Pero esa hermana no soportó el peso y, agarrando un serrucho, cortó un pedacito de su cruz». Las dos siguieron su camino. Más adelante, la hermana paró nuevamente y rezongó: «Este desierto es terrible, voy a cortarle otro pedazo a la cruz». La hermana que soñaba le dijo: «¿Qué estás haciendo? Ya le has cortado un pedazo ¿y ahora otro?» La hermana que no soportaba su carga pesada, tomó el serrucho y de nuevo cortó otro pedazo de la cruz. Por última vez, después de haber caminado una larga distancia en el desierto, nuevamente la hermana paró y sin decir palabra a la otra, cortó otro pedazo de la cruz y se quedó con menos de la mitad del tamaño de la cruz con la que había empezado el recorrido.

Finalmente, llegaron al término de su jornada. Cansadas, agotadas y sedientas ellas avistaron a lo lejos un lugar lleno de palmeras. Una laguna de aguas claras y cristalinas y un letrero enorme que decía: «Bienvenidas a la vida eterna». Pero para llegar a esa tierra maravillosa, tenían que pasar por un precipicio. Las dos se pusieron a pensar en cómo harían eso. La hermana que soñaba, y que no había cortado ningún pedazo de su cruz, le dijo a la otra: «Yo sé cómo cruzaré al otro lado pero no sé cómo lo harás tú». Tomó su pesada cruz y la colocó en el piso cruzándola hasta el otro lado del precipicio, caminó por encima de ella cuidadosamente, sin caerse en el abismo y llegó a la vida eterna. La otra hermana intentó hacer lo mismo, pero como su «crucecita» estaba serruchada, al colocarla en el borde se cayó y se perdió en el precipicio. Entonces esa hermana no pudo pasar al otro lado, apenas pudo mirar de lejos a su compañera, que había atravesado el desierto con ella, recibiendo la bienvenida del Señor, mientras que ella tendría que lamentarse eternamente por haber cortado su cruz en pedazos.

¡Oh! Mis queridos hermanos y ministros de Cristo, el Señor coloca la cruz y su peso de acuerdo a nuestra capacidad para llevarla. Él nunca te impondrá una carga mayor de la que puedas llevar. La cruz representa las luchas, tribulaciones, problemas familiares, trabajo, fatigas, agotamientos y cansancio diario, seas tú un creyente normal o un ministro. El peso significa tus responsabilidades diarias para con Cristo. Cuanto más crezcas en el Señor, más peso colocará Él en tu vida. El peso de un nuevo convertido o un creyente normal sin llamado al ministerio no puede compararse al peso de un pastor, un evangelista o un misionero.

El desierto puede ser una batalla de oración por alguien a quien enfrentas hace mucho tiempo. El desierto puede ser aquel pariente que no quiere venir a los pies del Señor a pesar de tu insistencia. El desierto puede ser tus hijos, tu esposo o esposa que están perdidos. El desierto puede ser también el período por el que estás pasando en tu llamado, mientras Dios prueba, madura y «trata» tu carácter para que crucifiques tu «yo», aquellas áreas de tu «ego» que Él necesita que cambies. El serrucho para cortar tu cruz significa que puedes estar tratando de evitar, huir, ausentarte, apartarte o negarte a recibir la disciplina del Señor en tu vida. Esto se debe a que morir a tu «yo» y morir a tu «ego» duele, despedaza el corazón, hiere, es muy doloroso, y es una transformación lenta y ardua, donde sólo aquellos que estén dispuestos a «tomar su cruz y seguirle» podrán vencer.

Los pedazos de tu cruz son las áreas de tu vida que no quieres que sean «expuestas» o «vistas» por los demás, o aquellas que te da vergüenza que sean tratadas y que no quieres que sean parte de tu vida. Los pedazos pueden ser esas cosas que no soportas de ti mismo y por eso quieres tú mismo quitártelas, arrancártelas a la fuerza, sin antes dejarlo al Señor y al trato de Su Espíritu.

Cortar significa que, al no soportar el peso, tú no estás viviendo una vida de oración, de lectura de Su Palabra y en rectitud, que no estás pagando tus diezmos o hay pecados ocultos y no confesados en tu vida.

El precipicio es la perdición eterna, el infierno.

La laguna, las palmeras y el letrero son nada más y nada menos que la propia vida eterna con Cristo, donde todo ya habrá terminado, todo ya habrá pasado y será realidad lo que dice la Biblia: «...oí una gran voz del cielo que decía: He aquí el tabernáculo de Dios con los hombres, y él morará con ellos; y ellos serán su pueblo, y Dios mismo estará con ellos como su Dios. Enjugará Dios toda lágrima de los ojos de ellos; y ya no habrá muerte, ni habrá más llanto, ni clamor, ni dolor; porque las primeras cosas *pasaron*» (Ap. 21.3-4).

¿Estás crucificado a tu carne y al mundo?

En el siglo II, después de Cristo, el emperador romano mandó llamar a un hombre cristiano. Estando el hombre delante de él le preguntó: «¿Eres creyente en Jesús?» «¡Sí!», contestó. «Entonces te enviaré lejos donde estarás solo», dijo el emperador. El creyente respondió: «Con todo respeto, Vuestra Majestad puede enviarme a donde desee. El Señor me dijo en Su palabra: No te dejaré ni te desampararé. Donde quiera que Vuestra Majestad me envíe, allí estará Él». El emperador habló nuevamente: «Pues te dejaré sin nada, voy a confiscar todos tus bienes, te dejaré en la miseria». Entonces contestó el hombre creyente: «Lo siento mucho, señor emperador, pero mi tesoro está en el cielo que es muy alto para que Vuestra Majestad lo alcance». El emperador enojado se levantó del trono y exclamó: «Voy a cortarte la cabeza, te mataré... ¡Centinelas!» A lo que respondió el creyente: ¡Oh! Vuestra Majestad, ¡eso es imposible! Yo ya morí con Cristo hace mucho tiempo, y esta vida que vivo ahora, la vivo en fe en el Hijo de Dios que murió y resucitó por mí. Yo estoy crucificado al mundo y morí a mí mismo hace mucho tiempo, su majestad». ¡Aleluya! Ese gran hombre crucificó su «yo» y su «ego», y ambos estaban clavados a la cruz de Cristo. ¿Qué puedes decir del «yo» tuyo? ¿Ya lo has clavado en la cruz? ¿Y tu «ego»? ¿Será que aún vives egocéntricamente? ¿Todavía vives en los placeres de este mundo? Dios jamás te usará mientras no mueras a tu carne, a tu «yo» y a tu «ego». ¡Hazlo y Dios te usará!

El apóstol Pablo dijo: «Con Cristo estoy juntamente crucificado, y ya no vivo yo, mas vive Cristo en mí; y lo que ahora vivo en la carne, lo vivo en la fe del Hijo de Dios, el cual me amó y se entregó a sí mismo por mí» (Gá. 2.20).

Cuando James Calver viajaba hacia las islas del Pacífico Sur como misionero enviado a los paganos, el capitán del buque le dijo: «No te vayas allá. ¡Los caníbales te matarán, te devorarán!» A lo que le contestó Calver: «Quédese tranquilo señor capitán, yo ya he muerto con Cristo!» ¡Aleluya! Por eso, el propio Pablo nos dice: «Porque para mí el vivir es Cristo, y el morir es ganancia» (Fil. 1.21). Ahí reside el verdadero poder de la vida de alguien en el ministerio, allí también están todos los ingredientes de humildad y quebrantamiento, la muerte de la carne y de los pensamientos altivos y arrogantes. ¡El vivir es Cristo!

David Livingstone, el gran misionero, dijo a los presentes de una conferencia sobre misiones en Glasgow, Escocia: «Volveré a África, mi amado continente. Volveré allí donde el calor es insoportable, la comida es horrible y las enfermedades son muchas. Regresaré aunque mis manos estén trémulas y mis piernas ya no soporten el peso de mi cuerpo. Hace muchos años que he muerto a mi "yo", a mi "ego" y a todo lo que este mundo puede ofrecerme. Es allá que quiero morir. Es allí que quiero encontrarme con el Señor». ¡Aleluya! ¿Tú ya tienes esa clase de amor por algún continente? ¿Ya posees ese llamado a las misiones o al evangelismo, sea en la esfera local, nacional o global? ¿Estás listo para crucificar tu «yo» en completa sumisión, dejando atrás tu vida egoísta? ¿Estás dispuesto a crucificar tu «ego» por la santa causa de Cristo y Su Palabra?

Él estará contigo y te ayudará a llevar tu cruz, con todo su peso, en la presencia de cualquiera. Estará contigo en tu desierto, delante de «emperadores» que intentarán infundirte miedo. Él te llevara a la vida eterna sin importar las amenazas de que seas objeto. Él te recibirá en gloria en Su debido tiempo. Él estará contigo en tu país, en las naciones paganas o entre los caníbales. Pero tú tienes que pasar por el proceso de maduración y quebrantamiento además de crucificar tu «yo y tu «ego», al igual que los grandes hombres mencionados anteriormente, quienes crucificaron y murieron por Cristo en sus respectivos ministerios.

¿Y las finanzas?

Hace mucho tiempo en Inglaterra la esposa de cierto hombre muy rico lo invitó para ver predicar a John Wesley. El señor se negó repetidas veces disculpándose con su esposa de que tenía muchísimos compromisos, y según él, no «tenía tiempo». Su esposa de tanto insistir consiguió que él fuera a oír al famoso predicador. En el sermón, John Wesley dijo: «En primer lugar, haz todo el dinero que puedas». Sorprendido, el hombre rico miró a su esposa y comentó: «¡Me gustó este predicador! Eso es cierto, tenemos que hacer todo el dinero que podamos». «En segundo lugar, ahorra todo el dinero que puedas», dijo Wesley. Nuevamente el señor miró a su esposa y dijo: «¿Por qué no había venido antes a escuchar a este hombre? ¡Ese es mi predicador!» Por supuesto, aquel hombre no sabía qué venía a continuación: «Y en tercer y ultimo lugar, da todo el dinero que puedas a la obra de Dios y a las misiones cristianas», dijo Wesley. Entonces enojado, el hombre rico se dirigió a su esposa diciendo: «¡Ya no me gusta más este predicador!»

Todo anda de maravilla hasta que Dios nos habla sobre las finanzas. Si quieres ser usado por Dios, muere a tu «yo» que puede ser el dinero. Tu «ego» a lo mejor es el dinero, el cual te está impidiendo servir al Señor. Cierta vez, un predicador dijo que si tú le mostrases los recibos de tus cuentas y las copias de tus cheques, él te podría decir qué tipo de creyente eres, por el simple hecho de ver en qué inviertes tu dinero. «Eres lo que gastas», decía él. ¡Eso es verdad! Disponte a crucificar el «área financiera» de tu vida. Si Dios te llamó al ministerio después de haberte hecho un empresario exitoso y no consigues librarte del temor, el miedo o el terror de que Él te llame a trabajar para Él de tiempo completo, de quedar atado a la inseguridad de tu futuro o de lo que te podrá pasar si tuvieras que vivir por la fe… ¡entonces necesitas ser libre! ¡El dinero te domina! Es el centro de tu vida y pensamientos. Conozco a muchos hombres de negocios que abandonaron sus actividades y hoy son ministros victoriosos, así como otros que Dios llamó para que fuesen empresarios, y los ha hecho prosperar para bendecir a los demás, manteniendo misioneros alrededor del mundo o en alguna misión. Si tu llamado es servir a Cristo en el ministerio o es para mantener a los demás, sea lo que fuere, crucifica tu «yo» y tu «ego» en esa área. Acuérdate de las palabras de Cristo: «No os hagáis tesoros en la tierra, donde la polilla y el orín corrompen, y donde los ladrones minan y hurtan; sino haceos tesoros en el cielo, donde ni la polilla ni el orín corrompen, y donde ladrones no minan ni hurtan. Porque donde esté vuestro tesoro, allí estará también vuestro corazón» (Mt. 6.19-21).

¡Aleluya! Cristo concluye categóricamente ese tema: «Ninguno puede servir a dos señores; porque o aborrecerá al uno y amará al otro, o estimará al uno y menospreciará al otro. No podéis servir a Dios y a las *riquezas*» (Mt. 6.24).

¿Y EL ORGULLO?

Siempre que el dinero es usado de manera egoísta, traerá problemas. He visto a ministros que, después que Dios los hizo prosperar financieramente, se volvieron orgullosos y prepotentes y su fin fue su propia destrucción. ¡Claro que no son todos! Pero muchos al ver que sus ministerios se volvieron «grandes» o «famosos», permitieron que la arrogancia penetrara en sus corazones. La Biblia en 2 Crónicas 26, nos cuenta la historia del rey Uzías. Tenía 16 años cuando empezó a reinar en Judá. Reinó 55 años en Jerusalén. Comenzó haciendo lo que era recto a los ojos del Señor. Buscó a Dios y el Señor lo hizo prosperar grandemente. Dios lo acompañó en las guerras contra los filisteos, los árabes y los amonitas, y su fama llegó hasta Egipto. Él llegó a ser muy poderoso. Tenía un gran ejército, con trescientos siete mil quinientos hombres. Edificó torres, cavó muchos pozos, tenía muchas reses, labradores, viñadores, muchas armas, escudos, cascos, arcos, etc. Hizo máquinas de guerra inventadas por peritos y su *fama* voló hasta *muy lejos*, porque fue tremendamente ayudado por el Señor hasta hacerse poderoso. Pero... siempre hay un pero. La Biblia nos cuenta que Uzías no había crucificado su «yo»: «Mas cuando ya [Uzías] era fuerte, su corazón *se enalteció* para su ruina; porque se rebeló contra Jehová su Dios» (2 Cr. 26.16). El Señor lo transformó en leproso. El versículo 21 dice: «Así el rey Uzías fue leproso hasta el día de su muerte... por lo cual fue excluido de la casa de Jehová». ¡Qué triste fin tuvo! Aquel hombre tan bendecido por Dios, y todo por culpa de su orgullo. Su enaltecimiento lo destruyó como ha pasado con muchos ministros y «evangelistas internacionales» de ahora y del pasado. ¿Cuántos ya fueron «excluidos» de sus denominaciones o concilios, perdiendo la unción después que sus «grandes» ministerios sucumbieron por su arrogancia? ¡Qué Dios tenga misericordia de nosotros! Que el Señor nos mantenga humildes y muertos a nuestro «yo».

Un predicador norteamericano muy orgulloso que todavía no había crucificado su «yo», fue a predicar al interior de México. Mientras predicaba dijo: «La estrella Andrómeda está a un millón de años luz de nosotros». Su intérprete quedó horrorizado al ver la falta de discernimiento y el orgullo de ese «predicador» tan famoso, que no se daba cuenta de que estaba ministrando a personas humildes de Oaxaca, en México. El traductor al oír todo eso tradujo: «¡Ven a Jesús, Él te salvará!» El predicador seguía «predicando»: «Y mil millones de estrellas al lado izquierdo del universo, llamada...», tras lo cual decía el interprete: «Ven a Cristo y entrega tu corazón a Él porque Él murió en la cruz por ti». Cuando terminó el «mensaje» y se hizo la invitación, muchos se convirtieron. El norteamericano le dijo al intérprete: «Soy un gran predicador». A lo que el mexicano que también era ministro le contestó: «¡No! Tú eres tan orgulloso y necio que ¡yo tuve que predicar en tu lugar!»

Predicadores, ¡jamás sean así! El llamado es de Dios, los dones son de Dios, el ministerio es de Dios. Predicadores orgullosos que todavía no crucifican su «yo», perderán Su gracia, hoy o mañana. Solo es cuestión de tiempo, porque así dice la Biblia: «Antes del quebrantamiento es la soberbia, y antes de *la caída* la altivez de espíritu» (Pr. 16.18). Algunos no caen, simplemente Dios los quita del ministerio con enfermedad, y finalmente mueren prematuramente por causa de la «soberbia» de su conducta y estilo de vida. En Proverbios 8.13, Dios dice: «La soberbia y la arrogancia... aborrezco» ¿Y por qué se caen de Su gracia? Isaías responde: «Porque contra mí te airaste, y tu arrogancia ha subido a mis oídos» (Is. 37.29). Además, después que esos caigan, el Señor les dirá: «Tu arrogancia te engañó, y la soberbia de tu corazón. Tú que habitas en cavernas de peñas [grandes ministerios], que tienes la altura del monte [posición y títulos], aunque alces como águila tu nido [crezcas soberbiamente], de allí te haré descender, dice Jehová» (Jer. 49.16).

¡Qué Dios se apiade de nosotros! Porque la Escritura nos enseña: «Altivez de ojos, y orgullo de corazón, y pensamiento de impíos, son pecado» (Pr. 21.4). Este es el fin de ellos: «Abominación es a Jehová todo altivo de corazón; *ciertamente no* quedará *impune*» (Pr. 16.5). El apóstol Pablo nos aconseja a los predicadores: «Unánimes entre vosotros; no altivos, sino asociándonos con los humildes» (Ro. 12.16). ¡Predicadores! No busquen cosas «grandes», pues si Dios quiere hacerte prosperar, abrirte las puertas y hacerte crecer, Él lo hará en Su tiempo. ¡Humíllate ahora y Él te levantará mañana! Crucifica tu «yo» y Él te usará.

Se cuenta que durante una cena de celebración de Navidad en una iglesia, donde había muchas personas invitadas de otras iglesias, le pidieron al pastor local que declamara el Salmo 23. Él «orgullosamente» subió al púlpito y recitó de memoria y con gran elocuencia el famoso Salmo. Al terminarlo, todos aplaudieron al «bienhablado» pastor que a su vez recibió con soberbia los aplausos de su iglesia y de sus invitados. Pero más tarde, antes de terminar el evento, pidieron a un pastor invitado que recitara el mismo Salmo para culminar la cena. Ese pastor se levantó de su mesa, humildemente subió al púlpito y dijo con los ojos cerrados: «Qué sea para Tu Honor y para Tu Gloria, Señor». Luego declamó el Salmo 23 con voz serena, despacio, sin grandilocuencia, tranquilamente y con mucha convicción y unción del Espíritu. Al terminar y bajarse del púlpito, nadie lo aplaudió porque estaban todos llorando, conmovidos por el poder de Dios. Tan pronto se volvió a sentar, el pastor local dijo: «Yo declamé con elocuencia el Salmo 23, pero tú, pastor, conoces verdaderamente al Autor del Salmo 23». ¡Aleluya! ¡La diferencia es simple! El pastor de esa iglesia todavía no había crucificado su "yo"» pero el invitado sí. La diferencia está en el alma y es transmitida por nuestras acciones, pensamientos y actitudes. Nuestra conducta refleja lo qué hay dentro de nosotros.

Tú eres lo que piensas, hablas y vives, ni más ni menos. Si tu «yo» ya fue crucificado por la fe para atender a tu llamado, entonces ya estás caminando correctamente. Si tu «ego» ya fue crucificado por amor a tu llamado y por la causa de Cristo, ya estás muy adelantado en tu camino pues así usó Dios a Sus grandes siervos de antaño, los sigue usando hoy y seguramente los usará mañana. La gran mujer de Dios, Amanda Smith, quien nació bajo la esclavitud en 1837 y murió libre en 1915, entregó su vida a Cristo y ejerció con gran devoción el ministerio evangelístico en 4 continentes, después de la muerte de su esposo y de su joven hijo. Ella decía: «Cuán pocos están dispuestos a hacer un sacrificio, y pocos son los que realmente crucifican su "yo" voluntariamente para ofrecer a los demás la libertad que sólo Cristo puede dar». Oh hermanos míos, ¡qué podamos darnos a nosotros mismos en humilde entrega al Señor! Estudien las biografías de los grandes hombres y mujeres que Dios usó en el pasado y usa en el presente. Se darán cuenta de que todos los que Dios usó grandemente, habían «crucificado su yo». Hay un poder extraordinario que se esconde tras esta negación de nosotros mismos. Cristo la experimentó en Su propia vida, porque según la Biblia, antes de Su crucifixión, en el jardín de Getsemaní, Él crucificó nuevamente su «yo» como en tantas otras ocasiones, al decir: «Padre, si quieres, pasa de mi esta copa; pero no se haga mi voluntad, sino la tuya» (Lc. 22.42). Muchos teólogos dicen que antes de crucificar Su carne, Él crucificó Su «yo», Su «voluntad». Crucifica tu «yo», tu «ego» y Dios hará grandes cosas en tu vida.

RECUERDA QUE ES DIOS QUIEN TE HACE, POR LA FE, CRUCIFICAR TU «YO» POR EL LLAMADO.

Capítulo 9

Paga por fe el precio del llamado

Francis Asbury (1745–1816) empezó a predicar a los 17 años de edad. Dejó Inglaterra, su tierra natal, y nunca más volvió. Pagó un precio muy alto al renunciar a todo y servir al Señor. Se convirtió en un gran evangelista itinerante que predicó en las colonias americanas y también después en los Estados Unidos de América. Predicó por 45 años y dijo estas palabras con relación a pagar por la fe el precio del llamado: «Si los demás sufren tanto y viven preocupados por sus intereses personales y temporales, con mucha más razón yo sufriré y pagaré el precio, sea cual fuere, para la gloria de Dios y para la salvación de las almas perdidas».

Cuando, recién convertido, empecé a evangelizar a los 18 años a mediados de 1981, jamás pensé qué precio habría de pagar por la fe. Al ser llamado para ejercer el evangelismo itinerante, mi alegría de poder llevar almas para Cristo era tanta que ningún obstáculo parecía difícil. Aquel «primer amor» fue y es maravilloso. Me acuerdo que, junto a mi hermano Tayrone, comprábamos literatura cristiana, o sea, folletos pequeños para distribuir los dos solos o con los jóvenes de la iglesia, y así evangelizábamos en calles, autobuses, hospitales, bares, almacenes, terminales de ómnibus, estaciones de trenes, etc. Recuerdo que una vez distribuimos folletos en un tren que hacía el trayecto entre la ciudad de Porto Alegre a Santa María, mi ciudad de origen, en Río Grande do Sul. Estaba recontento, feliz y alegre al dar folletos a todas las personas del tren hasta llegar al maquinista. Entonces le extendí la mano y le ofrecí un folleto con la famosa frase *¡Jesús te ama!* Luego tendría mi primera experiencia de rechazo al evangelio. Una señora de descendencia alemana, enorme y gorda, con brazos fuertes y grandes, se paró en el pasillo y mientras aplastaba el folleto en el suelo, me miró y dijo: «Ustedes los evangélicos son una plaga que tiene que ser exterminada». Me quedé perplejo, atónito y sorprendido ¡Jamás se me había ocurrido que alguien rechazara al Señor! Ten en cuenta que era mi «primer amor». La miré y le contesté con respeto: «Pero, señora, esta es la Palabra de Dios». Entonces, con determinación y rabia se acercó, me escupió en la cara y me dio una cachetada que por poco me volteó la cabeza. ¡Todo un «gaucho» abofeteado por una mujer! ¡Qué absurdo! Todos en el vagón se quedaron esperando para ver cuál sería mi reacción. Con toda tranquilidad, la miré mientras me limpiaba el rostro con un pañuelo y le pregunté: «¿Le gustaría pegarme en la otra mejilla?» Ella, furiosa, se dio vuelta y se fue a otro vagón. ¡No reaccioné! Apenas me senté en un asiento y bajé la cabeza, con el rostro todavía «ardiendo» del tremendo bofetón que me propinó aquella mujer. No tuve vergüenza de lo que me pasó, pero sí quedé más sorprendido que cualquier otra cosa. Mis ojos se humedecieron. Comencé a llorar de tristeza, no por lo que ella me hizo sino por su rechazo a Cristo.

Un señor que estaba sentado detrás mío me tocó el hombro y me dijo: «No le hagas caso a esa mujer loca, muchacho. Estás haciendo un gran trabajo al hablar a todos sobre el amor de Dios. Vamos eh, ¿por favor podrías darme el folletín?» «¡Claro!» contesté. En lugar de levantarme para alcanzárselo, levanté la mano y se lo pasé por encima de mi cabeza estirando mi mano hacia atrás. Le entregué el folleto sin mirarlo, tal era el trauma por el que había pasado.

Pasados 10 o 15 minutos, escuché como si alguien estuviese llorando atrás de mi asiento y pensé: «El señor debe haberse compadecido de mí. Sin embargo, él me tocó otra vez en el hombro y me pidió; «¿Podrías orar por mí? Aquí dice que debo hacer la oración del pecador. ¿Qué es eso?» Otra vez estiré la mano hacia atrás sin mirarlo y le dije: «¡Vamos a orar! Repite conmigo...».

¡Aleluya! No importa lo que tuve que enfrentar, finalmente gané un alma para Cristo. Eso era apenas el principio del precio que por la fe, tendría que pagar por mi llamado.

En los capítulos 2, 3 y 4, ya mencioné varias experiencias y el precio que tuve que pagar por haber sido llamado al ministerio de las misiones y el evangelismo itinerante. Sin precio no habrá triunfos y sin batallas no habrá victorias. La Biblia nos cuenta lo mucho que los héroes bíblicos tuvieron que experimentar y sufrir. Ellos pagaron el precio por la fe y por amor al Señor, así como por todo lo que lograron alcanzar para la gloria de Dios. Así quedó escrito en la Biblia: «*por fe* conquistaron reinos, hicieron justicia, alcanzaron promesas, taparon bocas de leones, apagaron fuegos impetuosos, evitaron filo de espada, sacaron fuerzas de debilidad, se hicieron fuertes en batallas, pusieron en fuga ejércitos extranjeros. Las mujeres recibieron sus muertos mediante resurrección; mas otros fueron *atormentados*, no aceptando el rescate, a fin de obtener mejor resurrección. Otros experimentaron vituperios y *azotes*, y a más de esto *prisiones* y *cárceles*. Fueron *apedreados, aserrados, puestos a prueba, muertos a filo de espada*; anduvieron de acá para allá cubiertos de pieles de ovejas y de cabras, *pobres*, angustiados, maltratados; de los cuales el mundo no era digno; *errando* por los desiertos, por los montes, por las cuevas y por las cavernas de la tierra» (He. 11.33-38).

Por la fe pagaron un enorme precio por su llamado de profetas. Aún hoy muchos misioneros padecen al predicar la Palabra de Dios en lugares difíciles, en países extremadamente cerrados al evangelio y en naciones donde la Biblia está prohibida del todo como los países radicales comunistas y musulmanes. A pesar de todo, la Palabra de Dios es predicada allí. El apóstol Pablo al hablar de las dificultades del ministerio dice: «en el cual sufro penalidades, hasta prisiones a modo de malhechor; mas la palabra de Dios no está presa» (2 Ti. 2.9). Así sean países difíciles o no, ¡tenemos que predicar!

PASIÓN POR LAS ALMAS

Una vez, una joven señorita fue llamada al ministerio. Eso fue antes de la revolución comunista de Fidel Castro. Dios la llevó a Cuba para predicar el evangelio.

Siendo ya una dama de edad avanzada, a sus 64 años, cierta mañana puso en su bolso unos ejemplares del Nuevo Testamento y caminó una distancia de 3 kilómetros hasta llegar a La Habana. Estando allá, puso en la calle una caja de madera, se subió encima y predicó la Palabra de Dios. Después hizo el llamamiento y distribuyó los ejemplares del Nuevo Testamento. Terminó su evangelismo personal y al anochecer regresó a pie los 3 kilómetros de vuelta a su casa.

Alrededor de las 11 de la noche, un joven le tocó la puerta. La misionera que ya estaba descansando, después de la larga jornada de 6 kilómetros, se levantó y le abrió la puerta. Entonces él le dijo: «Señora, sé que estuvo predicando en mi barrio hoy en la tarde y mi hermano está tan enfermo que está a punto de morirse. ¡Por favor, vuelva conmigo!» Cualquier otra misionera de la actualidad a lo mejor diría: «¡Qué pena! Estoy tan cansada. Creo que mañana voy por esos lados...». En cambio, esa gran mujer de Dios lo miró con los ojos de Cristo y sintió la necesidad de aquel muchacho enfermo y sin Dios y de la aflicción de ese hermano que la había ido a buscar.

Con una linterna ella volvió a la ciudad con el joven y recorrió otra vez a pie los 3 kilómetros. Fue a la casa de ellos, predicó al hermano que estaba enfermo y al borde de la muerte, y volvió alrededor de las 4 de la madrugada ¡completamente extenuada! ¡Imagínate! Tenía 64 años de edad y caminó 12 kilómetros en menos de 24 horas.

Al amanecer, alguien llamó a la puerta nuevamente. Era aquel joven que llorando, agradecía a la misionera por haber hecho el gran esfuerzo de ir a predicarle al hermano. Le repitió las últimas palabras de su hermano, quien agarrado al Nuevo Testamento exclamó con lágrimas en los momentos finales de vida: «Iré contigo, Señor Jesús. Gracias te doy por haberme enviado a la misionera que vino a predicarme la Palabra de Dios. A través de ella al fin te recibí. Estoy salvo... me iré contigo...». Aquel joven partió hacia la eternidad con Cristo, gracias a la entrega y pasión de una sierva de Dios que no midió esfuerzos y que por la fe pagó el precio del cansancio físico para ver, aunque fuera, *una sola alma salva*.

Por esa razón, la gran evangelista Phoebe Palmer que vivió de 1807 a 1877 y que fue de mucha influencia en el movimiento de la santidad, dentro del cual promovió grandemente las misiones y los esfuerzos humanitarios, dijo estas palabras al referirse a la salvación de una sola alma: «He determinado en mi mente y corazón que *un alma salva* vale más que todo el oro del universo». Que podamos tener también esos principios de amor, sacrificio y entrega para misiones y para el evangelismo. Que ello domine nuestra mente, espíritu y vida por completo: almas, almas y más almas. Que Dios nos conceda la capacidad de sufrir por Él y por Su causa.

LA VENTANA 10/40

Si todas las personas del mundo que no conocen al Señor hicieran una fila, esta daría 30 vueltas alrededor del planeta Tierra. Tal es la multitud de los que todavía no conocen a Cristo. Si tú empezaras al principio de la fila, manejando tu automóvil sin parar (lo cual es imposible) a unos 80 kilómetros y dieses el Nuevo Testamento a cada una de esas personas, gastarías 4 años y 40 días para hacer ese viaje sin interrupciones alrededor del mundo. Además, tan pronto terminases y volvieses al punto de partida, solamente dando una vuelta al mundo y no las 30, de acuerdo al número de las personas no salvas, la fila ya habría aumentado más de 60 mil kilómetros, sin mencionar las otras 29 vueltas que todavía te faltarían. Imagínate que a cada vuelta hecha, la fila aumentara 60 mil kilómetros más. ¿Qué te parece este reto nuestro a escala mundial de alcanzar a los perdidos para Cristo? ¿Dónde está la mayoría de la gente que todavía no ha escuchado el evangelio? ¿Dónde se localizan las naciones que tienen la mayor necesidad física y espiritual en este momento?

Uno de los lugares más difíciles para predicar la Palabra de Dios y donde realmente los misioneros y evangelistas, por la fe, pagan un alto precio, es en la llamada Ventana 10/40. Es el mayor reto de la iglesia en la evangelización mundial. Muchos misioneros y evangelistas han

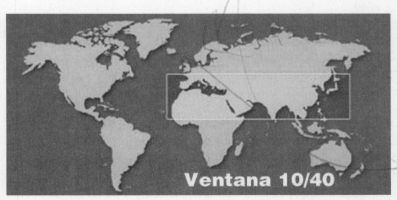

Ventana 10/40

sido aprisionados, torturados y muertos por el hecho de predicar la Palabra allí.

¿Qué es la Ventana 10/40? Es una gran agrupación de pueblos no alcanzados que viven en una ventana rectangular, o sea, en una zona que se extiende desde el oeste de África hasta el este de Asia, entre los grados 10 y 40 al norte del Ecuador. Es un tercio del área total de la tierra, y dos tercios de la población mundial vive allí. Son 64 países. Aproximadamente 97% de los casi 3 mil millones de personas no alcanzadas viven dentro de la Ventana 10/40, o sea, más del 50% de la población mundial. Allí radica el mayor reto evangelístico para la iglesia actual. Allí se encuentra la mayor pobreza del mundo. En la Ventana 10/40, viven el 84% de todas las personas con la más baja calidad de vida. Su expectativa de vida es una de las más bajas, el índice de mortalidad infantil es enorme y hay el mayor porcentaje de analfabetismo del planeta. Viven allí más o menos 92% de todos los «más pobres de los pobres». De cada 10 pobres del mundo, aproximadamente 9 viven allí y son extremamente miserables, son, de hecho los «más pobres de los pobres». Los ingresos *per cápita* son inferiores a 456 dólares al año, un promedio de $1.25 por día.

Apenas el 8% de todos los misioneros del mundo trabajan en la Ventana 10/40. De los 70.000 misioneros norteamericanos activos, no más de 5.000 trabajan en las áreas de los pueblos no alcanzados. El 70% de los no evangelizados están en los pueblos de la Ventana 10/40. El Dr. Ralph Winter, Director del Centro Mundial de Misiones de Pasadena, California, estima que el 95% de los misioneros del mundo, no solo los norteamericanos, están trabajando en lugares donde ya existen iglesias y donde el evangelio ya fue predicado.

La Ventana 10/40 es una aglomeración de musulmanes, hindúes y budistas que llegan a casi tres mil millones de personas que nunca escucharon el evangelio. Allí viven en la desesperación y el sufrimiento, devastados por las guerras, la pobreza, el hambre, la miseria y las enfermedades. Son poblaciones atormentadas y flageladas, afligidas por espíritus malignos y demonios, sin tener quién los liberte de esa situación caótica. Viven en espesas tinieblas y ceguera espiritual. Muchos llegan incluso a sacrificar sus propios hijos para aplacar y adorar falsos dioses.

En agosto de 1999, cuando nuestro ministerio estuvo en India para la cruzada en Madras (actual Chennai), nuestro corazón se quebrantó por aquella nación. En Calcuta vimos cómo muchos están sumergidos en tan grande inmundicia y suciedad que las palabras no alcanzan a expresar las condiciones infrahumanas en que viven. India es una nación obscura y cerrada al evangelio, donde las fuerzas satánicas han bloqueado el espíritu, la mente y el alma de millones de personas, esclavizándolas en la miseria y la ignorancia espiritual, a tal punto que adoran a ratones, vacas y serpientes como «dioses». Allí se rinde culto a 300 millones de «otros dioses» en una población de mil millones de habitantes.

El hinduismo es practicado por el 83% de los habitantes, el islamismo (musulmanes) es seguido por el 11% y el cristianismo tan solo por el 2%. En India nacen 96 mil niños diariamente y hay más de 55 mil ciudades en las que no hay ningún pastor, ninguna iglesia o trabajo misionero. Aún así tuvimos 70.000 personas en nuestra cruzada en Madras, en la cual más de 6.700 personas se convirtieron. Hubo grandes milagros, señales y prodigios. Puedes leer el reportaje y ver las fotos de esa cruzada en www.josueyrion.org.

En la Ventana 10/40 hay más de 8 mil pueblos y urbes con variadas etnias que todavía no han sido alcanzados. Hay un promedio de 3.000 pueblos musulmanes, 2.000 diferentes pueblos tribales, 1.000 pueblos hindúes, 300 pueblos chinos, 800 pueblos budistas y 900 más pueblos mezclados, sumando 2.235 millones de personas. En todo el mundo, incluyendo la Ventana 10/40, hay más de 2.800 millones de personas que jamás han escuchado el Evangelio de Cristo. En la Ventana 10/40 hay 43 países musulmanes, 2 países con el mayor número de hindúes del mundo y 8 países budistas, en total 2.400 millones de personas. La Ventana 10/40 es el corazón del islamismo, el hinduismo y el budismo. En el resto de los países hay una mezcla de religiones, sectas y creencias contrarias a la Palabra de Dios, sumando más de mil millones de personas.

Todos esos países de la Ventana 10/40 totalizan más de 3.400 millones de habitantes, de los cuales el 95% todavía no han escuchado el Evangelio. En La Ventana 10/40 mueren 54 mil personas sin Cristo cada día, un promedio de 378 mil por semana, 1.512 millones de personas cada mes, o 18.144 millones de personas cada año.

De los 53 países menos evangelizados del mundo, 34 están dentro de la Ventana 10/40. Esos 34 países suman 97% del total de la población de los 53 países menos evangelizados. Las mayores ciudades y metrópolis están allí, y las que tienen más de 1 millón de habitantes son llamadas «megalópolis». En la lista de las 50 ciudades más grandes del mundo, la mayoría están en la Ventana 10/40.

En la Ventana 10/40, muchos misioneros son perseguidos y encarcelados, pagando un alto precio por la fe en Cristo. En Egipto, actualmente, varios templos cristianos fueron cerrados y muchos creyentes están encarcelados.

En Turkmenistán oriental, un creyente ruso fue encarcelado y sometido a torturas por los agentes del Comité de Seguridad Nacional. En Sudán, el gobierno se empeña en perseguir a la población creyente de Nuba. Un líder de la iglesia en Kartún declaró que más de 10 maestros de Biblia han desaparecido desde 1993.

Un líder también fue preso en 1998, en Kadugli, por estar distribuyendo Biblias. Otro terminó con su mano quemada por la policía después de haber sido aprisionado por el hecho de predicar en un lugar público. Es en la Ventana 10/40 donde se encuentra la mayoría de las fortalezas de Satanás, pero la Biblia dice: «porque las armas de nuestra milicia no son carnales, sino poderosas en Dios para la destrucción de *fortalezas*» (2 Co. 10.4). Después de casi 300 años de trabajo misionero todavía estamos muy lejos de alcanzar este mundo para Cristo.

En Japón, los cristianos representan solamente el 2% de toda la población. El 98% practica el budismo y otras sectas y religiones. En Tailandia por cada cristiano hay mil budistas. Los 48 millones de habitantes que son budistas en Myanmar (antigua Birmania), siguen prácticamente sin la posibilidad de ser alcanzados por el evangelio después de 197 años de trabajo misionero, y apenas 10 mil son cristianos en este momento. En China e India hay más «no cristianos» que todos los cristianos existentes en el resto del mundo.

Entre 1986 y 1987, más de 29.7 millones de personas murieron sin Cristo. El 54% de los misioneros del mundo y más del 90% de las finanzas para las misiones, provienen de las iglesias de Estados Unidos. De cada 7 personas que nacen en el mundo, una es musulmana. En Asia, de cada 50 personas, 48 jamás han escuchado el evangelio, o sea, el 96% de toda la población de Asia nunca ha oído sobre Cristo. El 59% de toda la población mundial tampoco.

El famoso holandés Wim Malgo, experto en escatología y fundador de la «Llamada de la Media Noche» dijo una vez: «El problema de evangelizar en China no es la Cortina de Bambú, sino nuestra determinación».

En India nacen más de 600 niños cada dos minutos y en China nacen 84.000 a diario, y eso a pesar de que la mayoría de los embarazos son abortados. Más de 100 millones de niños en este planeta son desnutridos y hambrientos, y todos los días más de 40.000 mueren de hambre en los países del Tercer Mundo. La situación de la infancia desamparada y de los refugiados ha empeorado en Sudán, Vietnam, Camboya, Tailandia, Colombia, Etiopía, Brasil y Bolivia.

África posee el 10% de la población mundial y más de la mitad de todos los misioneros están en ese continente. En Europa hay más de 250.000 pueblos o barrios que no tienen ningún trabajo misionero.

En la época de Cristo había aproximadamente 140 millones de personas en la tierra, de acuerdo con el reporte «World Demographics» de la revista *Time*. A finales del siglo diecinueve, casi mil novecientos años después de Cristo, la población mundial llegó a mil millones. En los siguientes 100 años se multiplicó 6 veces, ya que de 1900 al 2000 llegó a los 6 mil millones de habitantes. En el ámbito espiritual, durante los 10 años entre 1987 y 1997, muchas más personas fueron salvas que las salvadas desde la época de Cristo hasta 1987. Quizá haya más cristianos viviendo en este planeta hoy día, a consecuencia de la explosión demográfica, que aquellos que están en el cielo. De los 13.000 grupos lingüísticos existentes en la tierra, la mayoría se encuentran en la Ventana 10/40, y un total de 1.739 grupos todavía no habían escuchado el evangelio en el año de 1995. En 1999 todavía 700 grupos lingüísticos seguían sin ser alcanzados. Ya a principios del 2001, solamente 500 grupos étnicos faltaban por ser alcanzados. En los últimos 5 años, un total de 1.239 grupos étnicos escucharon el Evangelio de una forma u otra. ¡Aleluya! Jesús dijo en Mateo 24.14: «Y será predicado este evangelio del reino en todo el mundo, para testimonio a todas las naciones [grupos étnicos]».

Hoy, al final del 2003 y mediados del 2004, en pleno siglo XXI, solo hay mil seiscientos millones de cristianos que viven entre dos mil millones de «no cristianos», y dos mil quinientos millones de «no cristianos» que viven aparte, para un total de 6 mil 100 millones de habitantes. Pero las naciones conocerán al Señor porque el apóstol Juan dijo en Apocalipsis 7.9: «Después de esto miré, y he aquí una gran multitud, la cual nadie podía contar, de *todas naciones* y tribus y pueblos y lenguas, que estaban delante del trono y en la presencia del Cordero, vestidos de ropas blancas, y con palmas en las manos» ¡Aleluya! ¡La iglesia triunfará!

ESPAÑA: TIERRA DE MISIONES[1]

Al recorrer la gran extensión del actual Reino de España, no se puede dejar de notar la gran gama multicultural que lo identifica como un fuerte reino conquistador. En su gran diversidad racial ese Reino es conformado por diversos países: Galicia, País Vasco, Cataluña, Valencia y el Principado de Asturias entre otros. España tiene una monarquía democrática, moderna, muy querida y respetada.

Su capital es Madrid, el idioma oficial es el español, hablado por todos los habitantes y obligatorio en las escuelas. Además del español cada región habla su idioma como el catalán (6 millones de personas), el gallego (3 millones), el vascuence o eusquera (1 millón), el caló de los gitanos (400 mil), el lenguaje de los sordomudos o sea de señales (160 mil), además del árabe que es hablado por una gran cantidad de inmigrantes.

En sentido geográfico, la Península Ibérica siempre fue un lugar clave para la conquista de nuevos territorios y esa característica ha influido mucho en sus habitantes. Ese es el primer reto que se enfrenta al llevar el evangelio al pueblo español: «A ningún conquistador le gusta ser conquistado».

Por su especial localización geográfica y un idioma que ocupa el segundo lugar por ser el idioma más hablado en el mundo occidental, España es la única opción para las misiones latinoamericanas que se propongan alcanzar Europa y África.

ESPAÑA MODERNA Y EL DESAFÍO ACTUAL

Hoy día, España es un país moderno, desarrollado, placentero y con una población urbana del 84%. Su gran poder adquisitivo es uno de los factores que permite que los jóvenes sean suficientemente independientes como para programar su «propio» estilo de vida.

---

[1] N. del Autor: El texto sobre «España: Tierra de Misiones», incluso todos los subtítulos sobre España, fue escrito por el Rev. Enrique Montenegro, misionero argentino en España desde 1989, actual Presidente de la Confraternidad de Ministros de Madrid, Director de la Agencia Misionera «Amemos» y también Director de Comibam de España.

España y la mezcla explosiva

Para la juventud, el sexo, las drogas y las bebidas alcohólicas son los componentes básicos y explosivos todos los fines de semana. Como consecuencia, España es el país europeo con la mayor tasa de mortalidad por accidentes en las vías. El 57% de los muertos en accidentes de tránsito son jóvenes que consumieron drogas y alcohol y el 94% de ellos, son varones entre 21 y 30 años de edad.

El 60% de los jóvenes se declaran a favor de las relaciones sexuales sin compromiso. Como resultado, 54.000 personas han sido infectadas de SIDA en la última década. Por otro lado, el Centro de Investigaciones Científicas (CIC) afirma que una de cada tres adolescentes españolas embarazadas decide abortar. En un año nacieron más de 11.000 hijos de adolescentes y hubo también 4.000 abortos. El 57% de los españoles están a favor del aborto.

La unión libre entre los heterosexuales se ha multiplicado al igual que las relaciones entre homosexuales, quienes además cuentan con la autorización legal para casarse. Como consecuencia de esas conductas recientes se ha dado un cambio drástico en las estadísticas: En 1966 la tasa de natalidad era 1.24% y actualmente (a finales del 2003) es menos del 0.5%. Si esta tendencia sigue así, España, que ahora tiene 40 millones de habitantes, quedará con tan solo 31.5 millones. Según estudios recientes, debido a la escasez de nacimientos, España necesitará en los próximos 25 años 12 millones de habitantes, es decir, 30% de la población actual, que ocupen el lugar de los trabajadores que se van a jubilar.

España y la inmigración

La actitud actual en cuanto a la inmigración es paradójica y nada positiva. Actualmente los extranjeros no pasan de 1 millón, siendo el 60% árabes (la mayoría de origen marroquí), el 30% son latinoamericanos y el restante 10% originarios de países de Europa oriental. A raíz del ataque terrorista en las torres gemelas de Nueva York, Estados Unidos, el 11 de septiembre del 2001, hubo un cambio en la tendencia a recibir inmigrantes de origen árabe. En consecuencia, la inclinación natural se vuelve a los países latinoamericanos. Este es el momento de Dios para que los hijos regresen a «la madre patria» a llevar la bendición del evangelio.

ESPAÑA RELIGIOSA

En una población que se dice «católica», la realidad es muy diferente. En una entrevista con dos sacerdotes, profesores de la Universidad Católica de Salamanca, ellos reconocieron que entre los que profesan una religión, los católicos españoles no llegan al 15% y dijeron que en toda España solamente el 5% son católicos practicantes. En segundo lugar están los musulmanes con 600.000 personas, en tercero están los Testigos de Jehová con 200.000, y en cuarto lugar están los evangélicos con un total de 150.000 miembros en toda España.

ESPAÑA Y EL OCULTISMO

Con relación al ocultismo, España tiene el triste privilegio de poseer un monumento a Satanás. En 1878, Ricardo Bellver esculpió la estatua «Ángel Caído» en el famoso Parque del Retiro en Madrid, la cual fue inaugurada en 1880 y ganó el premio de la exposición nacional. Los españoles gastan 250 millones de dólares por año consultando a sus 75.000 mágicos, astrólogos, quirománticos, parapsicólogos y adivinadores, mientras que los misioneros y pastores evangélicos no pasan de 5.000 en toda España.

El satanismo está repuntando pues ya cuenta con 33 grupos reconocidos con nomenclaturas identificadas como: «Los Caballeros del Anticristo», «Los Hermanos de Satán», «Las Mujeres de Satán», entre muchos otros.

ESPAÑA Y EL DESAFÍO DE HOY BAJO EL ASPECTO DE LAS MISIONES

Ante ese gran reto, España cuenta en este momento con una iglesia local con 2.300 lugares de cultos, y el 53% de los creyentes se encuentran en Madrid y en la región de Cataluña. El país tiene todavía 7.540 «pueblos» o grupos étnicos que aún no han recibido ningún testimonio cristiano mientras el Señor sigue clamando: «¿A quién enviaré? ¿Y quién irá por nosotros?» Tú sabes la respuesta a ese clamor y puedes decir como Isaías: «*Heme aquí* [Señor], *envíame a mí*».

LAS MISIONES DEL TERCER MUNDO

El libro del Dr. Edward R. Dayton, «That Everyone May Hear» [Para que todos escuchen], que fue traducido al español con el título *El Desafío de la Evangelización del Mundo*, hace una contribución metodológica única y eficaz. El autor dice que la manera o estrategia para alcanzar el mundo para Cristo es de pueblo en pueblo, o sea, de «grupos humanos» en «grupos humanos», uno a uno y no país por país o religión por religión. Existen muchas opiniones diferentes sobre el tema, pero esa idea es válida y se aplica con éxito en muchas misiones alrededor del mundo. Para alcanzar esos «grupos humanos», tenemos que preguntarnos por dónde empezaremos y cómo lo haremos:

1. ¿Cuál pueblo?

2. ¿Cuáles son sus características?

3. ¿Quién debe alcanzarlos?

4. ¿Cómo deben ser alcanzados?

5. ¿Cuál será el resultado?

¿Qué es un grupo humano? Es un segmento de la sociedad que posee características básicas comunes que le dan un sentido de unidad y lo hacen diferente de otros grupos unidos por un idioma, una religión, una misma condición económica, una ocupación, un mismo origen étnico, así como ubicación geográfica y posición social similares. Tomemos por ejemplo un grupo distinguido por sus características étnicas, lingüísticas y geográficas como los quechuas[2] o incas de Perú y Bolivia, y grupos de una nación que viven en otra, como los mexicanos en Los Ángeles, los cubanos en Miami y los puertorriqueños en Nueva York. Todos son grupos étnicos semejantes que disfrutan de

---

2 N. del T.: Quechuas: indígenas que al tiempo de la conquista habitaban la región de Cuzco, Perú, y por extensión se aplica a otros indígenas descendientes del imperio incaico y a sus descendientes actuales.

una vida similar, en el sentido de su unidad, sus características sociales, ocupacionales y económicas además de hablar el mismo idioma. Sin embargo, es importante conquistar los «grupos no alcanzados» o «no evangelizados» que todavía tenemos, como los hindúes, los paquistaníes, los árabes y musulmanes en Inglaterra, los indonesios en Holanda, los africanos en Francia, los hispanohablantes en todos los continentes, los turcos en Alemania y Kenia, los rusos y judíos en Argentina, los japoneses en São Paulo y los italianos en el sur de Brasil, así como todos los extranjeros que viven en los Estados Unidos provenientes de Corea, China, etc. Para poder alcanzar un pueblo o un «grupo humano», tenemos que identificarle como objetivo, además de conocerlo a fondo y entender sus características distintivas. Para eso podemos valernos de la Escala de Engel, propuesta originalmente por el Dr. James Engel de la Escuela de Postgrado de Wheaton, o usar algo parecido a esa escala, teniendo en mente un determinado pueblo o «grupo humano» para evangelizarlo, y saber si tiene las siguientes características espirituales:

-7   Ningún conocimiento del cristianismo;
-6   Conoce la existencia del cristianismo
-5   Conoce algo sobre el Evangelio;
-4   Tiene comprensión de algunos fundamentos del Evangelio;
-3   Sabe algo sobre las implicaciones personales de ese Evangelio;
-2   Reconoce su necesidad individual de salvación;
-1   Ya puede ser invitado a recibir a Cristo;
+1   Pasa por la conversión y por el Nuevo Nacimiento;
+2   Pasa por una evaluación consciente de su decisión;
+3   Empieza a ser miembro de una iglesia;
+4   Se transforma en un testigo de Cristo para sus amigos y parientes.

NACIONES DEL TERCER MUNDO: GRANERO MISIONERO

¿Podemos hacer una pregunta, después de casi 300 años de evangelización en la historia misionera moderna? Es la siguiente: «¿El llamado para la evangelización del mundo se limita al hombre blanco? Al principio fue necesario que las iglesias europeas y norteamericanas se hiciesen cargo de la evangelización mundial. Durante mucho tiempo hemos vivido con la idea de que la evangelización global era tarea exclusiva de los europeos o norteamericanos blancos, pero ahora miles de iglesias han sido fundadas en países del Tercer Mundo, han asumido su propia identidad y se han libertado del predominio occidental. Algunos de los grandes misioneros fueron pioneros por haber tenido la sensibilidad de entender que las masas de los países «no cristianos» no podrían ser alcanzados por misioneros occidentales, no importando cuántos fuesen o cuán duro trabajasen.

El gran misionero Guillermo Carey dijo que la India sería evangelizada por sus propios hijos. El Dr. David Livingstone también dijo lo mismo refiriéndose a África.

En los países del Tercer Mundo, Dios ha levantado un ejército de obreros laicos, ministros, evangelistas y misioneros y los ha enviado por todo el mundo a predicar Su Palabra. Es imperativo que los objetivos de las misiones del Tercer Mundo sean definidos por las iglesias locales y no por los misioneros extranjeros. La evangelización global debe ser la prioridad de las misiones del Tercer Mundo. Las misiones regionales, nacionales y sus estrategias tienen que ser de misioneros nativos y no extranjeros, pero los consejos de los europeos y norteamericanos no deben ser rechazados, en virtud de su vasta experiencia en el tema. Tiene que haber una gran colaboración entre la iglesia local y las misiones extranjeras para que los objetivos sean eficientes y dinámicos mediante el intercambio de ideas, compañerismo, oraciones conjuntas y sostenimiento financiero bilateral.

El espíritu de «dominar» y la posición «autoritaria» por parte de los extranjeros con relación a la iglesia del Tercer Mundo tienen que ser abandonados. Esos misioneros deben alegrarse con el avance y desarrollo de las misiones locales y también sentirse satisfechos al ver crecer a sus «hijos» con independencia, personalidad y carácter propio, demostrando así una posición de lealtad con los precursores. Tienen que crearse escuelas de Misiones, de Evangelismo, sobre el crecimiento de la iglesia, de estudios elementales, avanzados y profundos sobre las Escrituras, con el objetivo de levantar un ejército de misioneros del Tercer Mundo. Más de 200 agencias misioneras instaladas en los países occidentales del Tercer Mundo ya enviaron más de 3.000 misioneros al mundo entero. ¡Aleluya! Nigeria, India y Brasil llevan la delantera, seguidos por Filipinas, Japón, México y misiones étnicas de varios países del Tercer Mundo. Muchos misioneros fueron entrenados, capacitados y enviados a Estados Unidos. Un artículo de los años 70 nos muestra estadísticas sobre los misioneros enviados a los países del Tercer Mundo que demuestran que con el pasar de los años, éstos aumentaron significativamente. ¡Aleluya! Solo en las islas del Pacífico, Fiji envió 269 misioneros, Samoa 209, Cook 197 e Islas Salomón 139. Los países que recibieron esos misioneros fueron: Papúa Nueva Guinea, 561 misioneros; Nuevas Hébridas (actualmente Vanuatu) 73; Islas Gilbert y Elice 38 e Islas Salomón 98 misioneros. Se concluye que Fiji y Samoa son grandes y continuas fuentes de envío de misioneros. Primero fueron los metodistas y después los congregacionales. Misioneros nativos congregacionales de Samoa, Islas Cook y de Islas Loyalty y los nativos metodistas de Fiji, Tonga e Islas Salomón fueron enviados a Papúa Nueva Guinea. Además de ellos, también más de 1.000 miembros nativos de la hermandad Anglicana de las Islas Salomón (Melanesia) sirvieron como misioneros en Malaita, Guadalcanal y Santa Cruz, como también los evangelistas luteranos de Nueva Guinea llevaron el Evangelio a lejanos lugares dentro su propia isla. Algunos caminaron más de 700 kilómetros (aproximadamente 400 millas), para poder predicar el Evangelio. En 1935 eran 800 misioneros, en 1961 llegaron a ser 12.000 y actualmente se calculan en decenas de millares. ¡Aleluya!

Por más de 150 años, los países del Tercer Mundo sólo recibían misioneros de afuera, pero después también empezaron a enviar misioneros a otros países. Las iglesias de Asia fueron las precursoras abriendo camino para ello. En 1884, la Conferencia Metodista del Sur de India envió sus primeros misioneros a Singapur. La Sociedad Nacional Misionera de India, liderada por K. T. Paul y por el Obispo Azarias, fue fundada en 1905 y, dos años más tarde salieron de allí sus primeros misioneros, los cuales fueron enviados a la Isla Cheju perteneciente a Corea del Sur. En 1912 los primeros misioneros coreanos llegaron a China. En 1940, las iglesias coreanas mandaron más de 100 misioneros a varios países del Extremo Oriente. A partir de ahí, muchas iglesias del Tercer Mundo establecieron misiones en sus propios países. A partir de la mitad del siglo XX, Nigeria envió 2.500 misioneros, India envió 2.277, Gana 1.127, Kenia 1.002, Myanmar (Birmania) 988, *Brasil 693*, Filipinas 544 y Corea del Sur 499. Los grupos de iglesias que sobresalieron por enviar misioneros del Tercer Mundo fueron: la Sociedad Evangélica Misionera de Nigeria, que mandó 450, la iglesia Evangélica Luterana de Papúa Nueva Guinea que mandó 450 y la Convención Bautista Brasileña que envió 370.

La entrega total

Sadhu Sundar Singh (1889–1929), nacido en India, sacrificó todas sus ambiciones personales por la causa de Cristo y pagó un alto precio para servir al Señor. Rechazado por su propia familia, adoptó un singular estilo de vida de renuncia, nada más que con el Nuevo Testamento y vistiendo una sola túnica. En 1914 salió a predicar durante 4 años en varias campañas evangelísticas. Él llevó el Evangelio al Tíbet, que todavía estaba cerrado a los misioneros. También hizo viajes misioneros a Sri Lanka, Birmania (Myanmar) y Malasia. En sus últimos años escribió siete tomos devocionales y teológicos, en los que desarrolló una teología centrada en Cristo y con énfasis en el evangelismo. Sadhu Sundar Singh pronunció las siguientes palabras sobre el precio que se paga, por la fe, al servir a Cristo: «Pronto llegará el día en que tú verás a los mártires por Cristo en Su gloria. Aquellos que dieron su salud, sus riquezas y su vida para salvar almas para Cristo. Ellos hicieron mucho. ¿Y tú, qué has hecho? ¡Oh! ¡Qué podamos desear ese día glorioso!»

¿Estarías dispuesto a dejarlo todo y, renunciando a ti mismo por la fe, irte a la Ventana 10/40 para pagar el precio? ¿Estarías preparado para sufrir por Él? ¿Cueste lo que cueste? ¿Estarías dispuesto a orar para pedirle a Dios que te envíe a algún país o nación de la Ventana 10/40? ¿Quisieras abandonar todas tus aspiraciones individuales por la causa de Cristo?

Hay un grupo de alabanza cristiana que canta en español aquí en Estados Unidos y se llama «Roca Eterna». Una bella canción de su repertorio habla del llamado y del precio que se paga por servir a Cristo. Su título es *¡Cuán Difícil!* y el autor es E. Nathan Salaverria. Transcribo su letra original: «¡Cuán difícil es dejarlo todo por seguirte a ti! *Pagar el precio*, negarme a todo por completo en pos de ti. Lo dejaré porque no puedo resistirme a tu *llamar*. Más fuerte que yo, es tu seducción… *yo te seguiré*, lo eres todo para mí. Yo te *serviré*, no hay condición. Yo no puedo resistirme a tu *llamar*, hay un fuego que arde en mí. En el mundo de hoy la gente no sabe a dónde ir. Buscan consuelo, una mirada que les brinde amor. Somos tú y yo. Somos *llamados* a anunciarles la verdad, no rehúses más, *atiéndelo* hoy. Escucha hoy Su voz…».

¡Oh! Que hoy puedas oír Su voz, confiar en Su Palabra y estar dispuesto, por la fe, a pagar el precio de Su llamado. Si estás pasando por pruebas y necesidades, y fielmente sufres por la causa del Señor en cualquier lugar, continente o situación, Dios está y estará para siempre contigo para ayudarte, como nos dice el apóstol Pablo: «¿Quién nos separará del amor de Cristo? ¿Tribulación, o angustia, o persecución, o hambre, o desnudez, o peligro, o espada?» (Ro. 8.35). ¡Aleluya! Nada nos hará retroceder a nuestro llamado para servirlo. Él nos dará la victoria, como dice Pablo: «Antes, en todas estas cosas somos más que vencedores por medio de aquel que nos amó» (Ro. 8.37). ¡Gloria a Dios! ¡La Victoria es nuestra!

UNIÓN SOVIÉTICA

Cuentan que en la antigua Unión Soviética, un pastor usaba gafas oscuras y no se las quitaba nunca. Algunas personas pensaban que era ciego. Un día le preguntaron: «¿Por qué usted jamás se quita las gafas?» Mientras intentaba tocar el hombro de quien le había preguntado, respondió: «Cuando el comunismo fusiló a muchos pastores y destruyó muchas iglesias, fui enviado a la cárcel porque rehusé negar a Cristo. Bueno... ¿quieres saber por qué uso gafas oscuras? Es porque allá en la cárcel, al torturarme, ellos me arrancaron los ojos con un alambre». Procedió a quitarse las gafas y mostró su rostro, donde sólo habían quedado dos agujeros en el lugar de los ojos. ¡Qué pasión por Cristo! Había otro pastor que no tenía uñas porque se las habían quitado en la prisión con una tenaza, y se las arrancaron incluso con las raíces. Jamás le nacerían uñas nuevamente. ¡Oh, mi Dios! ¡Qué grandes hombres! Qué precio tremendo tuvieron que pagar por su llamado. ¿Y tú, qué precio estás pagando?

CUBA

Mi esposa Damaris es cubana, y de niña en la escuela jamás usó el pañuelo rojo que la identificaría como pionera de la U.P.C. que correspondía a la «Unión de los Niños Pioneros Comunistas de Cuba». La ponían frente a toda la clase, la humillaban y la avergonzaban preguntándole: «¿Crees en Dios? ¿Crees por ti misma o alguien te obliga a creer? ¿Quién te obliga a ir a la iglesia?» Sus compañeros se reían y se burlaban de ella de todas las formas, delante de todos y en cualquier lugar incluso durante las clases. Muchos chicos «cristianos» para evitar las burlas decían que sus padres los «obligaban a ir a la iglesia». Otros usaban el pañuelo para no tener represalias aunque no eran comunistas. Cuando Damaris tenía 16 años, los comunistas iniciaron el proceso para transformarla en miembro del partido comunista sin que ella supiera. Un día la invitaron a una reunión y le dijeron que ella tenía grandes cualidades y que desearían que ella participara en la juventud comunista de Cuba. Los únicos obstáculos que se lo impedían eran ser cristiana y pertenecer a una iglesia. Le dijeron: «Si ahora mismo niegas tu fe en Dios y dejas la iglesia, nosotros te daremos el distintivo de la U.J.C., o sea «Unión de los Jóvenes Comunistas». Damaris contestó: «¡Jamás negaré mi fe en Dios!» ¡Aleluya! ¡Esa es mi esposa! Una mujer con carácter, osada y valiente... Cuando mi cuñado, quien actualmente es pastor, el Rev. Felix Brito, entró al ejército con 16 años de edad, su madre le puso el Nuevo Testamento en su mochila. Al hacer la revisión habitual en el alojamiento, encontraron el Nuevo Testamento entre las ropas de mi cuñado. Inmediatamente reunieron toda la tropa y lo pusieron enfrente de todos los soldados. El teniente le preguntó: «¿Eres cristiano? ¿Este Nuevo Testamento es tuyo?» Mi cuñado respondió: «¡Sí!» Enseguida convocaron una reunión con los jefes militares comunistas e intentaron intimidarlo psicológicamente para que él se retractara. Le preguntaron si era por convicción propia o si sus padres lo habían instruido. Al notar la firmeza de su convicción y postura de no negar a Cristo, concluyeron la reunión. A partir de ese momento el teniente y algunos jefes militares comenzaron a tratarlo con más respeto y amabilidad. Más tarde un sargento le dijo: «¡Felicitaciones! Eres valiente y honesto, porque aquí hay muchos que son cristianos y están negando su fe, porque tienen miedo de decir lo que realmente son...». ¡Qué convicción por Cristo la de mi cuñado! ¡Qué convicción por Cristo la de mi esposa! ¿Y tú? ¿Cuál es tu convicción? ¿Bajo cuál bandera estás marchando? ¿En qué ejercito estás?

PAGA EL PRECIO

¡Paga el precio por Cristo! ¡Paga el precio por tus convicciones cristianas! No importa por lo que tengas que pasar, lo que tengas que sufrir, si eres ridiculizado o burlado por amor a Cristo y por las dificultades que encuentres en el camino. Sigue dispuesto a pagar el precio, por la fe y acuérdate que somos iguales a los héroes de la fe mencionados en la Palabra de Dios: «confesando que eran extranjeros y peregrinos sobre la tierra» (He. 11.13). ¡Aleluya! ¡Eso es lo que somos!

Aquí en Los Ángeles, soy amigo de un grupo cristiano hispano de alabanza llamado «Revelación», el cual es compuesto por los «hermanos Blanco». Ya ministramos juntos en algunas campañas en varias iglesias de California. Ellos tienen una canción maravillosa que expresa el precio a pagar por el evangelio, y que estamos aquí apenas de paso. La canción se llama: «Peregrino» y su letra en español es así: «Dicen que peregrino soy... y dicen la verdad, porque voy caminando en este mundo sin saber cuantas cosas *tengo que sufrir*, pero una cosa sí yo sé, que aunque un mar de *llanto* se haga aquí, sé que al cielo llegaré... Y no *me importa sufrir, y no me importa llorar*, porque voy al cielo, sí al cielo, llegaré al cielo... y no me importa sufrir, y no me importa llorar...». ¡Aleluya! Qué el Señor nos conceda ese sentimiento. Qué en nombre de Jesús podamos por la fe, pagar el precio de nuestro llamado, sabiendo que Cristo algún día nos dirá: «Bien, buen siervo y fiel; sobre poco has sido fiel; sobre mucho te pondré; *entra en el gozo* de tu Señor" (Mt. 25.21).

¡Aleluya! Esas son las palabras que escucharemos en breve todos nosotros los que hemos pagado el precio para servirlo. Para siempre estaremos con Él y descansaremos de todas nuestras penas y sufrimientos.

Tom White, director de «La Voz de los Mártires», estuvo encarcelado 17 meses en Cuba, por distribuir literatura cristiana en aquel país entre los años de 1979 y 1980. Él tuvo que pagar un precio muy caro por su llamado. Yo estoy pagando el precio, ¿y tú?

El fallecimiento de mi padre

En agosto del 2001, estaba con mi esposa e hijos en nuestra cruzada en la ciudad de Kumasi, Ghana, África occidental, donde era el predicador. Allí recibí por teléfono la triste noticia del fallecimiento de mi padre, Jesus Pujol. Él partió para estar con el Señor debido a un cáncer en el riñón. No pude ir al entierro porque la distancia era muy grande. Ya me había ido de emergencia a Brasil en el mes anterior, julio, para verlo. Sabía que sería la última vez que estaría con él. Cuándo lo dejé en el hospital ya de regreso a Estados Unidos para salir después a África, él me dijo con lágrimas en los ojos y poniendo la mano en mi hombro: «Vete a predicar la Palabra de Dios, hijo mío. Si no nos vemos más acá, nos veremos allá arriba. Vete a predicar la Palabra, hijo, esa es tu responsabilidad». Para mí, esa experiencia fue muy difícil. Tener que dejarlo así, sabiendo que nunca más lo vería aquí en la tierra. Nos abrazamos y lloramos juntos. Tuve que dejarlo en el cuarto del hospital porque estaba todo listo para la cruzada y ya no se podía cancelar. Eso es pagar el precio por el llamado. Cuando supimos de su fallecimiento, Damaris, los niños y los pastores me consolaron en la habitación del hotel de Ghana. Todavía no entiendo y creo que no lo entenderé nunca, ¿por qué Dios lo quiso así? ¿Por qué esperó a que yo estuviera al otro lado del mundo para llevárselo? Él sabía que yo no podría estar en el entierro... Pero Él es soberano. Acepto lo que Él decidió. ¡Pagué el precio! Jesús dijo: «Si alguno viene a mí y no aborrece a su padre, y madre... no puede ser mi discípulo (Lc. 14.26). ¡Paga el precio tú también!

RECUERDA QUE DIOS ES QUIEN TE HACE, POR LA FE, PAGAR EL PRECIO POR EL LLAMADO.

Capítulo 10

Por la fe estar dispuestos a morir por el llamado

ames Chalmers nació en la región de Ardrishaig, en la ciudad de Argyllshire, Escocia, el día 4 de agosto de 1841. Vino a Cristo en noviembre de 1859, se hizo ministro presbiteriano y junto a su esposa, Jane Hercus, fueron enviados como misioneros a Nueva Guinea, en el Pacífico Sur, el 4 de enero de 1866. Comenzó el trabajo en la isla de Rarotonga, después tuvo contacto directo con los paganos y caníbales que vivían en la «edad de la piedra» en Nueva Guinea. Él predicó el evangelio en templos paganos, al lado de calaveras de hombres, mujeres y niños que fueron destrozados por animales y por los caníbales, donde el suelo estaba atiborrado con la sangre de las víctimas. Sufrió el martirio por la causa de Cristo, muerto a golpes, cortado en pedazos, cocinado y comido por los caníbales el día 8 de abril de 1901, en la isla de Goaribari. James Chalmers había dicho estas sublimes palabras, antes de ser brutalmente asesinado, con relación al llamado que lo llevó al martirio: «Cuánto más me aproximo a Cristo y su cruz, más deseo estar en contacto directo con los paganos y los caníbales para predicarles Su amor, y estoy listo a morir por Cristo si esto sucede...».

El llamado de una persona al ministerio siempre traerá riesgos. Bien sea misionero, evangelista o pastor, todo creyente tiene que estar listo para algún día morir por ese llamado y por la causa de Cristo. La iglesia primitiva estuvo bajo persecuciones desde el comienzo. Los libros que recuentan la historia de la iglesia describen cómo los cristianos eran colocados dentro de un becerro de metal por una pequeña abertura al lado del ídolo o estatua. Colocaban leña y le ponían fuego por la parte de abajo. Mientras el metal se calentaba, el cristiano que estaba allá adentro se retorcía y lloraba del dolor. Cuando el calor se hacía insoportable, la persona, ya cansada de tanto saltar en un espacio tan reducido, cedía al dolor y simplemente oraba al Señor entregando su alma... Y moría así, sofocados por el humo y por las quemaduras mientras caían pedazos de carne arrancados de su cuerpo por el calor intenso.

Roma, Italia

En el verano del año 2000, llevé a mis hijos, Kahtryn y Joshua Yrion, Jr., junto con mi esposa Damaris, a conocer Roma, Italia, mientras íbamos camino a Ámsterdam 2000, la conferencia de los evangelistas de Billy Graham en Holanda. Mi esposa y yo ya habíamos asistido antes, en 1993, pero decidimos llevar a nuestros hijos para que ellos viesen el lugar donde el César romano echaba a los cristianos del primer siglo. Los echaba a los leones para ser devorados, en el Coliseo de Roma. Nuestros niños quedaron impresionados y profundamente entristecidos. Me preguntaron de todo y nosotros les explicamos que ese fue el precio pagado por los primeros cristianos. Después los llevamos a las catacumbas, que son vastas galerías subterráneas, casi todas de 2.4 metros de ancho y 1.8 de altura, a lo largo de centenares de kilómetros bajo la periferia de Roma, las cuales fueron usadas por miles de cristianos como refugio, lugar de culto y sepultura. En ellas murieron millones de creyentes durante las crueles persecuciones del imperio romano contra la iglesia. Se estima que existen entre 2 a 7 millones de sepulcros en las catacumbas, donde también fueron encontradas más de 5.700 inscripciones desde la época de Tiberio hasta Constantino. Al caminar dentro de aquellas oscuras, sombrías y tenebrosas cunetas, trincheras y túneles, junto al guía turístico que nos explicaba todo, mis hijos quedaron tan conmovidos, que las lágrimas brotaron de sus ojitos. En el hotel, oramos juntos y agradecimos al Señor por esos cristianos tan valientes, como nosotros queríamos que nuestros hijos fuesen también.

Para finalizar nuestra estadía en Roma, entre muchos otros lugares que visitamos, los llevamos a la prisión donde el gran apóstol Pablo fue decapitado por la causa de Cristo en el año 65 d.C. En la actualidad están las argollas, cepos y cadenas donde este gran hombre fue atado y esposado mientras estuvo preso allí por predicar la Palabra. Allí, con nuestros hijos, nos abrazamos y oramos al Señor, pidiéndole que nos concediese ese coraje y disposición para servirle de corazón, la convicción de no negarle jamás y que nos preparase para estar listos para morir por nuestro llamado, si ese fuese su deseo... ¡Oh, mis queridos! Por eso yo llevo mis hijos de viaje cada verano, cuando están de vacaciones de la escuela, para que aprendan a valorar y amar la causa de Cristo. Mientras predico en las campañas o asisto a congresos y conferencias, ellos me acompañan junto con Damaris a esos lugares de suma importancia histórica, que forman su carácter y personalidad para servir al Señor en el futuro. Le estoy muy agradecido al Señor, pues ellos ya fueron a todos los continentes del mundo, y en esos lugares han tenido grandes experiencias que los ayudarán en el ministerio del mañana.

¿Estás listo a morir por tu llamado? Tal vez eso nunca suceda, pero ¿si el Señor así lo dispusiere? Nosotros no conocemos el día de mañana. Tantos otros hombres y mujeres de Dios en los países libres y también los cerrados al evangelio murieron por su llamado. Tantos misioneros jóvenes y viejos dieron sus vidas por su llamado. ¿Cuántos años tenemos para vivir? Nosotros no sabemos, nuestra vida está en las manos del Señor.

La brevedad de nuestra vida

Cierta profesora de una escuela de Encino en Los Ángeles, poseía una manera muy particular de estimular a sus alumnos a pensar sobre la brevedad de la vida. De vez en cuando, ella escribía un pensamiento o algo en la pizarra que despertaba el interés de los estudiantes. Una mañana, los alumnos, al llegar a la clase, encontraron escrito el número 25.550. Uno de los alumnos levantó la mano y preguntó qué significaban aquellos números. La profesora explicó que 25.550 era el número de días de vida de una persona que llega a los 70 años de edad. Ella trató de dar énfasis a la explicación acerca de la brevedad de nuestra vida y el valor que cada día posee. ¿Tú ya pensaste en eso? A veces pensamos que solamente los ancianos mueren, pero no es así. Dicen los especialistas que mueren 119.520 personas por día, 4.970 por hora y 163 por segundo, y que la mayoría de ellos son jóvenes, con menos de 35 años de edad. ¡Eso es increíble! Debemos pensar más en ese hecho pues la Biblia dice: «Cuando no sabéis lo que será mañana. Porque ¿qué es vuestra vida? Ciertamente es neblina que se aparece por un poco de tiempo, y luego se desvanece» (Stg. 4.14).

Aquí cabe el consejo sabio de Moisés, quien escribió en el Salmo 90.12: «Enséñanos de tal modo a contar nuestros días, que traigamos al corazón sabiduría». Tú, joven, haz de tu vida la causa de Cristo y prepárate a morir por tu llamado. Tú, adulto, invierte tu vida en tu llamado y en la obra de Cristo y prepárate, de igual forma, a morir por Su llamado. Tú, que ya tienes edad avanzada, sé fiel a tu ministerio hasta el fin, y que puedas permanecer firme y preparado para morir por tu llamado… Piensa en los héroes de la fe, ¿cuántos hombres y mujeres abandonaron todo por Cristo y murieron de las más diversas formas por su llamado?

LOS APÓSTOLES DE CRISTO Y EL MARTIRIO

Todos los apóstoles del Señor sufrieron martirio, excepto Judas que lo traicionó, y Juan que murió en la isla de Patmos. La Biblia nos dice: «Y estableció a doce, para que estuviesen con él… a Simón, a quien puso por sobrenombre Pedro; a Jacobo hijo de Zebedeo, y a Juan hermano de Jacobo, a quienes apellidó Boanerges, esto es, Hijos del trueno; a Andrés, Felipe, Bartolomé, Mateo, Tomás, Jacobo hijo de Alfeo, Tadeo, Simón el cananita, y Judas Iscariote, el que le entregó» (Mr. 3.14, 16-19).

Yo sé que existen diferentes tipos de opiniones y puntos de vista en cuanto a cómo ellos murieron, pero trataré de explicar lo que sucedió a cada uno de ellos, comenzando con el primer mártir, después del cual reseñaré los otros.

La iglesia estuvo bajo persecución desde su fundación. Después de la muerte y resurrección de Cristo, los apóstoles renovaron su confianza y fueron investidos de poder para proclamar Su nombre, para asombro de los gobernadores, de los judíos y de los gentiles. La Biblia nos dice que, después que *Esteban* relató la historia de Israel a los judíos, citando las Escrituras desde Abraham hasta Cristo, mostrándoles que Jesús era el Mesías, se convirtió en el primer mártir de la iglesia. Considera lo siguiente: «Oyendo estas cosas, se enfurecían en sus corazones, y crujían los dientes contra él... Y echándole fuera de la ciudad, le apedrearon... Y apedreaban a Esteban, mientras él invocaba y decía: Señor Jesús, recibe mi espíritu. Y puesto de rodillas, clamó a gran voz: Señor, no les tomes en cuenta este pecado. Y habiendo dicho esto, durmió» (Hch. 7.54, 58-60).

Este gran hombre fue el primero que sufrió martirio por Cristo. La fecha de estos sucesos se ubica durante la Pascua posterior a la crucifixión de Cristo. Después, hubo una gran persecución contra los apóstoles y la iglesia. Cerca de dos mil personas perdieron su vida, incluido *Nicanor*, uno de los siete diáconos. Todos sufrieron el martirio. La Palabra «mártir» significa, en su sentido original, «testigo», o sea, alguien que da testimonio de lo que haya visto, oído o presenciado personalmente, una experiencia profunda, real y genuina. El apóstol Juan nos dice: «Lo que era desde el principio, lo que hemos *oído*, lo que hemos *visto* con nuestros ojos, lo que hemos *contemplado*, y palparon nuestras manos *tocante* al Verbo de vida, (porque la vida fue manifestada, y la *hemos visto*, y testificamos, y os anunciamos la vida eterna, la cual estaba con el Padre, y se nos manifestó); lo que *hemos visto y oído*, eso os anunciamos, para que también vosotros tengáis comunión con nosotros; y nuestra comunión verdaderamente es con el Padre, y con su Hijo Jesucristo» (1 Juan 1.1-3).

Ser mártir es morir por la causa de Cristo, pues nosotros hemos *oído* Su evangelio, hemos *visto* Su poder en nuestras vidas y hemos *contemplado* Su Gloria en tantos milagros y prodigios. Más adelante haré un resumen de los padecimientos, torturas, sufrimientos y martirios de los apóstoles del Señor y después haré referencia a algunos otros mártires de la iglesia primitiva. La Biblia relata, con respecto a la actitud de los apóstoles después que presenciaron la ascensión de Cristo a los cielos: «Entonces volvieron a Jerusalén desde el monte que se llama del Olivar, el cual está cerca de Jerusalén, camino de un día de reposo. Y entrados, subieron al aposento alto, donde moraban Pedro y Jacobo, Juan, Andrés, Felipe, Tomás, Bartolomé, Mateo, Jacobo hijo de Alfeo, Simón el Zelote y Judas hermano de Jacobo. Todos éstos perseveraban unánimes en oración y ruego, con las mujeres, y con María la madre de Jesús, con sus hermanos» (Hch. 1.12-14).

Después, la Biblia dice que, «Cuando llegó el día de Pentecostés, estaban todos unánimes juntos» (Hch. 2.1). Y cuando ellos fueron llenos del Espíritu Santo, salieron y predicaron la Palabra por todo el mundo, después sufrieron el martirio, pagando así un precio alto por su llamado.

El primer apóstol es **Simón Pedro**. Él estuvo preso en la misma prisión que Pablo, en Roma, fue condenado a muerte y crucificado. Hegesipo y la tradición dicen que Nerón buscó razones contra Pedro para matarlo. Cuando los cristianos se enteraron, le pidieron insistentemente a Pedro que huyese de la ciudad de Roma. Pedro, ante tal insistencia, cedió y decidió huir. Pero al llegar a la puerta, vio al Señor Jesús, quien vino a su encuentro, y el apóstol postrado lo adoró y le preguntó: «Señor, ¿a dónde vas?» A lo que Cristo respondió: «Seré nuevamente crucificado...». Con esto se dio cuenta Pedro de que se trataba de su propio sufrimiento y volvió a Roma. Jerónimo dice que Pedro fue crucificado cabeza abajo, por solicitud propia, porque decía que no era digno de morir crucificado como su Señor. Fue ejecutado entre 61 y 67 d.C.

El segundo apóstol es **Jacobo**[1] hijo de Zebedeo, hermano mayor de Juan y pariente de Cristo, pues su madre, Salomé, era prima hermana de María. Algunos dicen que su martirio ocurrió ocho o diez años después del de Esteban. Tras haber sido designado gobernador de Judea, con el propósito de dar y recibir favores de los judíos, Herodes Agripa comenzó una intensa persecución contra los cristianos. Clemente de Alejandría, eminente escritor primitivo, nos dice que, cuando Jacobo estaba siendo conducido al lugar de su muerte, su acusador fue llevado al arrepentimiento, cayendo a sus pies, pidiéndole perdón, confesando a Cristo y diciendo que Jacobo no moriría solo. Por eso, ambos fueron decapitados juntos entre 34 y 36 d.C.

El tercer apóstol es **Juan**. El «discípulo amado» era hermano de Jacobo. Las iglesias de Esmirna, Pérgamo, Sardis, Filadelfia, Laodicea y Tiatira fueron fundadas por él. Fue enviado de Éfeso a Roma, donde afirman que fue tirado dentro de una caldera con aceite

---

[1] N. del T.: En portugués, la Biblia Sagrada (João Ferreira de Almeida) se refiere a Jacobo, hijo de Zebedeo y a Jacobo, hijo de Alfeo, con el nombre de Tiago. En español, la Biblia Reina-Valera, 1989, se refiere a ellos, en general, como Jacobo, excepto en Judas 1.1 donde menciona a Santiago y el propio libro de Santiago, en que el autor usa ese nombre. Véase Mt. 4.21; 10.2; 27.56.

hirviendo y que nada le sucedió, saliendo ileso milagrosamente. Domiciano lo desterró a la isla de Patmos, donde recibió más adelante la revelación del Señor y escribió el libro de Apocalipsis. Nerva, el sucesor de Domiciano, lo dejó en libertad y el apóstol falleció de muerte natural cerca de 97 d.C. Fue el único apóstol de Cristo de los doce que no sufrió el martirio, dicen los estudiosos.

El cuarto apóstol es **Andrés**, hermano de Pedro. Predicó el Evangelio en muchas naciones de Asia, pero al llegar a Edesa fue detenido y enviado a la ciudad de Sebastópolis por el gobernador romano Aegeas. Cuando fue llevado para cumplir sentencia, vio de lejos la cruz y dijo: «¡Oh cruz! Sé bienvenida, estoy dispuesto a morir por mi Señor gozosamente...». Andrés fue crucificado en una cruz cuyos extremos quedaban transversalmente en el piso. Allí surgió la expresión: «La cruz del Santo Andrés».

El quinto apóstol es **Felipe**. Nació en Betsaida, Galilea, y fue el primero en ser llamado «discípulo». Trabajó diligentemente en el norte de Asia y sufrió martirio en Heliópolis, Frigia. Fue azotado, preso y después llevado para ser crucificado entre 51 y 54 d.C.

El sexto apóstol es **Bartolomé** (Natanael), quien predicó en varios países y tradujo el evangelio de Mateo que llevó a la India. En la ciudad de Albinópolis, en Armenia, fue azotado cruelmente y crucificado por los agitados idólatras.

El séptimo apóstol es **Mateo** («don de Dios»), también llamado Leví que significa «ligado a Dios». Nació en Nazaret. Su profesión era cobrador de impuestos. Escribió el libro que lleva su nombre en hebreo para los judíos, en 37 d.C., el cual después fue traducido al griego por Jacobo. Predicó 15 años en Judea y después fue a Egipto y Etiopía, donde, en la ciudad de Nadaba, allá por el año 64 d.C., sufrió el martirio por órdenes del rey Hircanus con «alabarda», una lanza con filo transversal agudo por un lado y en forma de media luna por el otro.

El octavo apóstol es **Tomás**, también llamado Dídimo. Predicó el Evangelio en Partia, también a los medos, a los persas y a muchos otros pueblos. En la ciudad de Calamina, India, sufrió el martirio, siendo atravesado con lanzas y flechas por los sacerdotes paganos.

El noveno apóstol es **Santiago** (Jacobo)[2], hijo de Alfeo. Algunos estudiosos dicen que fue «*Jacobo, el hermano del Señor*» (Gá. 1.19), y

---

2 N. del T.: Véase Jud. 1.1; Mt. 6.3; 13.55; 27.56.

usan este texto de Pablo para justificar que Santiago (Jacobo) era hijo de una esposa anterior de José, y que este José tenía el apellido de «Alfeo». Eso es muy dudoso, ya que implica aceptar que María no tuvo otros hijos y concordar así con la tradición equivocada de la iglesia Católica Romana. En lugar de esto, la Biblia dice: «y le dijeron sus hermanos... Porque ni aun sus hermanos creían en él» (Jn. 7.3, 5). No se sabe con exactitud si este era el Santiago (Jacobo) a quien se refiere Pablo o no. La Biblia dice que Jesús tuvo hermanos, pero no sabemos si lo fue este mismo Jacobo, hijo de Alfeo, quien fue elegido para inspeccionar las iglesias de Jerusalén (Hch. 15.13), siendo también el autor de la epístola universal de Santiago (Stg. 1.1) que forma parte del canon sagrado de las Escrituras. A sus noventa y nueve años fue golpeado y apedreado por los judíos, que le abrieron el cráneo con un pedazo de madera. El décimo apóstol es **Tadeo**, quien fue crucificado en Edesa, en 69 o 72 d.C.

El décimo primer apóstol es **Simón** el Zelote. Predicó el Evangelio en Mauritania, África y en Inglaterra, país en que sufrió el martirio en 71 o 75 d.C.

El décimo segundo apóstol es **Judas Iscariote**, quien traicionó al Señor y se ahorcó.

Los apóstoles que mencionamos anteriormente fueron los doce apóstoles de Cristo, pero hubo muchos más que dieron sus vidas por sus llamados y por la causa de Cristo. Citamos algunos:

Matías fue quien ocupó el lugar de Judas Iscariote en el ministerio (Hch. 1.23). Fue apedreado en Jerusalén y después decapitado.

Marcos, el evangelista, nació de padres judíos de la tribu de Leví. Algunos dicen que se convirtió al cristianismo por intervención de Pedro, para quien trabajó como secretario. Él escribió su evangelio en griego. Fue el primer obispo de Alejandría y predicó extensamente en Egipto. Marcos sufrió el martirio en los tiempos del emperador Trajano, al ser amarrado con cuerdas, arrastrado y jalado por los brazos hasta que las cuerdas se desprendieron de su cuerpo. Finalmente, fue despedazado por el pueblo de Alejandría en honor al dios Serapis.

Pablo, el «gran apóstol». Abdías dice que, cuando marcaron la fecha de su ejecución, Nerón envió a dos de sus caballeros, Ferega y Partemio para que le informaran que sería muerto. Al llegar a Pablo, lo encontraron instruyendo al pueblo. Se quedaron impresionados y se arrodillaron, pidiendo que Pablo orase por ellos, para que se convirtiesen. Más tarde, se convertirían al cristianismo y serían bautizados. Cuando los soldados llegaron, se llevaron a Pablo, quien después de orar, ofreció su garganta al filo de la espada. Sufrió martirio en Roma, decapitado por la causa de Cristo, más o menos entre los años 62 y 65 d.C.

Lucas fue el evangelista y médico. Fue autor del evangelio que lleva su nombre y también escribió el libro de los Hechos de los Apóstoles. Predicó en varios países y sufrió el martirio, dicen algunos estudiosos, al ser colgado en un árbol de olivos por sacerdotes idólatras de Grecia.

Bernabé era de Chipre, pero judío. Algunos dicen que murió de muerte natural, mientras otros dicen que fue martirizado entre los años 71 y 74 d.C.

LOS MÁRTIRES DE LA IGLESIA POR CRISTO

Faltaría tiempo y espacio para hablar de algunos o de todos los personajes bíblicos y cristianos que sufrieron martirio, además de muchos otros después de ellos como nos cuenta la historia de la iglesia. ¡Podría escribirse otro libro entero solamente para eso! Lo que ya mencionamos nos da una idea del sufrimiento de aquellos hombres por Cristo y cómo, en nombre de la fe, murieron por sus llamados. Esto nos obliga a vivir una vida de consagración mayor que la que hemos vivido hasta ahora. A continuación, les haré un breve resumen de las persecuciones, torturas, y martirios de algunos hombres, mujeres y niños, desde el inicio de la iglesia hasta nuestros días, que posteriormente al relato y al tiempo bíblico, por la fe murieron por su llamado y no negaron a Cristo, prefiriendo sufrir en manos de sus agresores para alcanzar un premio mayor. La Biblia nos dice: «Pero traed a la memoria los días pasados, en los cuales, después de haber sido iluminados, *sostuvisteis* gran *combate de padecimientos*; por una parte, ciertamente, con *vituperios y tribulaciones* fuisteis *hechos espectáculo*; y por otra, llegasteis a ser compañeros de los que estaban en una situación semejante. Porque de *los presos* también os compadecisteis, y el *despojo* de vuestros bienes sufristeis con gozo, sabiendo que tenéis en vosotros una mejor y perdurable herencia en los cielos. No perdáis, pues, vuestra *confianza*, que tiene grande galardón; porque os es necesaria la paciencia, para que habiendo hecho la voluntad de Dios, obtengáis la promesa» (He. 10.32-36).

Desde el inicio de la iglesia del Señor, cristianos de todas las edades, hombres, mujeres y niños, han *soportado* torturas y sufrimientos por la causa de Cristo, en grandes *aflicciones* de espíritu y cuerpo, *expuestos*, siendo motivo de burla y ridiculizados por ser cristianos; en *vituperios* y *tribulaciones* de todo tipo; separados de sus familias y *tratados* de una manera inhumana; *hechos prisioneros*, con sus bienes confiscados, pero aceptando el *despojo* de sus bienes con gusto y con alegría. Con *confianza*, esos héroes de la fe alcanzaron la promesa de recompensa de una vida eterna y mejor al lado de su Señor. Por eso prefirieron el martirio a negar Su nombre, en torturas crueles e imposibles de describir con palabras, sean ellas del pasado o del presente.

A continuación les hablaré de los mártires de la iglesia del Señor Jesucristo de siglos anteriores. Existen, sin embargo, ciertas controversias de acuerdo con la dificultad de lectura de los manuscritos originales, en lo que se refiere a la diferencia de opiniones con relación a los años exactos que sufrieron el martirio, *pero sus historias son reales, genuinas y verdaderas.*

Timón y Parmenas sufrieron el martirio al mismo tiempo. El primero en Filipos, el segundo en Macedonia. Los dos fueron torturados y muertos por el Imperio Romano entre los años 41 y 45 d.C.

Ignacio fue discípulo de Juan y obispo de Antioquía. El emperador Trajano ordenó su detención. Antes de ser devorado por los leones en Roma entre los años 109 o 113 d.C. dijo: «Que los leones vengan, que vengan mutilaciones, huesos rotos, que vengan torturas. Mi querido Jesús, el Salvador, está tan profundamente escrito dentro de mi corazón, que tengo la seguridad de que si lo abren y lo cortan en pedazos, el nombre de Jesús podrá ser encontrado en cada uno de ellos...».

Clemente fue obispo de Roma entre 91 y 100 d.C., y fue compañero de Pablo y de Pedro. Algunos creen que también conoció a Juan. Fue condenado a trabajo forzado en las minas y sufrió el martirio en el tercer año del emperador Trajano. Pablo lo menciona en Filipenses 4.3.

Policarpo sufrió martirio en Esmirna, hoy Izmar, Turquía, entre 156 y 159 d.C. El gran obispo fue colocado en las pistas romanas para ser sentenciado. Lo llevaron a la presencia del procónsul romano. El conocido obispo de Esmirna era el último eslabón vivo con los doce apóstoles, pues había estudiado a los pies de Juan. El procónsul trató de persuadir a Policarpo de negar a Cristo: «Jura, en nombre de Cesar, negando y maldiciendo a Cristo, y te dejaré libre». Dice la tradición que se oyó una voz del cielo diciendo: «Sé valiente, Policarpo, y muere por mí como el hombre que eres...». El obispo se mantuvo firme y respondió al procónsul: «Ya he servido al Señor por casi 87 años, ¿cómo podría deshonrar a mi Rey quien me dio vida eterna?» El procónsul lo amenazó diciendo: «Hay solamente un rey, Cesar, y si no cambias de parecer, yo te tiraré a las fieras». Policarpo, sin embargo respondió: «¡No cambiaré! Puedes traerlas». «Si no tienes miedo de las fieras, yo te quemaré vivo», respondió el procónsul. A lo que respondió Policarpo: «Tu me amenazas con una hoguera que durará algunos minutos. ¿Qué será de ti y de todos los que están aquí cuando cayeren en el fuego eterno del infierno?» Enfurecido, el procónsul ordenó que lo quemasen en el medio de la pista, sin embargo, milagrosamente, no se quemó, a los ojos de todos los espectadores que quedaron atónitos y sorprendidos. Entonces el procónsul, de pie y muy furioso, mandó que lo matasen a filo de espada. Su agresor le cortó la cabeza y allí fue martirizado en nombre de Cristo delante de la multitud que se burlaba de él.

Papias, otro discípulo de Juan, obispo de Hierápolis, en Frigia, a unos 150 kilómetros de Éfeso. Dicen algunos que es posible que haya conocido a Felipe. Papias escribió un libro llamado «Explicación de los discursos del Señor». La tradición dice que tuvo gran cuidado al consultar a los antiguos sobre las palabras exactas con que Jesús expresó sus pensamientos. Fue martirizado en Pérgamo, en la misma época que Policarpo, entre los años 151 y 154 d.C. Estos tres, Policarpo, Ignacio y Papias conforman el eslabón del siglo apostólico con los tiempos posteriores de la iglesia.

Justino Mártir nació en Neápolis, más o menos en la misma época de la muerte del apóstol Juan. Estudió filosofía. Vio muchas persecuciones a los cristianos durante su juventud. Escribió una «Defensa del cristianismo», dirigida al emperador en Roma. Fue uno de los hombres más preparados intelectualmente en su época. Sufrió martirio en Roma, entre los años 163 y 168 d.C.

Apolonio fue acusado delante de los tribunales de Roma. Hombre de gran preparación intelectual y filosófica, presentó al tribunal una elocuente defensa de su fe y del evangelio. Sufrió el martirio por Cristo, decapitado por la causa del evangelio.

Irineo, educado en Esmirna, fue alumno de Policarpo y Papias. Viajó mucho predicando el evangelio y llegó a ser el obispo de Lyon, en Galia. Escribió mucho contra los «gnósticos». Sufrió martirio por su Señor entre 198 y 201 d.C.

Orígenes fue el mayor erudito de la iglesia primitiva. Viajó mucho y escribió tanto, que llegó a ocupar 20 copiadores. Vivió en Alejandría, donde su padre, Leónidas, sufrió el martirio. Fue preso y torturado en Palestina y sufrió martirio entre los años 251 y 254 d.C.

Tertuliano, el «padre del cristianismo latino», abogado y gran defensor de la fe, murió en 219 d.C.

Andrónico. Fue preso, tal vez en 301 o 305 d.C. y no negó su fe en Cristo. Lo azotaron y le colocaron vinagre en sus heridas que sangraban. Lo sacaron de la cárcel, lo torturaron nuevamente y lo arrojaron a las fieras. Finalmente lo martirizaron con la espada. Él había dicho estas grandiosas palabras: «Hagan lo peor y lo que quieran, soy cristiano. El Señor es mi ayuda y jamás me inclinaré a sus dioses. No temo a ninguna autoridad, ni al emperador. ¡Pueden empezar a torturarme y háganlo como quieran, pues no cambiaré nunca de opinión!»

Eusebio, conocido como el «Padre de la Historia Eclesiástica», fue obispo de Cesarea en la época de Constantino. Escribió el libro «Historia de la iglesia», que narra lo sucedido desde Cristo hasta el Concilio de Nicea. Murió en 339 d.C.

Juan Crisóstomo, llamado «Boca de Oro», fue un orador incomparable y el mayor expositor bíblico de su tiempo. Nació en Antioquía, en 344 d.C., y fue patriarca de Constantinopla. Predicaba para grandes multitudes en la iglesia de Santa Sofía. Fue exiliado y murió en 406 d.C.

Jerónimo, el «mayor erudito de los padres latinos de la iglesia», nació en 339 d.C., educándose en Roma. Vivió en Belén, donde tradujo la Biblia al latín, aquella versión conocida como «Vulgata». Murió en 419 d.C.

Agustín nació en 355 d.C. y fue obispo de Hipona, al Norte de África. «El gran teólogo de la iglesia primitiva», más que cualquier otro, él fue quien dio forma a las doctrinas de la iglesia en la Edad Media. Se convirtió, por influencia de su madre, Mónica, de Ambrosio de Milán y de las epístolas de Pablo.

Gelasio, martirizado en Santo Ángelo, Italia, antes o durante la Edad Media. Él dijo: «La muerte es más dulce para mí que la vida, y la negación de esta por Él es un regocijo sin fin».

La reforma protestante

Los precursores de la Reforma que iniciaron el movimiento protestante fueron muchos. **Claudio de Torino** (año 831), estaba en contra del culto a las imágenes, la adoración de la cruz, las oraciones por los muertos y otras prácticas de la iglesia en Roma. Los **Petrobrusianos** (año 1109), no aceptaban la misa y defendían que los ministros deberían casarse. **Arnoldo de Brescia** (año 1156), estaba en contra de que la iglesia tuviese propiedades, y no aceptaba ningún tipo de control papal. Sufrió el martirio, cuando fue ahorcado a petición del Papa Adriano IV. Los **Albigenses o Cátaros** (año 1165), que vivían al sur de Francia, norte de España y norte de Italia, predicaban contra las inmoralidades del clero, las adoraciones a los santos y las peregrinaciones. En 1209, el papa Inocencio III proclamó una cruzada contra ellos, en la cual hombres, mujeres y niños fueron muertos por orden de Roma. En 1230 se estableció la Inquisición y en menos de cien años todos ellos fueron exterminados.

Pedro Valdo, un rico comerciante, combatió la usurpación, el totalitarismo papal, el purgatorio y también el hecho de que solamente Roma pudiese enseñar religión. Defendió que la Biblia era la única regla de fe y de vida. Más tarde todos los **Valdenses** (año 1171) fueron exterminados por la iglesia de Roma.

John Wycliffe (1325–1386) fue profesor en Oxford, Inglaterra, y predicó contra la tiranía religiosa del clero, contra la autoridad absoluta del papa, contra la confesión verbal de los pecados a un hombre (a quien tampoco debía llamarse «padre»), y defendió el derecho del pueblo a leer la Biblia, a lo cual contribuyó con su primera traducción completa al inglés (de la versión Vulgata en latín).

John Hus, nació en 1368 y fue rector de la Universidad de Praga, Bohemia (República Checa). Fue discípulo de Wycliffe. Predicador intrépido, atacó valientemente los vicios del clero romano y del estado corrupto de la iglesia; condenó la venta de indulgencias entre otras cosas, elevó las Escrituras sobre todos los dogmas de la iglesia de Roma y por eso sufrió el martirio, quemado vivo en 1414. Sus seguidores del pueblo bohemio, fueron casi todos exterminados en una cruzada ordenada por el Papa. La Reforma Protestante llegaría, después de tantas persecuciones, torturas y martirios por la iglesia de Roma, a través de **Martín Lutero**, que, después de Jesucristo y de Pablo, dicen algunos teólogos, es «el mayor hombre de todos los siglos del cristianismo verdadero». Él comenzó la lucha de liberación de la institución religiosa más poderosa de la historia y fue el «fundador de la civilización protestante». Nació de padres pobres en Eisleben, Alemania, en 1483. Entró en la Universidad de Erfurt en 1501 para estudiar leyes. Fue un magnífico estudiante y se graduó en poco tiempo. En 1505, tomó la decisión inesperada de entrar en un monasterio, fue un monje ejemplar y extremadamente religioso. Practicó todas las formas de ayunos y de azotes y también inventó otras nuevas. Durante dos años soportó lo que él llamó «angustias que ninguna pluma podría escribir». Cierto día, en 1508, mientras estudiaba la epístola de Pablo a los romanos, en un determinado momento, sus ojos y entendimiento se abrieron al leer que «el justo vivirá por la fe». Vio entonces que la salvación se recibe a través de la confianza en Dios, por medio de Jesucristo, y no por obras, ritos, sacramentos o penitencias que la iglesia romana exigía. Eso cambió toda su vida, y también el curso de la historia religiosa humana. En 1508, llegó a ser profesor de la Universidad de Wittenberg, puesto que ocupó hasta el día de su muerte, en 1546. En 1511, fue a Roma y quedó terriblemente impresionado por la corrupción de la corte papal. Volvió a Wittenberg, donde sus sermones comenzaron a atraer estudiantes de toda Alemania.

Lo que trajo la ruptura de las relaciones de Lutero con la iglesia de Roma fue la venta de indulgencias por parte de Tetzel. La «indulgencia» prometía una «disminución de los sufrimientos del purgatorio» y se ofrecía a las pobres «almas» como una «retractación del castigo del pecado». Según las enseñanzas romanas, el «purgatorio» se parecía mucho al infierno pero «no era tan prolongado» y todos debían pasar por allí. El Papa decía que tenía la potestad de «disminuir» esos «sufrimientos» y de perdonarlos todos, como prerrogativa exclusiva suya. Esto había comenzado con los papas Pascual I (817–824) y Juan VIII (872–882). Las indulgencias papales eran extremadamente lucrativas y se promovían para provecho de todos. Fueron ofrecidas como incentivo de gran interés durante las Cruzadas, en las guerras contra los herejes o contra algún rey a quien el Papa quisiera castigar, para los inquisidores y a cualquiera que trajese la leña para que algún hereje fuese quemado, lo cual le daba la «oportunidad» de «salvar» su alma. También se utilizaron para fomentar la peregrinación a Roma o para promover cualquier empresa pública o privada del Papa, siempre que rindiese «dinero» y muchas «ganancias» al poderío religioso absoluto, autoritario y totalitario de Roma.

El Papa Sixto IV, en 1476, fue el primero en aplicarlas a las «almas» que ya estaban en el «purgatorio». Las indulgencias eran compradas por altas sumas para después ser revendidas. «Vender el privilegio de pecar» llegó a ser una de las principales fuentes de ganancias papales. En 1517, Juan Tetzel andaba por Alemania vendiendo «certificados firmados por el Papa» que ofrecían a los «compradores» y a sus amigos el «perdón de todo pecado sin necesidad de confesión, arrepentimiento, penitencia o perdón sacerdotal». Tetzel decía al pueblo engañado por él: «Tan pronto caiga vuestro dinero en el cofre, las almas de vuestros amigos y familiares se elevarán desde el purgatorio hasta el cielo». Esa práctica horrorizó a Lutero, quien el día 31 de octubre de 1517, predicó en la puerta de la iglesia de Wittenberg con sus 95 tesis, que en su mayoría hablaba de los perdones adulterados y del desvío de la iglesia romana y papal de la verdad de las Escrituras. Esas declaraciones de Lutero se hicieron famosas por toda Europa, siendo divulgadas a través de folletos en latín para los eruditos, y en alemán para el vulgo. En 1520, el papa emitió una encíclica que excomulgaba a Martín Lutero y declaraba que si él no se retractaba en 60 días, recibiría la «pena debida por su herejía», o sea, la pena de muerte. Cuando Lutero recibió la encíclica, la quemó públicamente, desafiando todo el poderío «religioso» de Roma, el día 10 de diciembre de 1520. A partir de aquel día comenzó el Movimiento Protestante que todos conocemos y del cual formamos parte. ¡Aleluya!

¡Qué gran convicción la de aquel gran hombre! A causa de él, millones y millones de personas fueron y están librándose del engaño, de la mentira y de la corrupción religiosa romana, que abandonaron las Sagradas Escrituras para ganar dinero con las pobres almas de los incautos e incultos, y de aquellos que están desprovistos de sentido común y discernimiento según la Palabra de Dios, la Biblia, que jamás habla de «purgatorios o perdones». Ella no autorizó, no autoriza y nunca autorizará a nadie a hacer uso de su poder eclesiástico para engañar de esta forma, beneficiándose con la perdición de millones de almas que hoy sufren el eterno castigo en el fuego del infierno, por culpa de esos «ministros» enviados por el poderío de Roma para matar (las almas), robar (la posibilidad de su salvación), y destruir (la verdadera doctrina).

Algunas de las causas del desvío del catolicismo romano de la Biblia, la verdadera Palabra de Dios, que llevó a la Reforma Protestante y que hasta hoy predominan en sus dogmas fueron:

1   Año 310: el rezo por los difuntos;
2   Año 320: el uso de velas;
3   Año 375: el culto a los santos;
4   Año 394: la institución de la misa;
5   Año 431: el culto a la Virgen María o «hiperdulía»;
6   Año 503: la doctrina del Purgatorio;
7   Año 528: la extrema unción;
8   Año 606: Bonifacio III se declara Obispo Universal, «Papa»;
9   Año 709: la obligatoriedad de besar los pies del «Obispo Universal»;
10 Año 754: la doctrina del poder temporal de la iglesia;
11 Año 783: la adoración de las imágenes y reliquias;
12 Año 850: el uso del agua bendita;
13 Año 890: el culto a San José o «protodulía»;
14 Año 993: la canonización de los santos;
15 Año 1003: la institución de la fiesta de los «fieles difuntos»;
16 Año 1074: el celibato sacerdotal;
17 Año 1076: el dogma de la infalibilidad de la iglesia;
18 Año 1090: la invención del rosario;
19 Año 1184: la institución de la «Santa Inquisición»;
20 Año 1190: la venta de indulgencias;
21 Año 1200: el pan de la comunión fue sustituido por la hostia;
22 Año 1215: se creó la confesión auricular;
23 Año 1215: el dogma de la transubstanciación;
24 Año 1220: la adoración de la hostia;
25 Año 1229: **la prohibición de la lectura de la Biblia**;
26 Año 1245: el uso de las campanitas en la misa;
27 Año 1316: la institución del rezo del «Avemaría»;
28 Año 1415: la eliminación del vino en la comunión;
29 Año 1517: la **Reforma Protestante**, por Martín Lutero;
30 Año 1546: la doctrina que compara la tradición con la Biblia;
31 Año 1547: la introducción de los libros apócrifos, falsos o no inspirados;

32 Año 1600: la invención del escapulario;
33 Año 1854: el dogma de la inmaculada concepción de María;
34 Año 1864: la condenación de la separación de la iglesia del
      Estado;
35 Año 1870: el dogma de la infalibilidad papal;
36 Año 1908: el Papa Pío X anula cualquier matrimonio
      efectuado sin sacerdote romano;
37 Año 1950: el dogma de la «presencia real y corporal de
      María en el cielo» (asunción de María), etc.

Estas fueron algunas de las causas que llevaron a Martín Lutero a luchar y dar su vida por la causa Protestante, a fin de traer a la iglesia de regreso a la Biblia, la verdadera Palabra de Dios, de la cual el catolicismo se había desviado y continúa desviado completamente hasta el día de hoy.

¿Cuál es tu convicción en cuanto a transformar el mundo como Lutero? ¿Tú estás dispuesto a sufrir por la verdadera causa de Cristo y de Su Palabra? La Biblia habla de muchos mártires que padecieron por su llamado, y la historia de la iglesia verdadera también relata sobre muchos que dieron sus vidas por Cristo, no importando lo que tuvieron que pasar en el cumplimiento del sagrado deber, sin embargo, se mantuvieron firmes en sus convicciones cristianas. La Biblia les habló en el pasado y nos habla hoy: «No temas en nada lo que vas a padecer. He aquí, el diablo echará a algunos de vosotros en la cárcel, para que seáis probados, y tendréis tribulación... Sé fiel hasta la muerte, y yo te daré la corona de la vida» (Ap. 2.10).

LOS QUE PADECIERON POR CRISTO

Jerónimo Savonarola fue martirizado en una plaza pública en Florencia, Italia, ahorcado por orden del Papa y quemado en la hoguera entre los años 1497 y 1499. Él dijo: «El Señor se dispuso a morir por amor a mi vida, ¿por qué no debería yo estar contento en dar mi vida por amor a Él?»

En 1553, el obispo **Nicolau Ridley** sufrió el martirio al ser quemado en Oxford, Inglaterra. Él dijo: «No tengan vergüenza de mi muerte. Si ustedes me aman, se pondrán alegres porque Dios me llamó para tener tal honor, pues esto es mayor gloria que cualquier otra aquí en la tierra. ¿Quién no estaría feliz de morir por esa causa?

Confío en mi Dios, que me amó y me salvó. Por esto estoy dispuesto a perder todo, incluso mi propia vida, antes de negar mi fe en Cristo. En sus manos entrego mi espíritu y mi alma». **Julio Palmer** también fue quemado en una hoguera en Inglaterra en 1557. Él dijo estas conmovedoras palabras: «Mi vida no termina en el fuego, por el contrario, pasaré para una vida mejor y más elevada que ésta». **John Peary**, martirizado en el país de Gales en 1592, comentó: «No me preocupo por mí ni por lo que me pueda suceder, pues mi llamado es a predicar, y aunque sé que esto me costará la vida, tengo la seguridad de que valdrá la pena morir por Él».

En el período comprendido entre 1661 hasta 1673, estuvo en la cárcel el célebre **Juan Bunyan**, quien escribió el famoso relato llamado «El Progreso del Peregrino» mientras estuvo preso. Él dijo al referirse a la Palabra de Dios: «Yo jamás pensé realmente en el contenido de la Biblia, hasta que pasé largos años en la prisión y constantemente, al estudiarla, encontraba cada día nuevos y preciosos tesoros...».

David Brainerd murió de tuberculosis con apenas 29 años de edad, después de haber trabajado escasos 5 años en el campo misionero, evangelizando a los indios pieles rojas y a las tribus nómadas en las Colonias Americanas. Dio la vida por el llamado y por Cristo, muriendo el 9 de octubre de 1747. Jonathan Edwards dijo sobre él: *«La vida de David Brainerd muestra el camino correcto al éxito en las obras del ministerio. Él trataba de vencer siempre como un soldado que busca la victoria en la batalla, o como un hombre que corre en dirección al gran premio. Trabajaba fervorosamente por amor a Cristo y por las almas de los indios. No solo en palabras y doctrina, en público o en particular, sino también en oraciones de día y de noche, discutiendo con Dios en secreto, y teniendo dolores de parto con gemidos y agonías indescriptibles, hasta que Cristo fuera formado en los corazones de los indios a quienes fue enviado».* Brainerd murió por su llamado valientemente. ¡Qué ejemplo! ¡Qué determinación! ¡Qué amor por las almas! ¡Qué entrega! ¡Qué pasión por Cristo!

David Livingstone, nació en Escocia en 1813 y fue enviado como misionero a África en 1840, a los 27 años, llegando a la ciudad del Cabo en los inicios de 1841. Después de trabajar arduamente durante muchos años, regresó a Escocia para una conferencia. Pronunció en la Universidad de Glasgow las siguientes palabras: *«Aunque* esté enfermo como lo estoy, debido al sol, a la desnutrición, a la fiebre y a otras enfermedades, junto con tantos otros dolores en mi cuerpo, regresaré a África, al continente de mi llamado; a las lenguas, idiomas y dialectos que no entiendo. Sí, regresaré. La Palabra que siempre me ha ayudado es aquella de nuestro Señor cuando dijo que estaría con nosotros hasta el fin de los tiempos».

David Livinsgtone murió de rodillas, después de orar por más de 6 horas continuas, el día 1° de mayo de 1873, con un pedacito de papel entre sus dedos que decía: «¡Dame a África algún día, Señor!» Sus discípulos tomaron su corazón y lo enterraron debajo de un árbol Mpundu, porque dijeron que «el corazón de Livingstone no era británico sino africano y debía quedarse allí, en África». Enviaron su cuerpo a Inglaterra, donde fue enterrado con todos los honores de un funeral oficial de Estado. Miles fueron a verlo, incluso aquellos que no lo conocieron. Fue el «más grande misionero enviado a África», según los estudiosos de las misiones en la actualidad, por su trabajo, renuncia, sufrimientos y dedicación. David Livingstone había dicho antes de su muerte: «Dios tuvo un solo hijo, y este hijo fue misionero. Mientras yo viva, seré un misionero». Livingstone vivió y murió como un verdadero y fiel misionero. ¡Aleluya!

Otros que también sufrieron por Cristo

¡Qué pasión y entrega la de esos hombres! Dejaron todo por Cristo y murieron enfermos y extremadamente cansados a causa de la propagación del Evangelio. El tiempo y el espacio no nos permiten escribir acerca de todos esos grandes hombres de Dios que lo arriesgaron todo por amor al Señor. Por eso, la Biblia nos dice: «Como está escrito: Por causa de ti somos muertos todo el tiempo; somos contados como ovejas de matadero» (Ro. 8.36). Éste es el precio a pagar por la fe al morir a nosotros mismos y estar listos a morir por Cristo literalmente, si fuere necesario.

En Kiangsu, China, en 1932, el verdugo dijo al misionero **J. Vinson** «ya lo voy a matar, ¿no tiene miedo?», a lo que el hombre de Dios respondió: «¡No, no tengo miedo! Puede matarme. Iré inmediatamente a los brazos del Señor Jesús…». Él se había mantenido firme leyendo un poema que lo animó, escrito por Hamilton, que decía: *«¿Miedo, de qué? ¿De ser libre en el espíritu? ¿De pasar del dolor a la paz completa en Cristo? ¿Miedo? ¿Yo? ¿Por qué? ¿Miedo de* *ver el rostro de mi amado Salvador y oír Su voz dándome las bienvenidas? ¿Tener miedo? ¿Qué es esto, tener miedo de sufrir?»*

En diciembre de 1943, en la masacre del campamento Hopevale, en la isla de Panay, Filipinas, fueron martirizados y ejecutados por los soldados japoneses, doce misioneros norteamericanos, entre ellos, los médicos misioneros: **Dr. Frederick Meyer**, graduado de la Universidad de Medicina de Yale y el **Dr. Francis Howard Rose**, de la Universidad de Chicago. El **Dr.** Jaffray arriesgó su vida en 1946 para llevar el evangelio a la tribu primitiva Dani, de Nueva Guinea. Fue preso por los japoneses, y tras ser torturado sufrió el martirio por Cristo. Éstas fueron sus palabras: «Debemos mantener firme nuestra vista, porque brevemente escucharemos Su voz desde el cielo. Él nos llevará con Él y ya nada más tendrá valor aquí abajo».

Dietrich Bonhoeffer fue ahorcado en Alemania por los nazis en 1944. Él dijo antes de sufrir martirio estas lindas palabras: «Este es el fin para mí aquí abajo y es el comienzo para mí allá arriba». ¡Aleluya! En otra ocasión, antes de morir por Cristo, dijo: «*El Señor no nos prometió que cuando bendijésemos a nuestros enemigos y les hiciésemos el bien, ellos dejarían de perseguirnos. Pero nada nos podrá hacer daño si oramos por ellos y los amamos en Cristo. Podemos interceder por ellos y pedir que Dios los perdone. Cada insulto que recibimos nos sirve para aproximarnos más al Señor, y hará triunfar el amor de nosotros por ellos. Y cuando Dios castiga con su furia a nuestros enemigos, entendemos, al ver su dolor, lo que es realmente amarlos y perdonarlos, pues terminan en la miseria y en completa destrucción, sin mencionar las penas eternas que sufrirán*».

En 1948, **Richard Wurmbrand** fue preso en Rumania y enviado a prisión durante casi 15 años, donde fue torturado. Tenía muchas cicatrices en el cuerpo debido al sufrimiento. Fue uno de los grandes líderes de la iglesia clandestina de Rumania y más tarde fundó el ministerio «La Voz de los Mártires». Cuando yo era niño, en Brasil, leí su famoso libro, *Torturado por amor a Cristo*. En cierta ocasión, después de unas torturas horribles, lo llevaron a la prisión con la sangre corriéndole por la cara, y algunos de los presos ayudaban a limpiar sus heridas mientras otros maldecían a los comunistas. Entre gemidos, él dijo: «Por favor silencio, deseo orar por ellos».

Muchas fueron las experiencias de Wurmbrand. Nos cuenta que, sin temor, cantaban en la prisión a más de 12 metros de profundidad e incluso con mucha hambre y torturados, pero no dejaban nunca de alabar a Cristo. Él dijo en cierta ocasión: *«Nosotros los cristianos no entendemos por qué Dios permite el sufrimiento, enviándonos a la cárcel. Cuando esos pensamientos vienen a mi mente, recuerdo que todavía no estoy preparado para graduarme de la escuela elemental del cristianismo. Cuando yo* **triunfe en la universidad del sufrimiento** *y pase por todos los cursos que ella ofrece, entonces podré entender mejor algunas cosas que solamente a Dios pertenecen, y mis dudas terminarán»*. Richard Wurmbrand cuenta que cierta vez él y los prisioneros cantaban alegremente al Señor. El jefe de la prisión entró furioso y gritó: «Sé que ustedes cantan canciones antirrevolucionarias contra el comunismo. ¡Quiero escuchar uno de esos himnos!» Entonces ellos cantaron un himno que decía así:

«¡Oh rostro ensangrentado, imagen del dolor!
¡Que tú sufres resignado, en la burla y en el furor!»

El jefe de la prisión puso mucha atención, y sin decir ninguna palabra, se retiró. Más tarde, se convertiría en un hermano de fe. ¡Aleluya! Durante todos los años en que estuvo preso, Richard Wurmbrand se dedicó a estudiar la Palabra de Dios y a aprender otros idiomas llegando a hablar más de diez. Sus experiencias están relatadas en diversos libros llenos de dolor, sufrimientos y torturas.

La Biblia ya nos había advertido que pasaríamos por eso: «Acordaos de los *presos*, como si estuvierais presos juntamente *con ellos*; y de los *maltratados*, como que también vosotros mismos estáis en el *cuerpo*» (He. 13.3). No solamente ese gran pastor de Rumania, como tantos otros también sufrieron las mismas penas, pruebas, tribulaciones, azotes, torturas y persecuciones solamente por ser cristianos. Nosotros deberíamos acordarnos de que, todavía hoy, existen misioneros y ministros que están *presos* en muchas cárceles alrededor del mundo, y nuestro deber es sentir, en oración y comunión *con ellos*, lo mismo que están padeciendo en la carne. Nuestra responsabilidad es que sean reales en nuestro espíritu, las *aflicciones* que ellos sufren y pedirle al Señor que Él haga genuino, auténtico y real en nuestros propios *cuerpos* ese sentimiento de sufrir por Cristo. La Biblia sigue exhortándonos: «Acordaos de vuestros pastores, que os hablaron la palabra de Dios; considerad cuál haya sido el resultado de su conducta, e *imitad* su fe» (He. 13.7).

Nuestros guías son aquellos pastores, hombres y mujeres de Dios, que nos enseñaron la Palabra a través de sus ejemplos y que tuvieron éxito, en el trabajo con sus ministerios, por eso son dignos de que los *imitemos* por la fe, porque alcanzaron un nivel espiritual altísimo y muchos murieron por la causa de Cristo. Todos tenían los ojos puestos en algo más valioso, por eso sufrieron torturas, como nos dice el siguiente pasaje bíblico: «Porque no tenemos aquí ciudad permanente, sino que buscamos la por *venir*» (He. 13.14). ¡Aleluya! Todos ellos tenían su meta en la recompensa incorruptible, todos buscaron la ciudad eterna y *venidera*, que es la gloria de Cristo, donde habitaremos. Y finalmente la Palabra nos dice: «Así que, ofrezcamos siempre a Dios, por medio de él, *sacrificio de alabanza*, es decir, fruto de labios que confiesan su nombre» (He. 13.15). Por eso, Richard Wurmbrand le ofreció al Señor, durante casi 15 años, *sacrificios de alabanzas* en una prisión oscura, fría y ensangrentada por las torturas que sufrió. Es muy fácil alabar al Señor cuando todo va bien, cuando somos bendecidos y prosperamos en todas las áreas de nuestras vidas, personalmente, ministerialmente y con la familia; pero es muy difícil alabar al Señor dentro de una prisión. Eso solo puede hacerse en forma de *sacrificio* con tus labios, al alabar el nombre del Señor.

El **Rev. Peter Marshall**, cuya predicación dinámica atrajo a multitudes de personas, murió muy joven y repentinamente, en la mañana del día 25 de enero de 1949, a sus 46 años. En uno de sus sermones él dijo: *«Cuando llegue mi hora iré. Ni un minuto antes, ni un minuto después. Por lo tanto, ¡no tengo absolutamente nada que temer! Sé que las promesas de Dios son verdades, pues han sido cumplidas en mi vida una y otra vez. Mi Señor continua enseñando, guiando, protegiendo, curando y consolando. Él es merecedor de nuestro amor por toda la eternidad».* Que podamos estar preparados para aquel día en que la muerte llegue a nuestra vida, y en la forma que Dios nos permita morir, iremos con Él. Sea de muerte natural, enfermos o martirizados, no importa, pues la Biblia nos dice: «Oí una voz que desde el cielo me decía: Escribe: Bienaventurados de aquí en adelante los muertos que mueren en el Señor. Sí, dice el Espíritu, descansarán de sus trabajos, porque sus obras con ellos siguen» (Ap. 14.13). ¡Gloria a Dios!

Cuando Alemania se dividió en dos después de la segunda guerra mundial, formando la oriental y la occidental, se cuenta que los soldados comunistas, en el invierno de 1951, en Alemania oriental, pusieron a 40 pastores en una prisión de Berlín. Después de golpearlos y torturarlos, los comandantes comunistas trataron de obligarlos a negar a Cristo, cosa que no lograron. Al ver su firme decisión, los comunistas, indignados y furiosos, les quitaron la ropa a los pastores y los metieron a un lago congelado por el frío. Allí querían verlos morir dolorosa y lenta. Los pastores se animaron entre sí y pasaron toda la noche allí, tiritando de frío y congelados. Para intensificar el tormento, colocaron tinas con agua caliente a la orilla del lago. Esperaban, de esa forma, hacerlos retroceder y salir. Uno de ellos gritó: «Cuando estén listos para negar a Cristo, saldrán y los recibiremos con esos baños calientes». Finalmente, uno de los pastores se debilitó, salió del lago y se dirigió al baño caliente. Al verlo, uno de los comandantes comunistas le dijo: «¿Qué corona tan linda era aquella llena de perlas que cayó de tu cabeza cuando saliste del lago?» En seguida, desnudándose, entró corriendo al lago congelado en lugar del pastor que salió, diciéndole a los demás: «Yo también quiero morir por Cristo... soy cristiano... recíbanme». ¡Aleluya! ¿Qué es lo que realmente hace que alguien se decida a morir por Cristo estando en la mejor etapa de su vida?, ¿Qué los lleva a sufrir martirio por la causa del Señor? ¡Es el poder de la convicción que el Espíritu Santo produce! ¡No hay otra explicación!

Jim Elliot, misionero enviado a los indios Aucas del Perú, sufrió martirio mientras servía a Cristo allí, en 1957, junto con otros tres misioneros. Él dijo antes de su muerte: «No es necio aquel que da lo que no puede retener, a cambio de aquello que no puede perder». Betty Elliot y Rachel Saint volvieron al Perú y predicaron la Palabra de Dios a los indios que les habían matado al esposo de una y al hermano de la otra. Hoy, los indios Aucas son cristianos. Dos hijos de los misioneros que fueron asesinados más tarde, bautizaron al hombre que mató a sus padres. ¿No es maravilloso? Cuando alguien muere por la causa de Cristo, otros se convertirán por el testimonio de los mártires. Acerca de esto dijo Teresa de Lisieux: «Los sufrimientos que padecemos con gusto por Cristo a favor de otros, y también morir por la causa de Cristo, convertirán a muchas más personas que muchos sermones». Por esto, el apóstol Pablo dijo: «Pero de ninguna cosa hago caso, ni estimo *preciosa* mi vida para mí mismo, con tal que *acabe mi carrera* con *gozo*, y el ministerio que recibí del Señor Jesús, para dar testimonio del *evangelio* de la gracia de Dios» (Hch. 20.24). Ese es nuestro objetivo, jamás tener por *preciosa* nuestra vida a nosotros mismos; debemos *cumplir* con gozo nuestra *carrera*, el ministerio, de la mejor manera posible y predicar el Evangelio bajo cualquier circunstancia y de cualquier forma, para exaltar a Aquel que nos salvó.

En Belene, Bulgaria, en 1961, guardias comunistas se llevaron a **Trofin Dimitrov** para una prisión subterránea en forma de un foso, donde perros feroces lo esperaban. En profunda comunión con el Señor y en oración, Dimitrov no negó a Cristo, y mientras caminaba en dirección al foso, le pedía al Señor que le diese fuerzas y poder. Cuando llegaron a la puerta del foso, los guardias comunistas le dijeron: «Vamos a ver ahora si tu Dios, que tanto predicas, podrá salvarte de esos perros hambrientos». Lo tiraron dentro del foso e inmediatamente escucharon a los perros ladrando de una forma extraña y descontrolada. Cuando los guardias comunistas regresaron, vieron a Dimitrov arrodillado, orando, y a los perros completamente confundidos dando saltos enormes contra la puerta de hierro, tratando de escapar del poder extraño que fluía de aquel hombre lleno del Espíritu Santo, y que valientemente no había negado a su Señor. ¡Qué fe enorme tenía aquel hombre! Prefirió creer en el poder de Cristo, y el Señor lo protegió. Unos sufrieron martirio delante de los leones feroces en el Coliseo y en las pistas romanas, otros escaparon de una muerte segura, milagrosamente, como en esta ocasión. Pero la mayoría no tuvo ese «privilegio» y murió por Cristo.

Muchos misioneros fueron mártires durante la revolución Boxer en China. La organización «Overseas Missionary Fellowship» [Comunidad Misionera Extranjera] perdió, apenas en un año, más de 70 misioneros, asesinados junto con sus familias. Los misioneros que sobrevivieron a la masacre continuaron predicándole a aquellos que habían matado a sus compañeros. **Chang Sen**, el evangelista ciego chino, fue uno de los evangelistas viajeros más activos en Manchuria. En el apogeo de los desórdenes causados por los *boxers*, fue perseguido, pero logró esconderse en una caverna. Más tarde, supo que más de 50 creyentes serían muertos si él no se entregaba. Se presentó entonces, voluntariamente, sabiendo lo que sucedería. Chang no negó a Cristo y sus captores lo quemaron, temiendo que él resucitase de los muertos, como Cristo. El evangelista **Kim** fue también terriblemente torturado y puesto en prisión ocho veces, donde murió, en 1943. Los misioneros **John y Betty Stam** también fueron martirizados por los comunistas en China, en 1946, dejando huérfana a su hijita recién nacida.

El misionero **Hector MacMillan**, canadiense y padre de 6 hijos, fue asesinado con ametralladoras por los Simbas en el Zaire (Congo), el 24 de noviembre de 1964. Su esposa regresó a Zaire en 1966 para predicar a las mismas personas que mataron a su esposo. Hubo más mártires en Zaire en el período de 1960 a 1964 que en toda África hasta aquel entonces. Otro misionero martirizado fue el norteamericano **Jay Tucker**, después de 25 años de trabajo con las Asambleas de Dios en el Congo.

En Cuba, en 1967, le pidieron a un cristiano que estaba preso por su fe, que firmase un documento que contenía acusaciones contra pastores y sus familias, lo que resultaría en sus detenciones. El firme y determinado cristiano, le dijo al teniente comunista: «¡No puedo firmar tal cosa, pues tengo una cadena que me lo impide!» El oficial le contestó: «¡Pero tú no estás encadenado!» «¡Claro que sí!» respondió el creyente. «Yo estoy atado a la cadena de los testigos que, a través de los siglos, dieron sus vidas por Cristo. Yo soy un anillo, un eslabón de esa cadena y jamás podré romperla». Por esta razón la Biblia dice: «Por tanto, nosotros también, teniendo en derredor nuestro tan grande *nube de testigos...* corramos con paciencia la carrera que tenemos por delante» (He. 12.1). En la Unión Soviética, en 1969, un oficial comunista le dijo a un creyente mientras lo golpeaba: «¡Yo soy todo poderoso, como tu Dios, puedo matarte o dejarte libre!» El creyente respondió: «El poder está de mi lado, porque yo puedo amarte en Cristo hasta que muera».

Todavía, en la Unión Soviética, en 1971, a miles de kilómetros de Moscú, en una región de campesinos, los soldados prendieron a un pastor por orden de su oficial, y lo golpearon y torturaron cruelmente. Después, lo amarraron a un poste, le pusieron leña cerca de sus pies y le dijeron: «¿Negarás o no a tu Dios?» ¡Él permaneció firme! El pastor entonces respondió: «No es necesario que me amarren. No voy a ningún lugar. Aunque quisiese sería imposible, delante de tantas ametralladoras apuntándome. ¿Puedo sostener algunos pedazos de leña en mis manos?» Ellos lo desamarraron. Él juntó la leña, y sosteniéndola firmemente contra su pecho, oró al Señor y después les dijo: «Pueden encender la pira, estoy preparado para ir a un lugar que ustedes no podrán ir, a menos que se arrepientan y vengan a Cristo...». El furioso oficial ordenó a los soldados que encendiesen la pira. Con la gasolina y el fuego, la leña inmediatamente comenzó a encenderse. Entre los gemidos y el dolor, el pastor abrazó la madera y exclamó: «¡Bendita leña, tú me llevarás a los brazos de mi querido Jesús!» ¡Aleluya!

¡Qué convicción enorme la de aquel hombre de Dios! Faltaría tiempo y espacio para relatar sobre la mayoría de los mártires que sufrieron por Cristo, entre hombres, mujeres y «niños», en la antigua Unión Soviética, a la cual el ex–presidente de los Estados Unidos, Ronald Reagan, llamó de «Imperio del Mal». Entre los años 1929 a 1973, más de 45.000 ministros fueron encarcelados en la Unión Soviética, Checoslovaquia, Polonia, Rumania y Bulgaria. Durante 12 años, más de 22.000 murieron como mártires de Cristo en las crueles prisiones y en los campos de trabajos forzados comunistas.

Enseña a tus hijos a no negar a Cristo

Nuevamente en la Unión Soviética, en 1973, una niña de apenas nueve años de edad estaba en la escuela en Moscú. La profesora pidió a los alumnos que escribiesen una composición y algunas palabras sobre Lenin y Stalin. La niña era creyente. Sus padres habían sido sentenciados a trabajos forzosos debido a sus convicciones cristianas, y su abuela la había criado y le había enseñado los caminos del Señor. Al recibir la hoja blanca donde ella debería escribir, primero oró silenciosamente, pensando sobre lo que debería realmente colocar en aquellas líneas. Después escribió: «Lenin y Stalin fueron dos hombres crueles y asesinos, que crearon el peor sistema de gobierno que jamás existió y sentenciaron a mis padres a morir, simplemente porque eran creyentes». Cuando los alumnos terminaron las composiciones, todos entregaron sus escritos a la profesora. Al ver lo que estaba escrito en una de las composiciones, la profesora se asustó, quedó atónita, sorprendida, y en pánico le gritó a los alumnos: «¿Quién escribió esto, diciendo que Lenin y Stalin fueron asesinos?» «¡Fui yo!», dijo la niñita valientemente, mientras levantaba el brazo, asumiendo la responsabilidad. La profesora la llamó al frente y le dijo: «Voy a olvidar lo que pusiste aquí, y te daré otra oportunidad para escribir lo grande que fueron estos hombres y cuánto ellos ayudaron a nuestra nación al crear la revolución socialista y comunista que tenemos hoy». Le dio otra hoja de papel en blanco. La niña se sentó y escribió la misma cosa, añadiendo apenas dos líneas: «Lenin y Stalin están ahora quemándose en el infierno para siempre, pero mis padres y yo viviremos con Cristo eternamente en el cielo».

La profesora se enfureció de tal manera, que llamó a los directores de la escuela que a su vez llamaron a la niña y le pidieron que se retractase delante de todos sus compañeros, y no solamente eso, sino también debería negar al Señor Jesucristo públicamente delante de la escuela, alumnos, profesores y directores. La niña cristiana dijo que jamás cometería tal absurdo y que estaba preparada para sufrir por Cristo. Inmediatamente, sin comunicarle nada a su abuela, la enviaron a un campo de trabajos forzados en Siberia. Allá permaneció hasta los 12 años de edad, cuando murió. Cierta mañana fría, a una temperatura de 65° bajo cero, al salir a trabajar, se arrodilló en la fría nieve, debilitada por la desnutrición y le oró al Señor: «¡Oh Dios! ¡Llévame contigo! Mis padres ya están contigo, no negué tu nombre, quiero encontrarme con ellos. Por favor Señor, no tengo más fuerzas para continuar. Yo te lo pido, en el nombre de Jesús, quiero ir contigo».

Después de algunos días, extremadamente debilitada, al salir para cargar piedras, se arrodilló y exclamó: «¡Voy a tu encuentro Señor!» Cayó con las piedras todavía en las manos, sin vida. Pereció en la nieve soviética para levantarse cuando Cristo venga nuevamente a buscar su iglesia. Antes de morir, la unidad donde ella pasó 3 años de su vida había conocido a Cristo y muchos, tal vez la mayoría de los que estaban allí por razones políticas, tuvieron una experiencia de salvación, gracias al testimonio de esa valiente y ejemplar niña cristiana.

Qué ejemplo para nuestros niños cristianos de hoy, que solo saben jugar con Nintendo o PlayStation y pasan horas delante de la televisión, en vez de recibir de sus padres la enseñanza de la Palabra de Dios, para hacerlos firmes en su fe y conocedores de los caminos del Señor, como aquella niña que dio su vida por Cristo en un campo de trabajos forzosos. Ningún niño cristiano, en los Estados Unidos o Europa, actualmente, tendría fe y determinación como esa niña de 9 años.

En Asia, África, en los países en conflicto y en las naciones musulmanas y comunistas, los padres creyentes enseñan a sus hijos a no negar a Cristo de ninguna manera, moldeando su carácter en la Palabra y enfrentando aflicciones, pruebas y tribulaciones para el día en que tengan que separarse por situaciones como esa. Damaris y yo enseñamos a Kathryn y a Joshua Yrion Jr. a nunca negar a Cristo. Por eso, en el primer sermoncito que Junior predicó a sus amiguitos y colegas en la escuela dominical de nuestra iglesia, a los 5 añitos, él dijo en español: *«Nosotros los niños no debemos negar a Jesucristo»*. Ahora ellos ya son mayores y a Junior lo invitan a predicar en diferentes iglesias de Los Ángeles. Cuando Kathryn tenía 10 años y él 8, Kathryn cantó y Junior predicó en una mini-campaña de niños un viernes por la noche en la ciudad de Long Beach, un sábado por la noche en Pomona y el domingo por la mañana a 380 niños en Los Ángeles. Al terminar el culto, los dos entraron al carro, y Junior, mirando a Kathryn, le dijo: «Ya somos un equipo Kathryn, tú cantas y yo predico…». ¡Aleluya! ¡Enseña a tus niños! No sabemos lo que será de este país el día de mañana, por tanto, enseña a tus niños la Palabra de Dios y el Señor los usará el día de mañana.

En 1975, en la Unión Soviética, detuvieron a un pastor junto a su hijo que todavía era un niño de 10 años de edad y los llevaron a un bosque. Después de torturarlos, los amarraron en árboles diferentes. El comandante comunista le gritó al pastor mientras sostenía el látigo en la mano: «¡Vamos a ver si ahora, cuando le pegue a tu hijo con este látigo, vas o no a negar a tu Dios». Y comenzó a darle latigazos delante del padre. Pasados algunos momentos, el rostro y la espalda del niño estaban completamente ensangrentados. Uno de los ojos del chico fue arrancado a causa de los duros golpes del látigo, pero él no negó a Cristo y se mantuvo firme en su decisión. El pastor, entre lágrimas, sintiendo el amor paterno, al verlo de esa manera gritó: «¡Está bien… suelten a mi hijo, déjenlo libre, yo niego a Cristo, yo niego a Cristo!» Su hijito, levantando la cabeza y sin fuerzas, le dijo mirándolo bien de frente: «Papá, tú nos enseñaste que nunca deberíamos negar al Señor. ¿Por qué lo niegas ahora? Mantente firme, papá, pues brevemente estaremos en los brazos de Jesús». Al ver la determinación del hijo golpeado, con la sangre corriéndole por todo el cuerpo, le gritó al comandante: «¡No negaremos a Cristo! Retiro lo que dije y le pido perdón al Señor por la debilidad de mi amor de padre al ver a mi hijo así. Puede torturarnos y matarnos si lo desea». El comandante furioso, le dijo a los soldados: «Vengan aquí, agarren otros látigos y vamos a acabar con estos dos

POR LA FE ESTAR DISPUESTOS A MORIR POR EL LLAMADO

idiotas de una vez por todas». Los azotaron hasta la muerte, pero ellos no negaron el nombre del Señor. ¡Aleluya! Tengo que decirles queridos lectores, que lágrimas también brotan de mis ojos al escribir estas líneas en una habitación de hotel, pues también tengo un hijo que ya cumplió los 10 años de edad y yo demostraría el mismo amor paterno si cosas como esas le sucediesen. ¿Tú estás preparado? No sabemos el día de mañana. ¿Tú lo sabes? ¡Tenemos que prepararnos ahora para lo que vendrá! La Biblia dice:

«Fiel es esta palabra: Si *morimos* con él, también viviremos con él. Si perseveramos, también reinaremos con él. Si le *negamos*, él también nos negará. Si somos infieles, él permanece fiel, porque no puede negarse a sí mismo» (2 Ti. 2.11-13).

Padre e hijo están ahora con Dios porque no le *negaron*, perseveraron hasta el final, fueron fieles a pesar del dolor y del sufrimiento. ¿Estamos dispuestos a nunca negar su nombre? ¡Piensa en esto! ¡Oh Dios, concédenos este poder!

MANTENTE FIRME EN TUS CONVICCIONES POR CRISTO

En 1977, en la China comunista, otro país ateo y anticristiano, donde miles de personas perdieron sus vidas por el simple hecho de ser creyentes, incluyendo misioneros y pastores, a un creyente apuntándole con una ametralladora en el pecho le preguntaron: «¿Tú eres cristiano?» «¡Sí!» respondió el muchacho. El soldado lo habría matado si no hubiera sido por un oficial que dijo: «¡Dejen a ese hombre! ¡No sabe lo que está diciendo!» Más tarde alguien le preguntó al creyente: «¿Cómo lograste confesar tan valientemente a Cristo?» Y el creyente respondió: «Estuve leyendo sobre la negación de Pedro, y no quiero tener que llorar amargamente y pedirle perdón al Señor por hacer lo mismo».

En 1979, en Corea del Norte, asesinaron a algunos cristianos de la forma más cruel jamás imaginada. Los comunistas daban una pala a los cristianos y los obligaban a cavar sus propias sepulturas. Después los forzaban con las ametralladoras, obligándolos a entrar en las tumbas para enterrarlos vivos. Los padres con sus hijitos eran colocados lado a lado en el suelo. Sosteniendo las manitas de los niños, las madres cristianas, fieles, les decían estas palabras después de orar para que Dios los ayudase: «Cierren los ojitos. Nos van a echar tierra por arriba, se pondrá todo oscuro y frío y nos faltará el aire por algunos momentos, pero, rápidamente, mis hijitos, iremos a estar en los brazos de Jesús, el mismo de la escuela dominical». ¡Aleluya! ¡Qué tremenda fe, carácter y perseverancia la de esos padres que, junto a los pequeños hijos, fueron y enterrados vivos, sufriendo el martirio por la causa de Cristo, como tantos otros que les precedieron! Todavía hoy países como Corea del Norte, China, Laos, Myanmar (Birmania), Cuba y otras naciones comunistas de línea dura continúan persiguiendo a los cristianos y enviándolos a prisiones, donde son torturados y muchos martirizados por la causa de Cristo. Pero el evangelio no puede parar y la Palabra debe ser predicada en todo el mundo bajo persecuciones o en condiciones normales, llevando millones de personas a Cristo cada año. ¡Aleluya! Sería imposible nombrar a todos aquellos que sufrieron o sufren en prisiones por Cristo. Nuestro tiempo y espacio aquí es reducido, por eso relacionamos algunos casos solamente, para que el querido lector sepa cuántos estuvieron y están dispuestos a morir por sus llamados. Esto debería hacer que fuésemos más fieles y dedicados con relación a nuestros propios llamados y ministerios. ¡Que podamos ser fieles!

Durante el conflicto coreano, los soldados comunistas llegaron a una pacífica aldea en Corea del Sur. Anteriormente, un misionero había llevado la Palabra de Dios a ese pueblo con fidelidad y la mayoría se había convertido a Cristo. Un día, los soldados comunistas hicieron que todas las personas de la aldea se reuniesen en la pequeña iglesia del poblado. Tomaron un cuadro donde estaba pintado el rostro de Jesús, lo pusieron en el piso y le ordenaron a las personas que negasen a Cristo o las matarían. Cada persona debía dar un paso adelante y escupir en el cuadro, negando así a Cristo. El primer hombre fue un diácono de la iglesia. Él miró por algunos momentos el cuadro, escupió y se hizo a un lado. Otro hombre hizo la misma cosa, el tercero y el cuarto también lo hicieron. La quinta persona fue una adolescente. Ella miró el cuadro de Cristo, se agachó, lo limpió con su blusa, después se abrazó a él, y dijo: «Pueden matarme, no negaré a Cristo, estoy lista para morir por Él». Los soldados comunistas simplemente no pudieron disparar. Entonces ordenaron que todos saliesen de la iglesia. Después, se oyeron 4 disparos. Algunas personas oyeron a los soldados decir a los 4 hombres que habían negado a Cristo: «Ustedes no merecen vivir. En situación semejante, también negarían el comunismo». Por la fe valiente de una adolescente, toda la aldea se salvó. ¡Aleluya! Jesús dijo estas palabras: *«Porque el que quiera salvar su vida, la perderá; pero el que pierda su vida por causa de mí y del evangelio, la salvará».* (Mr. 8.35). ¿Dónde estarán ahora aquellos 4 hombres que negaron el Señor?

También en Corea del Sur, en una pequeña iglesia Metodista, en la aldea de Jae–am, el pueblo de Dios llegó alegremente para asistir a la escuela dominical. De repente, las puertas se cerraron por el lado de afuera. Los comunistas echaron gasolina sobre el pequeño edificio y lo quemaron. Los policías cercaron la iglesia, listos para disparar a cualquier persona que tratase de escapar. Veintinueve personas murieron quemadas dentro de la iglesia entre hombres, mujeres y niños. Murieron cantando el himno: «Más cerca quiero estar, Dios mío, de Ti, aunque sea el dolor lo que me una a Ti… más cerca quiero estar, Dios mío, de Ti…». Después de la segunda guerra mundial, un grupo de cristianos hizo un monumento y escribió los nombres de las 29 personas que dieron su vida por Cristo dentro de la iglesia en aquel domingo por la mañana. Algunos años atrás, un grupo de pastores vino de un país que anteriormente había ocupado Corea. Ellos visitaron la aldea, vieron el monumento y oyeron la historia de lo sucedido. Tras regresar a su país de origen, recaudaron una ofrenda de 25.000 dólares y la donaron para construir otra iglesia en el mismo lugar donde la primera fue quemada. El 27 de septiembre de 1970, a las 3.00 de la tarde, la nueva y linda iglesia, repleta de gente, fue dedicada al Señor. El grupo de pastores que había donado el dinero estaba allá también. Al cantar el último himno de la ocasión, todos se levantaron de sus lugares, entre lágrimas se abrazaron unos a los otros, y en oración perdonaron a aquellos que cometieron aquel horrible crimen.

En 1979, en la Unión Soviética, una cristiana de nombre **Valeriya Makeeva** fue sentenciada a una pena indeterminada en un hospital para criminales «locos», cerca de Moscú. ¿Cuál fue su crimen? ¡Hacer cinturones con palabras escritas del Salmo 91 y venderlos! No tuvo derecho a defensa y fue sometida, contra su propio deseo, a un tratamiento de drogas, acusada de «retrasada mental» y «loca», por el simple hecho de ser cristiana. El Rev. **Georgi Vins**, un pastor ruso, fue dejado en libertad por la KGB el 27 de abril de 1979, después de pasar varios años en un campo de trabajos forzosos en

Siberia, a causa de su fe en Dios. Trabajó duramente a una temperatura cercana a los 70° bajo cero, hasta que su salud se debilitó seriamente. Después de la inesperada liberación, él agradeció a las iglesias del occidente que oraron por él y relató las tristes experiencias que vivió en el campo de concentración por la causa de Cristo. Se consideraba «delito» en la Unión Soviética la oración (se castigaba como propaganda antisoviética), y «locura» o «demencia» el creer en Dios. Estos fueron los «delitos» de los creyentes en la Unión Soviética.

En 1983, un gran contrabandista de Biblias de cierto país comunista de Europa oriental, visitó Vietnam durante 3 días, se reunió con los cristianos, se alegró mucho junto a los fieles hermanos en los cultos de las iglesias perseguidas y les animó a continuar en la lucha por Cristo. Más tarde, viajó a otros dos países y mantuvo contacto con pastores y líderes de la «iglesia mártir» por 4 días. Después fue a Myanmar (Birmania) a llevar decenas de Biblias. Mientras esperaba a su contacto en cierto lugar, hubo algunos contratiempos en la carretera con el automóvil de aquellos valientes hombres de Dios, que no pudieron llegar a la hora prevista. Al ver que el día ya se iba y que nadie aparecía, se dio cuenta que algo no andaba bien. Al tratar de cruzar de una provincia a la otra, vio algunos soldados comunistas revisando los carros y abriendo las maletas. Para entrar al país no tuvo dificultades, ya que iba de un país comunista a otro. Por eso, escogió la ruta Vietnam–Birmania, donde no fue revisado, y solamente su pasaporte fue examinado. Procedente de un país comunista de Europa oriental, no había riesgos, según las autoridades aduaneras, pues para los comunistas era un «camarada» de la revolución socialista. Pero esta vez, él tenía que regresar por otra ruta, para no levantar sospechas. En el puesto de inspección militar, le pidieron su pasaporte y que abriese sus maletas, y entonces vieron decenas de Biblias que él traía. Al interrogarlo y ver que él ya había visitado en los días anteriores algunos países comunistas, por las visas en su pasaporte, le preguntaron dónde había recibido aquellas Biblias. Después de algún tiempo, cuando ya no tenía más explicaciones que dar sobre el hecho sin ser descubierto, las autoridades decidieron que él era un contrabandista de Biblias. Entonces lo detuvieron, lo encarcelaron y allí mismo lo torturaron para que confesase. Después, lo llevaron a una región muy remota y aislada de la ciudad y allá lo golpearon de nuevo para que confesase el propósito real de su presencia allí. Cuando el oficial comunista vio que eran inútiles las torturas, ordenó a los soldados que lo matasen. Lo amarraron a un árbol y lo fusilaron. De esta manera, se convirtió en uno de los grandes héroes y mártires del pasado, que dio su vida por la causa del Señor prefiriendo morir por su llamado como un fiel soldado de Cristo.

Está dispuesto a todo por tu llamado y por Cristo

¿Cuál es tu reacción, como creyente, al leer estas líneas? ¿No te conmueve el corazón? ¿No te trae un sentimiento de tristeza saber que hasta ahora, tal vez no hayas hecho casi nada o nada para promover la causa de Cristo en tu país que es «libre»? Y tú, que eres ministro, ¿qué sucedería si Dios te llamase para enfrentar grandes desafíos como ese? ¿Estarías dispuesto a morir por la causa de Cristo? Y tú, que eres llamado al ministerio de misiones o de evangelismo, sea como misionero o como evangelista, ¿estarías dispuesto a morir por Cristo? ¡Piénsalo!

Lo que Jesús nos dijo fue: *«Bienaventurados los que padecen* **persecución**... *porque de ellos es el Reino de los cielos. Bienaventurados sois cuando os* **vituperen** *y os* **persigan,** *y se dijere toda clase de mal de vosotros* **por mi causa,** *mintiendo. Gozaos y alegraos; porque vuestro galardón es* **grande** *en los cielos; que así* **persiguieron** *a los profetas que estuvieron antes de vosotros»* (Mt. 5.10-12). ¡Aleluya!

No importa cuánto seamos perseguidos o injuriados, maltratados, torturados y golpeados, pues es por Su causa que trabajamos. Sabemos que ese gran contrabandista de Biblias ya recibió su medalla en los cielos, porque eso ya sucedió, como dijo Cristo, a los profetas que habían venido antes de él, ya sucedió a los padres de la iglesia primitiva sobre los cuales ya hablamos anteriormente, ya sucedió y sucede, en los países socialistas, comunistas y ateos, en los países musulmanes o islámicos, y continuará sucediendo en cualquier país que se oponga al Evangelio, hasta el día en que la iglesia no esté más aquí. Este es el destino de la iglesia, no existe otra manera, es así. El apóstol Pablo decía: *«...también todos los que quieran vivir piadosamente en Cristo Jesús* **padecerán persecución»** (2 Ti. 3.12). ¡Pero la victoria es nuestra! No se desanimen, continúen luchando, pues en breve Él vendrá. ¡Aleluya!

En 1987, un musulmán convertido al cristianismo en uno de los países más cerrados al evangelio del mundo islámico, Libia, dijo: *«Yo vivo en un país extremadamente cerrado a la Palabra de Dios, controlado por las falsas doctrinas del Corán, que es la base del islamismo. Mi nación está ciega y en tinieblas. Fui separado, escogido, llamado y enviado por Dios para ser Su atalaya y Su voz aquí. Todo lo que he sufrido y las torturas por las que he pasado, lo considero como nada si lo comparo al gran privilegio de haber conocido al Señor Jesús y Él haber salvado mi alma del engaño y de la mentira del islamismo. Porque realmente sólo Jesús es el camino, la verdad y la vida».* ¡Aleluya! Sabemos que Dios está salvando a los musulmanes a través de sus compatriotas que están convirtiéndose al cristianismo. Misioneros latinoamericanos, brasileños o hispanos, han sido llamados a esas naciones para llevarles el evangelio. Llegará el día en que millones de musulmanes conocerán al verdadero Dios, pues Dios no permitirá, creo yo, que más de mil cuatrocientos millones de personas se pierdan eternamente.

Creo que, así como la Reforma Protestante trajo luz y esclarecimiento a través de las Escrituras sobre el engaño y la mentira del clero y del poder papal de Roma, Dios traerá una nueva luz para los países islámicos. Ellos se darán cuenta de que sus ojos están ciegos y que sus vidas están en las tinieblas, y millones de millones se convertirán al cristianismo y a Su Palabra. ¡Esta es mi oración! Creo también que Dios traerá una nueva luz a los hindúes, pues no creo que Dios permitirá que el diablo se lleve más de mil millones de personas solamente en India, engañados por toda clase de «dioses» y demonios. También creo que Dios no permitirá que más de 500 millones de budistas se pierdan eternamente, solamente en China y en Japón. En fin, sean personas engañadas por el poderío religioso de Roma, o islámicas, o hindúes, o budistas, o Testigos de Jehová, o mormones, etc., serán alcanzados, y el propio Israel será salvado, como dice el apóstol Pablo en Romanos 11.1-32, cuando el velo de sus ojos les sea retirado y se conviertan al Mesías verdadero. El Señor triunfará, aunque sea entre persecuciones, latigazos, torturas y martirios, como dijo el gran pastor **Li De Checam**, de China comunista, en 1989: *«Sabemos que desde el punto de vista humano, a nadie le gusta sufrir físicamente. Pero también sé que si el Señor me lleva a ese punto, Él me dará fuerzas para que yo soporte cualquier persecución, tortura, golpes y la muerte por amor a Su nombre».* ¡Aleluya! Qué tengamos la misma determinación y coraje y que podamos orar por aquellos que enfrentan situaciones como esas en sus respectivos países.

En 1990, en Callao, cerca de Lima, Perú, los terroristas asesinaron a un pastor, quemaron el templo y destruyeron 14 casas de los creyentes. Aquel pueblo se quedó sin pastor, iglesia ni casas para vivir, pero incluso así, más de 25 personas continuaron reuniéndose para alabar al Señor valientemente por las calles, aceras o veredas, cerca del templo destruido.

En 1992, al sur de Sudán, un reportero de la televisión norteamericana entrevistó a un grupo de niños de un aula de la escuela dominical, donde, con regularidad, los musulmanes invadían las aldeas y las quemaban, asesinando a los cristianos. Muchos de los familiares de esos niños habían muerto así. El reportero preguntó: «¿Ustedes van a convertirse al islamismo o prefieren morir por Cristo?» Los niños respondieron: «Continuaremos siendo creyentes». Preguntó nuevamente el reportero: «¿Por qué desean sufrir por Cristo?» «¡Porque Él es la única verdad!», respondieron firmemente los niños.

En 1995, también en Sudán, los musulmanes tomaron un tronco encendido de la hoguera y le dijeron a un cristiano llamado **Felipe**: «Niegue a ese Jesús y renuncie a su fe ahora, o vamos a cortarlo y quemarlo hasta que se convierta en musulmán». Felipe y otros 29 compañeros cristianos habían sido llevados a una prisión militar. Los oficiales islámicos los golpearon y los torturaron por más de 10 días, tratando de convertirlos al islamismo. Todavía hoy él tiene en su pecho las marcas de las torturas que sufrió. Más tarde, él declaró a la prensa internacional: «Yo poseía una gran fe cuando me estaban torturando. Solamente oré al Señor y me negué completamente a convertirme en un musulmán. Sé que Dios estaba conmigo». ¡Aleluya! El apóstol Pablo ya nos decía: «Llevamos en el cuerpo siempre por todas partes la muerte de Jesús, para que también la vida de Jesús se manifieste en nuestros cuerpos» (2 Co. 4.10). Ya sea el pastor asesinado en Perú, los hermanos que se quedaron sin iglesia y sin casas para vivir, los niños en Sudán que no negaron a Cristo, o el hermano Felipe torturado en una prisión con sus compañeros, *todos ellos* llevaron la muerte de Cristo en sus propios cuerpos, prefirieron morir, ser perseguidos, torturados, golpeados e injuriados, siempre pensando en su llamado: «Entre las cuales estáis también vosotros, llamados a ser de Jesucristo» (Ro. 1.6). Éste es nuestro llamado, ser de Él, pues la Biblia también nos dice: «...allí serán llamados hijos del Dios viviente» (Ro. 9.26). Ellos y nosotros fuimos llamados por Dios, «cuando agradó a Dios, que me apartó desde el vientre de mi madre, y me llamó por su gracia» (Gálatas 1.15). Vea una referencia más: «que anduvieseis como es digno de Dios, que os llamó a su reino y gloria» (1 Ts. 2.12). En últimas, este es nuestro supremo llamado: «Mas el Dios de toda gracia, que nos llamó a su gloria eterna en Jesucristo, después que hayáis *padecido* un poco de tiempo, él mismo os perfeccione, afirme, fortalezca y establezca» (1 P. 5.10).

Fuimos llamados aquí para no negar el nombre de Cristo, sabiendo que heredaremos la vida eterna. Él nos dará fuerzas como dice el versículo anterior. ¡Aleluya! ¡Alabado sea Su Nombre para siempre!

A principios de 1999, el misionero australiano **Staines**, junto a sus dos hijos adolescentes, estaba cumpliendo su ministerio en el Estado de Orisa, India. Ellos terminaron de predicar en algunas aldeas y se fueron a dormir en un «Jeep». Durante la noche, un grupo de hindúes fanáticos y radicales derramó gasolina en el carro y quemaron a Staines y a sus dos hijos. Los responsables por ese delito atroz hasta hoy no han sido juzgados.[3] La viuda del Rev. Staines permaneció en la India, en lugar de volverse a Australia, y continuó la obra de su esposo y sus hijos martirizados por la causa de Cristo.

El día 20 de abril de 1999, los Estados Unidos fueron convulsionados por los asesinatos realizados por un grupo de muchachos de la Escuela de Enseñanza Media Columbine (bachillerato), en la ciudad de Littleton, Colorado. En particular, una joven de 17 años fue brutalmente asesinada apenas por creer en Dios. El muchacho que la mató le preguntó si creía en Dios. Al recibir la respuesta afirmativa, él le disparó a quemarropa. Algunos dicen que él ni siquiera le dio tiempo para que respondiese, pues sabía que ella participaba en el grupo de oración de los cristianos en la escuela. Lo interesante es que esto no sucedió en el Coliseo de Roma, o durante la Reforma de Lutero, o en la Edad Media, o en cualquier país musulmán, hindú, budista o comunista del mundo, donde miles anualmente pierden sus vidas por la sencilla razón de creer en Dios y ser cristianos. ¡No! Por increíble que pueda parecer, fue aquí en los Estados Unidos, en el país más libre y cristiano del mundo entero. ¿Puedes creerlo? Esto

---

3 N. de la Revisora: Los responsables ya fueron juzgados y condenados hace dos años.

viene como resultado de que el país haya retirado la oración de las escuelas y la lectura de la Biblia del Congreso Nacional. Este es el resultado de la inmoralidad y la perversión sexual, de la pornografía, del lesbianismo y de la homosexualidad, del ateísmo en nuestras universidades y del satanismo y la brujería. Este país, día tras día, se hunde a causa de su intelectualidad arrogante y del espíritu religioso que está destruyendo el cristianismo verdadero y que ha dado lugar a una persecución gradual contra los creyentes, la cual va en aumento todos los días en varios sectores de la sociedad norteamericana. Esto es resultado de haber abandonado a Cristo y su Palabra, dando oídos a toda clase de falsas doctrinas y sectas como la «Nueva Era», que no es nada más que el espíritu del hinduismo que solo trae pobreza, miseria y destrucción.

En el 2000, fuimos invitados por el Dr. Tashi P. Sherpa para predicar en Katmandú, Nepal. Pero debido a lo que ocurrió allí en 2001, cuando el príncipe mató a la familia real, y por la inestabilidad política de la nación, todavía no hemos podido ir. El Dr. Sherpa, que es el coordinador nacional de los pastores, envió un fax al director de nuestro ministerio en Asia, el Rev. S. Paul Ibobi, en la India, contando que solamente en la segunda semana de junio del año de 2000, más de 28 casas de hermanos y dos iglesias cristianas fueron completamente quemadas y destruidas por los fanáticos hindúes y musulmanes. La situación se ha agravado mucho y no nos permite predicar la Palabra de Dios. Estamos orando para ir a ese país cuando Dios lo decida y realizar un seminario para líderes y pastores como también una cruzada.

Cuando estuve en Bogotá, Colombia, en septiembre del 2000, los líderes de la iglesia de allá me dijeron que desde el inicio de 1999 hasta aquel mes, más de 47 pastores habían sido asesinados por la guerrilla comunista en ciudades como Bogotá, Cali, Medellín y en el interior del país, en regiones campesinas donde la guerrilla secuestra y asesina a pastores y líderes.

En China, en noviembre del 2000, el joven hermano **Liu Hait**, de apenas 20 años, murió como consecuencia de una paliza de los soldados por haberse mantenido firme en su testimonio de no negar a Cristo.

Parece increíble que, estando nosotros hoy en el siglo XXI, en pleno 2004, todavía en estos momentos alrededor del mundo haya miles de personas que son detenidas, encarceladas, torturadas, golpeadas y muertas por el simple hecho de ser cristianas. Que ellos y nosotros podamos decir como el apóstol Pablo: *«Porque yo ya estoy para ser sacrificado, y el tiempo de mi partida está cercano. He peleado la buena batalla, he acabado la carrera, he guardado la fe. Por lo demás, me está guardada la corona de justicia, la cual me dará el Señor, juez justo, en aquel día; y no sólo a mí, sino también a todos los que aman su venida»* (2 Ti. 4.6-8).

LISTA DE PAÍSES QUE PERSIGUEN A LOS FIELES CRISTIANOS

Para terminar este capítulo, me gustaría darles un rápido vistazo de lo que está sucediendo en algunos países donde la persecución de los cristianos es real, y donde en muchos casos, los creyentes son detenidos, torturados y muertos por defender la causa de Cristo. Aunque muchos de ustedes tengan opiniones diferentes en cuanto a la situación política y espiritual en cada uno de esos países que serán aquí mencionados, oren al Señor, y pídanle a Él la ayuda del Espíritu Santo para que puedan orar específicamente por ellos. Tal vez el Dios Todopoderoso te llame en el futuro para ir a predicar a alguno de esos países o tal vez tú seas enviado como misionero a lugares tan necesitados como los siguientes:

Afganistán.[4] Los soviéticos invadieron este país en 1978. Diez años más tarde, los comunistas se fueron. Los musulmanes ocuparon el lugar y la nación entró en una sangrienta guerra civil, una «Jihad» islámica o «guerra santa». Más tarde, asumió el gobierno el Talibán, un régimen fundamentalista islámico bajo el cual todo cristiano era sentenciado a muerte si declarase su fe en Cristo. Políticamente, existe mucha competición entre varias facciones musulmanas que luchan por el poder. Espiritualmente existen todavía más de 86 grupos no alcanzados por el evangelio. Afganistán posee una larga historia de abusos contra los misioneros y la Palabra de

---

4 N. del Autor: Ahora, el régimen Talibán fue destrozado por el gobierno de los Estados Unidos en su guerra contra el terrorismo después de los ataques del 11 de septiembre de 2001, a las Torres Gemelas en Nueva York y al Pentágono en Washington D.C. Tenemos que esperar para ver lo que sucederá. Oramos al Señor para que sea un gobierno democrático que permita la libertad de expresión y culto para los cristianos.

Dios está prohibida y no puede ser predicada públicamente, como tampoco se permite el evangelismo personal y masivo.

Arabia Saudita. Cuando el islamismo llegó a esta nación hace 1.300 años, todos los cristianos fueron expulsados. En la actualidad, los creyentes aún son perseguidos de la misma forma y muchos han sido presos bajo falsas acusaciones, sentenciados a muerte y decapitados a causa de su fe. Ni siquiera a los extranjeros que viven allí les es permitido congregarse en público. Desde 1991, fueron registrados más de 370 casos de cristianos presos por alabar al Señor en privado. Este país ha firmado varios acuerdos a través de los años con relación a los derechos de libre expresión religiosa en convenciones y con las Naciones Unidas, pero todo ha sido en vano. El gobierno de los Estados Unidos ha conversado con el gobierno saudita para que éste practique la tolerancia y respete a los propios ciudadanos norteamericanos que viven allí. A pesar de tanta persecución, dolor y sufrimiento por las expulsiones, torturas y muertes, los cristianos siguen firmes, esforzándose y buscando nuevas maneras para alabar al Señor, animándose unos a otros, perseverando en la fe y manteniéndose firmes testigos de Cristo.

Argelia. Está gobernada por un sistema socialista hace muchos años. Si tuviese otro gobierno, sería el de la oposición islámica fundamentalista, que resultaría en una tiranía. El cristianismo ha sufrido mucho allí en manos de fanáticos musulmanes bajo un reinado de violencia del partido Frente de Salvación Islámica. Estos marchan por las calles decapitando a cualquier persona que esté contra el fundamentalismo islámico. La iglesia argelina posee muy pocos miembros y está muy intimidada. La persecución contra los cristianos es real en este país y algunos abandonan la iglesia por presión de sus familias, mientras la mayoría sufre en manos de los musulmanes por su fe y es discriminada públicamente en las escuelas y en sus centros de trabajo.

Azerbaiyán. Estuvo bajo el régimen soviético la mayor parte del siglo XX, independizándose en 1991. Los creyentes fueron perseguidos, maltratados y torturados durante todo el período de la ocupación rusa y los cristianos de hoy son, en su mayoría, armenios y rusos. El islamismo crece cada día como partido nacionalista y amenaza a los cristianos. Los templos de los creyentes fueron cerrados. Existe cierta garantía de libertad, lo que permite imprimir literatura cristiana, pero en muy poca cantidad. Después de la matanza de

1989, muchos huyeron del país. Ahora, algunos misioneros y predicadores de diferentes denominaciones están siendo enviados para allá y existe una gran probabilidad de que el Evangelio fructifique a través de campañas, en esta nación tan necesitada.

Bangladesh. Aunque sea una democracia, la corrupción y muchos intentos de golpe de estado contra el gobierno a través de los años, han dejado esta nación dividida políticamente. Desde 1998, es un estado islámico que se desplaza en dirección al radicalismo fundamentalista, lo cual representa una amenaza al cristianismo. Muchas veces, a los cristianos les es negado el acceso a los pozos de agua pública por parte de los extremistas musulmanes. Muchos creyentes han sido atacados, golpeados y despojados de sus propiedades por esos grupos radicales. El gobierno permanece impasible frente a esta persecución brutal, mostrando no tener interés en la justicia social debido a la influencia de los partidos islámicos.

Bután.[5] El cristianismo en este país ha avanzado lentamente. El gobierno permite que las misiones trabajen en el contexto humanitario solamente con la condición de que no evangelicen. Algunos se han convertido, pero está prohibida la adoración pública, concedida por el gobierno solamente a los budistas. Algunos pastores han sido detenidos, encarcelados y torturados, y algunos han sufrido el martirio por la causa de Cristo. Es un país cerrado al Evangelio, cuyo crecimiento es muy lento. Algunos misioneros brasileños e hispanos están trabajando en esa nación entre los hindúes, budistas y musulmanes, donde arriesgan su vida para evangelizar, lo cual es estrictamente prohibido.

Brunei. En 1962, un sultán musulmán asumió el poder político, destituyendo al país de una monarquía y transformándolo en un estado islámico. No hay garantías de libre expresión religiosa y los líderes cristianos fueron expulsados en 1991. La literatura cristiana está prohibida y el sistema de educación nacional está controlado por los musulmanes. Se prohíbe, bajo graves penas, la evangelización pública. Muchos creyentes han sido perseguidos por las autoridades, algunos detenidos y presos por su testimonio cristiano.

China. En 1949, el presidente Mao Tse Tung la declaró «República Popular de China Comunista» y trató de eliminar inmediatamente

---

5 N. del Autor: nuestro ministerio mantiene financieramente un misionero de India en ese país, el cual trabaja entre los niños en un orfanato bajo serias restricciones del gobierno. ¡Por favor oren por él!

todo tipo de religión. La famosa revolución cultural de los años 1960–70 destruyó por completo la vida de millones de chinos en todos los aspectos. China es uno de los países donde más se violan los derechos humanos de sus ciudadanos con su política forzada de esterilización y aborto. La política de «mano dura» contra los creyentes ha perseguido a la iglesia de tal manera, que China es el país que más persigue, detiene, tortura y elimina a los cristianos en todo el mundo. Las propiedades de los creyentes y de las iglesias son confiscadas. Las Biblias son quemadas públicamente en muchos lugares, aunque el gobierno «permita» su impresión para uso de la iglesia «oficial». La verdadera iglesia es la subterránea que se reúne en las «casas», que en realidad es el punto de encuentro de los creyentes en cavernas escondidas en remotas regiones rurales, que representan más del 90% del cristianismo. La verdadera iglesia padece una persecución cruel por parte del gobierno. Semanalmente, los creyentes son torturados y muertos a manos de soldados y policías, pero la iglesia ha crecido mucho en los últimos años, incluso bajo esa cruel y diabólica persecución. Se estima en más de 120 millones el número de creyentes y sigue aumentando cada día. Muchos misioneros y pastores han sido expulsados del país y muchos predicadores están presos por la causa de Cristo. China es la nación que más ha violado los derechos humanos de los creyentes. Es el país número uno en sentenciar cristianos a muerte de las más diversas maneras. Los golpes y la tortura son las formas más usadas por las autoridades en el intento inútil de detener el crecimiento de la iglesia de Cristo.

Islas Comoro. En 1997, después de varios golpes de estado y de invasiones por parte de Francia, de la cual obtuvieron su independencia en 1975, se pasó a llamar Unión de los Comores y una nueva constitución fue aprobada, aumentando considerablemente la influencia del Islam. Ahora se prohíbe la predicación y el testimonio público de los creyentes, su libertad está muy restringida y no se permite que el pueblo creyente se reúna abiertamente y evangelice en las calles. Algunos creyentes han sufrido cierta persecución por su fe y se estima que, lentamente, el gobierno dará más prioridad al islamismo y restringirá a los cristianos.

Corea del Norte. Después de la segunda guerra mundial, Corea se dividió en dos países, Corea del Sur y Corea del Norte, de los cuales este último es comunista. Es uno de los gobiernos socialistas más represivos y aislados del mundo, semejante a China y Cuba pues niega a sus ciudadanos derechos humanos fundamentales. La iglesia es perseguida constantemente. Los cristianos son presos, torturados, golpeados y muchos sufren el martirio. Ese país asesinó a los creyentes de la manera más horrible y cruel que pueda existir. Los obligaron a cavar sus propias tumbas y los enterraron vivos junto con sus familias. A pesar de tanto sufrimiento, la iglesia sigue creciendo secretamente y compartiendo su fe bajo el restringido control y la vigilancia del gobierno. Los cristianos arriesgan sus vidas a diario. Los misioneros extranjeros fueron expulsados y la evangelización pública está prohibida, así como también fundar nuevos templos. Allí también existe una iglesia sufrida, fiel y martirizada para Cristo, que está dispuesta a todo para que el mensaje del Evangelio llegue a los corazones de sus compatriotas coreanos.

Cuba. En 1959, el dictador Fidel Castro asumió el poder después de la revolución comunista y amenazó al pueblo cubano con la frase «Socialismo o Muerte». En la mitad de la década de los años 60, Fidel declaró que los católicos, protestantes y demás practicantes de alguna religión organizada eran la «escoria social cubana» y obligó a laicos y clérigos a matarse en campos de trabajos forzados bajo condiciones inhumanas. El evangelismo público está prohibido y los cristianos son detenidos y presos, a pesar de que la constitución fue reformada en 1992 para garantizar la libertad de culto. De todas formas, los creyentes que hoy evangelizan continúan siendo presos y los templos no dejan de cerrarse. En 1996, el gobierno, a través del Ministerio de Justicia, ordenó el cierre de todas las «casas de culto», lo cual aumentó el total de 3.000 a 10.000. Gracias a Dios, la iglesia desacató esa orden y continuó evangelizando a Cuba para el Señor. Miles de Biblias[6] fueron quemadas por los soldados cubanos, y ha sido la tercera vez que los comunistas queman Biblias desde que Castro asumió el poder.

Chipre. Fue un país controlado por el Reino Unido hasta el año 1960. Ahora sus habitantes están divididos entre comunidades

---

6 N. del Autor: Esas Biblias fueron enviadas desde los Estados Unidos y fueron quemadas en 1999 por los soldados cubanos porque decían en la portada: «Cuba Para Cristo». Según el gobierno, la portada debería decir «Cuba Para Fidel». Todas las iglesias tienen entre sus filas agentes secretos del gobierno, los G-II, que las espían e informan al gobierno. Muchos creyentes son presos y torturados por el gobierno totalitario cubano, pero miles están convirtiéndose al Evangelio de Cristo. Fidel Castro no puede y no podrá jamás detener la obra de Dios en Cuba. ¡Cuba será para Cristo! ¡Aleluya!

griegas y turcas. Existen más mormones y testigos de Jehová en esta isla que evangélicos. Los pocos misioneros que existen sufren gran oposición por parte de los musulmanes al norte, donde predominan los turcos. Allí no se tolera el testimonio cristiano y la iglesia está reducida a pequeños grupos. Los creyentes que hacen evangelismo público son discriminados y perseguidos políticamente por el gobierno.

Egipto. Después de Cristo, el país fue evangelizado y se convirtió en una nación predominantemente cristiana. En el año 968 d.C., el país fue conquistado y el Cairo se estableció como la nueva capital. Posee hoy en día la mayor comunidad cristiana del Medio Oriente. La constitución siempre dio preferencia a los musulmanes y los cristianos se consideran ciudadanos de segunda clase y son discriminados en sus empleos. Solamente el presidente puede dar la autorización para reparar, pintar o edificar un nuevo templo cristiano de acuerdo con una Ley del Imperio Otomano de 1856. Los creyentes son perseguidos por los musulmanes sin que las autoridades gubernamentales hagan absolutamente nada. En febrero de 1997, los musulmanes asesinaron a 16 creyentes. En 1998, mataron a 2 cristianos en el pueblo de Al-Kosheh. Durante la investigación, más de 1.200 creyentes fueron presos en sus aldeas, mientras que a los musulmanes nada les sucedió. Torturaron a hombres y mujeres, desnudaron a niños y amenazaron con violarlos, solamente porque eran creyentes. El presidente Hosni Mubarak no ha sido imparcial, pero siempre favoreció a los musulmanes en detrimento de los creyentes, a pesar de su política de «libertad de culto». Muchos cristianos son detenidos, hechos prisioneros y torturados por el simple hecho de ser cristianos. La persecución ha aumentado considerablemente y se estima que seguirá así hasta que el gobierno tome una posición de igualdad con relación a la política de libertad de expresión, lo cual según alegan es «garantizado» por la constitución.

Emiratos Árabes Unidos. En 1971, los Estados Trucial, en la parte baja del Golfo Pérsico, cambiaron de una forma de gobierno británica a una confederación independiente de reinos, a la cual dieron el nombre que posee en la actualidad. Esta nación rica en petróleo adoptó el Sunni Islam como la religión oficial del estado. Solamente los extranjeros tienen derecho de alabar al Señor y congregarse. La literatura cristiana y el evangelismo que estén dirigidos a los ciudadanos, son severamente restringidos. Sin embargo, el gobierno permite que organizaciones médicas cristianas actúen en el país, y estas aprovechan para testificar el evangelio y el amor de Cristo, prestando un servicio desinteresado al pueblo. Además del evangelismo, la fundación de nuevos templos es restringida bajo estrictos niveles de control y vigilancia.

Guinea Ecuatorial. Después de 190 años bajo el control español, ese país se independizó, pero en 1969 se convirtió en una dictadura socialista que oprimió al pueblo. El dictador Nguema, con la ayuda de los soviéticos, asesinó a miles de personas, incluidos muchos cristianos. En 1979 hubo un golpe militar, y los líderes evangélicos fueron obligados a obedecer o padecer el sufrimiento. Desdichadamente, muchos cedieron a las presiones del gobierno. En la actualidad no se permite el testimonio abierto de los creyentes ni la fundación de nuevas iglesias. Existen muy pocos pastores y la necesidad de líderes evangélicos es enorme debido a la existencia de pocas iglesias y misioneros que trabajen allí. Muchos cristianos han sido perseguidos y presos, ¡pero la Palabra de Dios no puede ser encarcelada!

Indonesia. Este archipiélago posee 13.500 islas pequeñas. En 1965, debido a tensiones políticas, los musulmanes y los comunistas lucharon por el poder. El islamismo triunfó y más de 500.000 simpatizantes del sistema fueron asesinados, mientras que otros, al tratar de huir de la masacre, encontraron a Cristo y se convirtieron. En 1998, durante el movimiento estudiantil que trajo como aspecto culminante la renuncia del presidente Suharto, muchos creyentes chinos fueron torturados, golpeados, ultrajados y quemados vivos. Los musulmanes reciben trato preferencial y usan su poder político para restringir la influencia cristiana en la vida pública. Desde 1996 los extremistas musulmanes quemaron y destruyeron más de 60 iglesias y asesinaron a varios creyentes y líderes evangélicos.

Irán. Cuando en 1979 fue depuesto el Sha de Persia, se abrió paso a la sangrienta revolución del Ayatolá Khomeini, quien instaló un gobierno musulmán fanático, radical y fundamentalista chiíta, comprometido a la destrucción de cualquier adversario. A pesar de las «garantías» gubernamentales a la «expresión religiosa», la persecución es real y la vida es muy difícil para los cristianos, a quienes se prohíbe testificar la Palabra públicamente. Al igual que en Cuba, el gobierno posee «espías» para vigilar a los creyentes. Los cristianos son discriminados en la educación, el empleo y en la posesión de propiedades. Varios pastores han sido asesinados últimamente, no siendo permitida la entrada de misioneros debido a las tensiones con el Occidente. No obstante, a pesar de esa persecución y de los muchos mártires de la iglesia, el evangelio ha crecido y muchos musulmanes se han convertido al Señor. Es un país extremadamente cerrado al evangelio de Cristo, y muchos cristianos valientes son presos, torturados y muertos por su fe en el Señor.

Irak. La antigua Babilonia ha experimentado grandes y turbulentos cambios desde los tiempos bíblicos. Fue en esta nación que Israel experimentó la deportación masiva en cautiverio, que incluyó al profeta Daniel. Desde que el presidente Sadam Hussein llegó al poder en 1979, comenzó una guerra contra Irán que duró casi diez años. Durante la guerra del Golfo Pérsico, ganada por los Estados Unidos y sus 41 aliados, Sadam asesinó a miles de grupos étnicos en su propio país. Varios millares, cristianos incluidos, fueron muertos al inhalar gases mortales de armas biológicas y químicas, o fueron simplemente masacrados a tiros. Muchos creyentes han sido perseguidos y torturados por su fe en Cristo en esa nación musulmana fanática y radical. La entrada de misioneros está expresamente prohibida, como también la fundación de nuevas iglesias y el acto de testificar en público. Durante la guerra del Golfo, muchos líderes evangélicos y pastores extranjeros fueron expulsados del país y la literatura cristiana fue confiscada por el gobierno.

Kuwait. La invasión de este país por Irak el 16 de enero de 1991 fue lo que dio inicio a la Guerra del Golfo. Es oficialmente un estado islámico. Después de la guerra, a pesar de su liberación por parte de los norteamericanos, la libertad de expresión y de culto no se transformó en realidad. Solamente los musulmanes pueden ser ciudadanos y los cultos evangélicos son restringidos dentro de la comunidad cristiana. El evangelismo está prohibido y las 28 congregaciones en todo el país celebran sus cultos en varios idiomas. El gobierno da preferencia a los musulmanes e influencian a las personas a no convertirse en creyentes mediante el uso de incentivos financieros, además de promover las quemas públicas de Biblias. El gobierno no es justo ni correcto con los creyentes, a pesar de decir que no hay una persecución abierta contra la iglesia, existe la invisible. La entrada de misioneros es muy limitada.

Laos. En 1975, los comunistas tomaron el control de este país y establecieron el «Partido Revolucionario del Pueblo de Laos». En la capital, Vientiane, tan solo existen 5 iglesias que se consideran subversivas y contrarrevolucionarias, y en consecuencia son vigiladas constantemente por el gobierno socialista. Las reuniones cristianas son invadidas y los creyentes presos, mientras los líderes extranjeros son expulsados. El gobierno ha implementado el sistema del «Nuevo Mecanismo», por el cual, si una persona no se convierte al budismo o al animismo, está obligada a salir de su distrito de residencia. Muchos creyentes son perseguidos, presos y torturados y la evangelización pública está completamente prohibida.

Libia. Es gobernada desde 1969 por el dictador Muammar Gaddafi, quien está asociado a grupos terroristas anti–occidentales. Musulmanes fanáticos y radicales llevaron a Gaddafi a implementar leyes más severas contra los creyentes, haciendo la evangelización casi imposible, además de beneficiar a los musulmanes. Biblias y literatura cristiana están prohibidas, con riesgo de muerte para aquellos que las traen de forma ilegal y secreta al país. Existe una minoría evangélica cuidadosamente vigilada, la mayoría líderes extranjeros que constantemente son expulsados del país. Varios cristianos han sido presos y golpeados y otros torturados y muertos por la causa de Cristo.

Malasia. Esta federación de 13 estados fue creada en 1963. Los musulmanes fundamentalistas hacen imposible el evangelismo cristiano. Los habitantes tienen prohibido creer en Cristo, y no les es permitido ser miembros de una iglesia evangélica. Apenas los extranjeros pueden ser cristianos. No se permite construir nuevos templos y las «casas–iglesias», están prohibidas. La libertad de expresarse y congregarse no existe. Los creyentes son discriminados y perseguidos.

Islas Maldivas. Este conjunto de 1.200 islas esparcidas a lo largo de más de 800 kilómetros en el Océano Índico se considera una de las naciones menos evangelizadas del mundo. El gobierno musulmán no respeta la libre expresión para la prensa o para las religiones no islámicas. En 1998, todos los cristianos y misioneros extranjeros fueron expulsados y todos los creyentes nativos fueron presos. El gobierno está empeñado en fortalecer el islamismo y preservar la unidad nacional musulmana. El evangelismo está prohibido y los templos en su mayoría fueron cerrados.

Mauritania. Es uno de los países del mundo más cerrados al evangelio. No existe libertad de religión. El islamismo domina hace más de 1.000 años y menos de 1% de la población total es cristiana. Cualquier persona que confiese a Jesucristo enfrenta la pena de muerte por ley, y aquellos que demuestran interés en el cristianismo son torturados y encarcelados. Biblias, literatura cristiana y programas de radio que no sean del Islam están prohibidos. Misioneros extranjeros fueron expulsados y está terminantemente prohibida la evangelización y la construcción de templos. Cristianos locales son perseguidos y torturados por su amor a Cristo, pero no niegan su fe jamás.

Marruecos. El islamismo llegó a esta nación aproximadamente en el siglo VII, a través de los árabes que invadieron el país. Es un lugar muy hostil para los creyentes del Señor Jesucristo, quienes pueden enfrentar serias penas por traición como resultado de cualquier contacto ilegal con los misioneros extranjeros. Muchos creyentes fueron expulsados de sus familias, perdieron sus cargos y fueron presos por su fe en Cristo. La evangelización y los misioneros están prohibidos, pero muchos cristianos extranjeros que poseen empleos seculares en buenas posiciones, están conquistando muchas almas para Cristo, en secreto y a través del evangelismo personal.

Myanmar (Birmania). Fue invadida por Japón en 1942 y desde entonces pasó por varios conflictos. Actualmente, el gobierno es una dictadura militar. La población quiere la democratización del país, pero el actual gobierno dictador se niega terminantemente, controlando todos los aspectos de la vida de los ciudadanos, incluyendo toda y cualquier actividad religiosa. En 1966, casi todas las misiones cristianas fueron expulsadas del país, pero los creyentes desde entonces se han mantenido firmes en Cristo. Algunos misioneros y contrabandistas de Biblias murieron por la causa de Cristo y los actuales cristianos son perseguidos, hechos prisioneros, torturados y muertos por el simple «delito» de amar al Señor.

Nigeria. Logró su independencia de los británicos en 1960. Los musulmanes han recibido trato privilegiado en comparación a los creyentes. La población islámica del norte del país ha venido aterrorizando a los cristianos, destruyendo templos y persiguiendo a sus fieles, pero la iglesia cristiana es fuerte[7] y millones de nigerianos están conociendo a Cristo como Señor y Salvador.

Omán. Este país es una monarquía absoluta desde 1970. El sultán Qabus se adueñó del trono y declaró: «El pasado de la nación estuvo en la oscuridad, pero ahora se levantará para un nuevo amanecer».

Qabus logró aumentar la riqueza del país, pero mantuvo la oscuridad del islamismo represivo sobre el pueblo. Los musulmanes son fundamentalistas y el pueblo cristiano está formado, en su mayoría, por extranjeros y no más de 40 creyentes nacionales. Los extranjeros han compartido su fe, lo que está resultando en algunas conversiones. La evangelización pública está prohibida, como también la construcción de nuevos templos. Es un país cerrado al evangelio, pero con cierta libertad para los extranjeros.

Pakistán. Obtuvo su independencia de Inglaterra en 1947. Hubo muchas guerras desde entonces, y el pueblo vive según las oscilaciones de la política. Gobiernos militares y corruptos han causado grandes divisiones partidarias. Muchos cristianos son perseguidos bajo una violenta campaña por parte del gobierno, que los ha acusado falsamente de violar la Ley 295C que trata sobre la blasfemia contra Mahoma. Muchos creyentes fueron presos, torturados y muertos por causa de esta ley injusta y sin fundamento. Otros creyentes fueron muertos por los grupos islámicos radicales y fundamentalistas en represalia porque algunos fueron liberados al no ser considerados culpables de violar esta ley. En 1998, se propuso implementar la Ley *Muslim Sharia* como regla nacional, la cual debe ser aprobada por el Parlamento y traerá más persecuciones contra la iglesia. Incluso así, bajo persecuciones y acusaciones injustas, torturas y muertes, la iglesia de Cristo sigue fielmente testificando el evangelio con entrega, pasión, amor y perseverancia, creciendo muy lentamente pero con la firme convicción de que Cristo está con ellos. ¡Aleluya!

Qatar. Es un país muy rico en petróleo. Antes de los años 80, no se conocían cristianos por allá. El Emir y su familia establecieron la facción radical musulmana Wahabi de Sunni, como la religión oficial del estado. Criticar la familia del Emir o el islamismo constituye un delito. Si el gobierno oprime a su propio pueblo, ¿qué decir de los creyentes? Las mujeres no pueden manejar o viajar al exterior sin la autorización de sus parientes masculinos. Existe una prohibición estricta sobre la iglesia que no le permite reunirse en público ni celebrar el nacimiento de Cristo. El evangelismo está terminantemente

---

7 N. del Autor: En 2001, la cruzada del evangelista Reinhard Bonnke, la mayor hasta el momento, atrajo más de 5 millones de personas, después que el gobierno le negase la visa a Bonnke durante más de 10 años. Ahora, las iglesias han recibido un nuevo impulso para seguir adelante. ¡Aleluya!

prohibido y los cristianos son perseguidos y discriminados en sus empleos y en las escuelas. Es una nación cerrada al evangelio y muy difícil para testificar de Cristo, donde la iglesia vive bajo serias restricciones.

Somalia. En 1969, el dictador Siad Barre tomó el poder. Se aprovechó de la guerra fría para recibir ayuda. Cuando el gobierno de Barre fue derrotado en 1991, hubo una confusión generalizada con muchos grupos étnicos y una guerra interna para la toma del poder. Sin un gobierno central, se implementaron en cada región las leyes musulmanas, trayendo consigo una fuerte persecución al cristianismo en muchas áreas del país. Muchos creyentes huyeron de la persecución islámica hacia países vecinos, pero la mayoría permaneció firme en su fe, con la seguridad de que el Señor estará con ellos pase lo que pase. Existen muchos grupos rebeldes musulmanes que, a través de su radicalismo fundamental, han asesinado a muchos cristianos en áreas remotas y rurales. El evangelismo es muy peligroso y los creyentes arriesgan sus vidas para testificar el evangelio de Cristo.

Sri Lanka. Con sus playas llenas de palmeras y frutas exóticas, es un paraíso con gran potencial. Desde la década de 1980, la violencia reinó en esta nación. La guerra civil tuvo lugar en 1983 entre dos de las más poderosas facciones políticas partidarias. La actitud de los ciudadanos es contra los creyentes, con el alegato de que es una religión extranjera que impone una idea colonialista e imperialista. Cerca de 200 años atrás, el cristianismo poseía una gran influencia, pero ahora los creyentes están siendo perseguidos por la mayoría budista, y son discriminados en sus trabajos y escuelas. El evangelismo está prohibido al igual que fundar nuevas iglesias, y el gobierno mantiene una rígida vigilancia y control sobre los creyentes.

Sudán. Este país ha sido escenario de masacres violentas en los últimos años. El gobierno musulmán de Jartum, al norte del país, declaró un «Jihad» o «guerra santa» contra los cristianos que viven en el sur. Omar Hassan al-Turabi, un líder del Islam, declaró que no habrá futuro para todos aquellos que estén en contra de los musulmanes. Desde 1985, más de 2 millones de personas, en su mayoría opuestas al Islam, han muerto como resultado de un genocidio perpetrado por los musulmanes radicales, fanáticos y fundamentalistas. Al sur del país, las familias viven aterrorizadas. Los padres son asesinados, las madres ultrajadas y los hijos vendidos como esclavos. La iglesia de Cristo es muy perseguida y los cristianos son presos, torturados y muertos por su fe. El evangelismo personal es muy peligroso y los templos de los creyentes han sido derrumbados, destruidos y quemados por turbas musulmanas.

Siria. El presidente Hafez al-Assad obtuvo el poder en 1970 a través de un golpe de estado. En 1973, el país se declaró una nación secular, pero los musulmanes recibieron trato preferencial en muchos sectores de la sociedad. El presidente gobierna con puño de hierro y la Ley de Emergencia de 1963 es implacable. Creyentes y no creyentes son presos sin ninguna garantía de defensa legal. Para el cristianismo, es muy difícil predicar la Palabra bajo tales condiciones. A los misioneros no les son otorgadas visas y el evangelismo, sea personal o masivo, es totalmente prohibido. Los creyentes que están en el país solo comparten su fe en el ambiente de trabajo profesional o con amistades muy cercanas. No se permite fundar nuevos templos y la iglesia vive bajo estricta vigilancia del gobierno.

Tayikistán. Los 70 años del gobierno soviético dejaron el país en completa ruina económica. Obtuvieron la independencia en 1992 y desde entonces han sufrido por la corrupción, la guerra civil y la pobreza. Hoy es una nación islámica donde la vida cotidiana es muy dura y la mayoría de las personas no encuentra alimento suficiente para el diario vivir. La influencia del Islam es mayor cada día y los creyentes tienen que protegerse con mucho cuidado de cualquier evidencia que pueda delatar su fe. Las Biblias están prohibidas al igual que cualquier literatura cristiana, y tan pronto los musulmanes descubren su presencia, son objeto de confiscación y quema. El evangelismo personal y público, así como la fundación de nuevos templos, están prohibidos por las autoridades. Los creyentes son perseguidos, maltratados y seriamente discriminados en las escuelas y en sus lugares de trabajo.

Tíbet. La vasta mayoría del país es budista. En 1950, los comunistas chinos invadieron el país y obligaron al líder político y religioso budista, Dalai Lama, a exiliarse en la India. En la actualidad los pocos creyentes, estimados en unos 400, viven en medio de la opresión budista y la opresión comunista. Con la oposición del gobierno, de la cultura y de la religión impuesta, los budistas que se convierten son obligados a vencer muchos obstáculos para poder crecer en el Señor. Los misioneros extranjeros están prohibidos como también el evangelismo personal y la fundación de iglesias nuevas. La ceguera religiosa y el totalitarismo comunista hacen de la nación una de las más necesitadas de oír a Cristo. Algunos misioneros fueron martirizados en el pasado, como el irlandés Peturs Rijnhart, quien perdió la vida en 1898 junto con su esposa, la Dra. Susana Rijnhart, tratando de llegar a Lhasa. Otro mártir fue el Dr. A. L. Shelton, intrépido explorador y consagrado médico de la Misión Cristiana Unida, fusilado por criminales en 1922. Es uno de los países menos evangelizados del mundo en la actualidad.

Túnez. El gobierno declaró el islamismo como religión oficial del Estado. Los musulmanes fundamentalistas son mayoría, y el cristianismo casi desapareció por completo. La iglesia lucha desesperadamente para sobrevivir en ese ambiente tan hostil. De los pocos creyentes quedan sesenta o unos cuantos más, ya que otros abandonaron la fe debido a ese sistema tan represivo. Un siglo entero de actividades misioneras dejó muy pocos frutos allí. Se prohíbe la literatura cristiana y la distribución pública de Biblias. Con tan pocos creyentes, el evangelismo es muy raro o prácticamente inexistente, debido a la prohibición de testificar abiertamente. Muchos templos fueron destruidos. Históricamente, el cristianismo fue siempre perseguido y discriminado en todos los sectores de la sociedad. Los creyentes pierden empleos y no son aceptados en las escuelas a causa de su fe. Es una de las naciones menos alcanzadas del mundo, donde la iglesia casi ha desaparecido.

Turquía. Durante siglos el Imperio Otomano fue el guardián de los lugares sagrados del Islam. Solamente un pequeñísimo porcentaje del país, 56 millones de habitantes han escuchado el evangelio. Para los pocos cristianos que existen resulta muy peligroso testificar su fe públicamente. El evangelismo abierto está prohibido, pero las pocas iglesias cristianas tienen permiso del gobierno para existir. En enero de 1998, la iglesia greco–ortodoxa de San Therapán, en Estambul, fue robada y quemada. El cadáver del que cuidaba la iglesia fue encontrado dentro de un pozo con las manos amarradas y el cráneo fracturado. El evangelismo es muy difícil, ya que los creyentes son colocados por los turcos en la misma categoría que los terroristas armenios y los Testigos de Jehová. Es una de las naciones menos evangelizadas del mundo. La influencia musulmana es mayor que en cualquier otra religión, y tiene preferencia sobre las demás. Las Biblias para uso de la iglesia son limitadas y necesitan tener la entrada aprobada, en primera instancia, por el gobierno turco. Allí se encuentra la mayor mezquita del mundo, la famosa *Blue Mosque* o «Mezquita Azul», frecuentada diariamente por millares de musulmanes.

Turkmenistán. A pesar del colapso del régimen comunista de la Unión Soviética en 1990, que a su vez trajo la libertad a este país en 1991, todavía existe gran influencia del antiguo sistema soviético de línea dura. El presidente Saparmurad Niyazov se autodenominó el cabeza de los Tuks y se levantó contra todo aquel que le contrariaba y que buscaba la democratización del país. La nación continúa en un proceso lento, pero más fuerte cada día, en dirección al islamismo. El cristianismo ha sufrido muchísimo por esto. Debido a una nueva ley que restringió el culto cristiano, una iglesia en la capital de Ashgabat que poseía más de 120 miembros, fue forzada a cerrar sus puertas en 1997. Los estudiantes universitarios cristianos fueron expulsados y perseguidos a causa de su fe. Incluso así, la iglesia, que es la minoría, produjo cambios en el país a través de la película «Jesús», producida por la organización cristiana «Cruzada Estudiantil y Profesional para Cristo», fundada por el Dr. Bill Bright, y que tuvo muy buen recibimiento de la población. Las Biblias son limitadas y algunos templos fueron cerrados.

Uzbekistán. Durante la llamada guerra fría, los creyentes sufrieron bajo el sistema soviético. Incluso después de la caída del poder totalitario comunista, el cristianismo todavía es perseguido de varias formas. Cada iglesia debe ser oficialmente reconocida por el gobierno para poder celebrar cultos. La policía ha hecho requisas en las iglesias, y aquellas que no puedan presentar documentos para demostrar que tienen el registro al día, de inmediato son cerradas por la policía. Algunos pastores fueron detenidos, presos e interrogados duramente, y los miembros de sus iglesias amenazados y perseguidos. El evangelismo personal en las calles está prohibido y la literatura cristiana es confiscada por el gobierno. No se permite la entrada de misioneros extranjeros, y los pocos que viven allá ponen en peligro sus propias vidas al evangelizar al pueblo en secreto. Existe gran necesidad de obreros que puedan ayudar a los pocos creyentes nacionales que están allá, para que ellos a su vez se fortalezcan espiritualmente y puedan conquistar las almas de la nación para Cristo.

Vietnam. Estuvo bajo el gobierno de Francia hasta 1954. Siempre fue víctima de conflictos políticos y guerras. Los comunistas lograron establecerse al norte y después, en 1975, controlaron todo el país. El cristianismo sufrió mucho después de la guerra. Miles de miles de creyentes y no creyentes fueron perseguidos, presos, torturados y muertos. Muchos huyeron del país con sus familias para escapar del genocidio comunista contra aquellos que les eran contrarios y contra la iglesia. Los templos fueron cerrados, destruidos y quemados, y los misioneros expulsados, mientras algunos murieron por su fe. Hoy, muchos años después de la guerra, la persecución al cristianismo continúa. Muchos son golpeados por predicar la Palabra fuera de la ley o por organizar actividades evangélicas. La iglesia crece y no se debilita, fortaleciéndose en Cristo y en Su Palabra. Algunas tribus vietnamitas todavía no poseen la Biblia en su propio idioma. El evangelismo personal y público está prohibido, y las pocas Biblias que entran son distribuidas rápidamente a los creyentes, porque si las autoridades las encuentran, en seguida las confiscan y queman. La iglesia avanza lentamente, alcanzando las almas para Cristo con heridas muy abiertas y profundas por tanto dolor y sufrimiento, que todavía pueden ser vistas en todo el territorio.

Yemen. Las grandes ciudades de la reina de Sabá, quien intercambió regalos con el rey Salomón, se encuentran enterradas bajo las arenas del desierto de ese país. Había muchos creyentes allí hasta el siglo VII, cuando los musulmanes lo invadieron y restringieron toda la influencia extranjera. Es uno de los países menos evangelizados del mundo. El gobierno no permite evangelizar a los pocos cristianos que residen allí, siendo terminantemente prohibido predicar la Palabra en público. La reducida iglesia enfrenta desánimo en la oración, porque están muy aislados del resto de los cristianos de otros países debido al sistema tan represivo. Muchos creyentes repatriados trabajan silenciosamente dando testimonio de Cristo y alcanzando pocos, pero siguen firmes con el evangelio. La Biblia y cualquier literatura cristiana están totalmente prohibidas. Algunos cristianos han sufrido persecuciones y prisiones por tratar de distribuir ejemplares de la Palabra de Dios, lo que no es autorizado por el gobierno del país.[8]

---

8 Nota editorial: La información anterior sobre los cristianos perseguidos en estos países fue usada con la debida autorización por escrito a *Josué Yrion Evangelismo y Misiones Mundiales, Inc.*, para la publicación de este material en portugués, extraído del libro *Jesus Freaks*, pp. 317–356, por DC Talk y Voice of the Martyrs. ©1999 Bethany House Publishers, todos los derechos reservados. Autorización también concedida por escrito para uso de la información sobre los cristianos perseguidos en estos países, a *Josué Yrion Evangelismo y Misiones Mundiales, Inc.* para la publicación de este material en español, sacado del libro

Creo que podemos decir, para concluir este capítulo, que los fieles siervos y siervas del Señor que fueron y son perseguidos, presos, golpeados, torturados y martirizados por su llamado a la causa de Cristo en diferentes naciones, fueron y son grandes héroes y heroínas del evangelio. Es imperativo que sigamos sus ejemplos de entrega, pasión, dedicación, firmeza, carácter, perseverancia y determinación en la obra del Señor. A causa de esos grandes personajes, el evangelio y la causa de Cristo fueron bendecidos enormemente, pues a través de su sacrificio puede verse el avance del evangelio hoy en todas las partes del mundo. El apóstol Pablo habla de su propia experiencia de sufrimientos y prisiones: *«Quiero que sepáis, hermanos, que las cosas que me han sucedido, han redundado más bien para el progreso del evangelio, de tal manera que **mis prisiones** se han hecho patentes en Cristo en todo el pretorio, y a todos los demás. Y la mayoría de los hermanos, cobrando ánimo en el Señor con mis prisiones, se atreven mucho más a hablar la palabra sin temor»* (Fil. 1.12-14).

El gran apóstol, como también los hombres y mujeres mencionados en este capítulo, sufrieron prisiones y persecuciones. A través de esas personas, el evangelio fue conocido y otros miembros y ministros han recibido fuerza y confianza para seguir adelante predicando la Palabra. Pablo nos habla también de su deseo en cuanto a la proclamación y expansión del evangelio a través de su sufrimiento: *«Conforme a mi anhelo y esperanza de que en nada seré avergonzado; antes bien con toda confianza, como siempre, ahora también será magnificado Cristo en mi cuerpo, o por vida o por muerte»* (Fil. 1.20). Que esta pueda ser también nuestra total expectativa, y que Él nos conceda el coraje de ser fieles a nuestro llamado, dispuestos a sufrir en el cuerpo por su causa, viviendo o muriendo según sea Su deseo. La palabra final para nosotros es la del apóstol Pablo. Que el mismo consejo que él dio a los filipenses pueda penetrar profundamente en nuestros corazones y estemos listos por la fe a morir por causa del llamado: *«Solamente que os comportéis como es **digno** del evangelio de Cristo, para que o sea que vaya a veros, o que esté ausente, oiga de vosotros que estáis firmes en un mismo espíritu, combatiendo unánimes por la fe del evangelio, y en nada*

Locos Por Jesús, escrito por DC Talk y la Voz de los Mártires, pp. 301-342. ©1999 Albury Publishing, P.O. Box 470406, Tulsa, OK 74147-0406 U.S.A. Edición en español ©2001 Editorial Unilit (usada con autorización).[88]

intimidados por los que se oponen, que para ellos ciertamente es indicio de perdición, mas para **vosotros** de salvación; y esto de Dios. Porque a **vosotros** os es concedido **a causa de Cristo,** no sólo que creáis en él, sino también que **padezcáis** por él, teniendo el mismo **conflicto** que habéis visto en mí, y ahora oís que hay en mí» (Fil. 1.27-30).

Que el Señor nos ayude a vivir dignamente con relación a nuestro llamado, sin ningún miedo de aquellos que son adversarios de la causa de Cristo, porque por amor a Él, que murió por nosotros, pasamos y pasaremos todas las cosas, pues a nosotros nos fue concedido el privilegio de padecer por Él y seguir hasta el fin por Su poder, combatiendo por el evangelio de Cristo, en cualquier lugar, ciudad, pueblo y nación. ¡Aleluya!

En Nairobi, Kenia, África oriental, la Escuela Teológica Evangélica de Nairobi, menciona un curso en su currículum llamado «La autoridad y el sufrimiento». El Dr. Tokunboth Adeyemo y el Dr. Gottfried Osei-Mensah, miembros de la facultad teológica, afirman que ese curso es de gran bendición y entrenamiento para los estudiantes que aspiran a servir a Cristo y desean estar preparados para sufrir y morir por Él. ¡Cuán diferente es aquí en los Estados Unidos y en Europa! ¡Que Dios nos ayude!

Siglos atrás, Agustín destacó los mártires cristianos como dignos de especial alabanza en palabras que aún son válidas en la actualidad: «Los mártires son hombres y mujeres santos de Dios, que lucharon y defendieron la verdad, hasta que murieron por la causa de Cristo, a fin de que la Palabra de Dios pudiese ser predicada. Un sacrificio así se ofrece solamente a Dios, y por tanto, el mártir es recibido en la gloria celestial. Esto significa que Dios recompensó la fe poseída por el mártir con tanta gracia, que esa muerte que parece enemiga de la vida, se convierte en una aliada que ayuda a esa persona a entrar en la vida eterna al morir por su Señor y por la causa que profesa ante Dios». Que podamos pensar en estas palabras de Agustín.

RECUERDA QUE ES DIOS QUIEN NOS HACE, POR LA FE, ESTAR LISTOS PARA MORIR POR EL LLAMADO.

III. LA PARTE DE LA IGLESIA

Capítulo 11

LA IGLESIA DEBE APOYAR
A LOS LLAMADOS

$\mathcal{M}$ary Michelle Slessor, empleada de una fábrica de botas e hija de un zapatero, fue destinada por Dios para ser una de las mayores bendiciones para África. Nació en Aberdeen, Inglaterra, el 2 de diciembre de 1848. Se ofreció para servir en la Misión Extranjera de la iglesia Presbiteriana Unida en mayo de 1875. Aunque su corazón ardía por el deseo de irse a Calabar, una ciudad portuaria al sudeste de Nigeria, ella se dispuso a ir a cualquier lugar. El 5 de agosto de 1876, cuando tenía 25 años, se embarcó en el puerto de Liverpool con destino a África, donde ministró prácticamente sola hasta 1915. Al referirse a la importancia del apoyo de la iglesia a aquellos que son llamados al evangelismo y las misiones, profirió estas palabras: *«La evangelización de las naciones debe ser el tema primordial de nuestros sermones en las conferencias y congregaciones, porque es el deber de la iglesia apoyar a aquellos que expresan el deseo de servir al Señor. Entonces tendremos más obreros, más capacidad financiera, más vida y nuevos métodos para alcanzar las naciones para Cristo».*

Llamados diferentes y dones diferentes

Es deber de la iglesia y del liderazgo apoyar a los verdaderamente llamados a servir a Dios Todopoderoso. El apóstol Pablo relató varios llamados y ministerios para la iglesia de Corinto, donde cada miembro individual poseía dones y talentos diferentes para que pudiesen servir a la iglesia. Mira lo que dice: «*Vosotros, pues, sois el cuerpo de Cristo, y miembros cada uno en particular. Y a unos puso Dios en la iglesia, primeramente apóstoles, luego profetas, lo tercero maestros, luego los que hacen milagros, después los que sanan, los que ayudan, los que administran, los que tienen don de lenguas. ¿Son todos apóstoles? ¿Son todos profetas? ¿Todos maestros? ¿Hacen todos milagros? ¿Tienen todos dones de sanidad? ¿Hablan todos lenguas? ¿Interpretan todos? Procurad, pues, los dones mejores, mas yo os muestro un camino aun más excelente*» (1 Co. 12.27-31).

El apóstol es claro en decir que todos somos individuos, o sea, tenemos dones y talentos individuales que el Señor nos concedió. Servimos a la iglesia, que es el Cuerpo de Cristo, para que en acción conjunta ella sea edificada a través de esos dones y talentos. Cuando alguien recibe el llamado de Dios, recibe asimismo el don o los dones necesarios para que pueda desarrollar el ministerio en el cual servirá a Dios quien le ha llamado. Es imperativo que el liderazgo y la iglesia puedan apoyar a esa persona que fue llamada. Si tú has sido llamado para levantar iglesias, fundarlas y ser pionero en lugares donde la Palabra todavía no ha sido predicada, entonces serás un apóstol, lo que en muchos aspectos es semejante a un pastor fundador. El apóstol Pablo fue un pionero. Mira lo que él dice: «Y de esta manera me esforcé a predicar el evangelio, *no* donde Cristo ya hubiese sido nombrado, para no edificar sobre fundamento ajeno». (Ro. 15.20). Como también antes está escrito: «porque verán lo que nunca les fue contado, y entenderán lo que *jamás* habían oído» (Is. 52.15). La palabra «*apóstol*» viene del griego «*aposteio*» o «*apostelo*». Serás llamado a ser un apóstol, serás enviado e irás a lugares donde Dios te llevará como un pastor fundador y pionero. Llegarás antes que los otros y serás el primero en levantar la obra de Dios en un determinado lugar, ciudad y país. En otras palabras, serás un *misionero* pionero. Teológicamente hablando, existen muchas opiniones diferentes y puntos de vista distintos y contrarios con relación al papel del apóstol. Pablo se expresa así: «Conforme a la gracia [don] de Dios que me ha sido dada, y como perito arquitecto puse el *fundamento*, y otro edifica encima…». (1 Co. 3.10). Pablo fue entonces un apóstol pionero porque llegó antes y colocó el fundamento, abrió nuevos trabajos y nuevas misiones. Después llegaron los pastores para discipular a los convertidos. La mayoría de las veces el mismo pastor fundador de la obra es el pastor misionero pionero, o sea el que colocó la base, el fundamento. Cuando alguien comprueba su llamado para ese servicio, es deber del liderazgo apoyarlo. Muchos pastores no liberan o prohíben la ida de alguien a un seminario bíblico con el objetivo de entrenarse y aprender, o no quieren que otros, ya discipulados por pastores, también se vayan porque les da miedo que los dejen para abrir nuevas obras y así «perderlos» para siempre. Lo que digo aquí no se trata de una división, como algunos desobedientes lo hacen, dejando sus iglesias para formar otras, ¡pues eso es incorrecto! De lo que hablo es salir de su iglesia «madre» con la protección y el *apoyo* de sus propios pastores e iglesia.

Unos serán llamados a ser profetas y van a edificar la iglesia local, exhortarla, darle revelación, disciplinarla y consolarla. Otros serán maestros, doctores, profesores, versados en la Palabra para enseñar a la iglesia, edificándola en la sabiduría y luz de la Palabra de Dios: la Biblia. Habrá también evangelistas, como es mi caso, y el Señor por medio de nosotros respaldará Su Palabra a través de milagros y dones de cura divina para bendecir el pueblo. En griego, «dones» y «curas» están en el plural. Eso puede significar diferentes «dones» para diferentes «enfermedades». La expresión «don de cura» en griego es *charismata iamaton*, que se refiere a un don específico dado a una determinada persona para orar por los enfermos. He visto a Dios curar enfermos en todas nuestras cruzadas alrededor del mundo. También hay pastores, misioneros y apóstoles que tienen ese maravilloso don de sanidad divina, para que Dios sea glorificado al curar a quien lo necesita. También existe el don de la fe, que en griego es *pistis*. Esa es la fe que opera milagros cuando se ora en nombre de Cristo. Eso es realmente una demostración de poder o *energemata dynameón* en griego, y que en su traducción literal significa «poderes milagrosos», «demostración de maravillas» o «demostración de poder». Sea cual fuere tu llamado (apóstol, profeta, evangelista, pastor o maestro), comparte tu carga y el deseo de tu corazón con tu pastor o el líder de tu iglesia. Pide el apoyo necesario y el Señor seguramente te guiará. Desde que recibí el llamado de evangelista para las naciones, mi querido pastor Elizeu Dornelles Alves, de las Asambleas de Dios, me apoyó en todo así como el liderazgo de JUCUM en Belo Horizonte. Incluso, más adelante, también recibí el apoyo necesario de JUCUM de España. Aquí en Estados Unidos, las Asambleas de Dios también me respaldaron. El apóstol Pablo nos dice con relación a esos llamados, dones y talentos que nosotros somos los que formamos el cuerpo de Cristo y que todos individualmente colaboramos, cada uno con su don, para la edificación conjunta del cuerpo. Considera lo que él dice: «...en cuanto a nuestros hermanos, son mensajeros de las iglesias, y gloria de Cristo» (2 Co. 8.23). ¡Aleluya!

SOMOS EMBAJADORES

Eso es lo que somos: Embajadores. Recuerdo que una vez alguien iba a mi lado en un vuelo, y me preguntó cuál era mi profesión. Le contesté: «¡Soy embajador!» «¡Oh! Embajador... ¡qué privilegio!», exclamó aquel joven. Luego me miró un poco desconfiado y dijo: «Entonces, ¿porque no va en primera clase?» Le respondí más o menos así: «Eh, ah... bien... es que me gusta estar en medio del pueblo...». No me lo creyó mucho y me preguntó de nuevo: «Embajador, ¿de cuál país?» Le respondí: «¡De todos!» «¿De todos?», dijo sorprendido. «Eso es imposible, usted tiene que ser embajador únicamente de un país». Repliqué: «Bueno, pues en mi caso, lo soy de todos». Siguiendo la conversación él me preguntó: «Y su padre ¿quién es?» Dije yo: «¡Oh! Mi padre, Él es el Rey». «¿El rey?» exclamó el joven sorprendido y mirándome fijamente a los ojos». ¿Su padre es el rey?» «Sí», le contesté. A esa altura oré al Señor, mentalmente, diciendo: «¡Oh Dios mío, en qué problema me metí!» El muchacho se volvió a acomodar en su asiento, y mirándome totalmente atónito, siguió preguntándome: «Y tu padre el rey, ¿es rey de qué nación?» «¡De todas!» contesté. «¿De todas? Eso es imposible, él sólo puede ser rey de un país». «Entiendo», respondí, «pero mi padre es el Rey de los reyes, por eso Él es el Rey de todas las naciones». A esa altura el muchacho debe haber pensado que yo era «medio loco» o que tenía una disfunción mental, y con ánimo de terminar la conversación, me dijo: «No entiendo nada». Fue entonces que le expliqué: «Soy embajador de Cristo y de Su Palabra, un evangelista, predicador, ministro del evangelio». En seguida le mostré en la Palabra de Dios: «Así que, somos embajadores en nombre de Cristo». (2 Co. 5.20). Le pregunté entonces: «¿Entendió ahora?» «Ah, sí... bien... creo que sí», habló el muchacho aún más confundido. Así quedó abierta la puerta para el evangelismo personal.

La necesidad del apoyo pastoral a los jóvenes que son candidatos al ministerio

Sin el apoyo del liderazgo y la iglesia local, muchos no logran llegar a ser «embajadores» de la Palabra de Dios. Muchos jóvenes y también adultos cristianos me escriben cartas y mensajes electrónicos o llaman a nuestra oficina y la queja fundamental es que sus líderes y pastores no les ofrecen el apoyo necesario que ellos buscan y necesitan. Dicen que recibieron el llamado, que tienen el don, que sus corazones están ardiendo por servir al Señor, pero no encuentran el apoyo de sus iglesias para realizar la tarea que según ellos, Dios les ha dado. ¿Por qué pasa eso? Quizá porque sus líderes están tan «ocupados» que no pueden sentarse a escucharlos. Tal vez hayan olvidado que un día ellos mismos también necesitaron de ayuda. A lo mejor no están dispuestos a invertir su tiempo en un «muchachito» o «muchachita" porque son todavía muy «jóvenes». Sin embargo, el consejo de Pablo a esos «ministros ocupados» sobre cómo tienen que tratar a esos «jovencitos» está en la carta a Timoteo: «Ninguno [pastores, líderes, ministros] tenga en poco [sin prestar atención a] tu juventud». (1 Ti. 4.12). Y a los jóvenes que son llamados por Dios, Pablo dice: «No descuides el *don* que hay en ti». (1 Ti. 4.14). Descuidar o menospreciar es olvidar, dar prioridad a otras cosas, dejar de lado y, como joven, dar más énfasis a los placeres de este mundo que atender al llamado divino.

En 1664, el barón austriaco Von Welz hizo su primera y conocida exhortación para que la iglesia asumiera su responsabilidad con relación a las misiones cristianas. Fue el primero en desafiar corajudamente la estructura de la iglesia de esa época y su liderazgo con relación a la tarea de evangelizar a escala mundial. Escribió tres folletos en los que expresó con vigor el deber misionero de la iglesia y pidió permiso para formar una asociación para la difusión del evangelio entre las naciones paganas, además de fundar una escuela para preparar misioneros. Presentó tres preguntas que penetraron profundamente en la conciencia de una iglesia durmiente:

1. ¿Es justo que nosotros, los cristianos evangélicos, guardemos el mensaje del evangelio únicamente para nosotros mismos, en vez de proclamarlo?
2. ¿Es justo que tengamos tantos estudiantes de teología y no los enviemos a trabajar a otras partes del mundo para alcanzar a los perdidos?
3. ¿Es justo qué gastemos tanto dinero en todo tipo de ropa, comida, bebidas y en los placeres de la carne y no pensemos en nuestra responsabilidad de extender el Evangelio a las naciones paganas y sin Cristo?

Su declaración fue una anticipación histórica a la pregunta que formularía más tarde Guillermo Carey: «¿Cuál es nuestro deber, como cristianos, sino tratar de difundir el evangelio a las naciones paganas?». Él también encontró resistencia igual o peor por parte del liderazgo de la iglesia. Von Welz retó a la iglesia de su época de tal manera que, uno de los principales y mejores hombres del clero, le contestó con palabras fuertes, acusándolo de soñador, fanático, e histérico, al decirle que era absurdo afirmar que debíamos tirar las perlas del evangelio a los cerdos del paganismo. Welz, impedido de esa forma y sin poder llevar a otros a actuar, decidió ser leal a sus propias convicciones. Se fue a Holanda donde fue ordenado por un sacerdote pobre. Consiguió 36.000 marcos y se embarcó en dirección a la Guyana Holandesa como misionero. Los bruscos cambios climáticos y las pésimas condiciones en que le tocó vivir para poder predicar el Evangelio le hicieron bajar a la sepultura como un gran mártir misionero. Me preguntas: ¿Su muerte fue en vano? ¡Claro que no! Von Welz fue una semilla de trigo que después de sepultada en tierra fértil dio frutos excelentes y perdurables. Su gran ejemplo de dedicación y pasión por las misiones estimuló otros candidatos a la obra. Hombres como él son los que Dios usa para despertar su pueblo, para despertar la iglesia, para despertar su liderazgo, para abrir los ojos de concilios enteros y de denominaciones frías e indiferentes con relación a la causa de Cristo y a su responsabilidad hacia los perdidos que mueren a diario en sus países sin la salvación eterna. Von Welz fue el fundamento y la plataforma para qué más adelante tuviera inicio el gran movimiento moderno de las misiones cristianas. Alguien tuvo que pagar el precio con su propia vida para que la iglesia, en parte, fuese despertada para la tarea de la gran misión mundial de evangelización.

El atrevido joven Guillermo Carey

El presidente de un encuentro de ministros y pastores en Nottingham, Inglaterra, invitó al joven Guillermo Carey, que más tarde recibiría un llamado para la India, a que hablara sobre algún tema. El joven Carey preguntó a los oyentes: «¿Cuál es el deber de los cristianos en la obra para difundir el evangelio entre las naciones paganas?» La frialdad espiritual y la indiferencia de los ministros presentes fueron tan reales que allí mismo se dio inicio a una gran oposición contra las misiones cristianas. El moderador que lo había invitado se levantó agitado y en voz alta le dijo a Carey: «Siéntese jovencito. Cuando Dios quiera convertir a los paganos Él lo hará sin su ayuda o la mía». Tristemente, el joven Guillermo Carey no recibió el apoyo de los líderes y pastores de su iglesia. Años más tarde él escribió el famoso tratado: «Una investigación sobre la obligación de los cristianos de crear los medios para la conversión de los paganos». Nació de padres pobres en la villa de Northamptonshire, Inglaterra, en 1761 y desde joven Carey demostró mucho interés por los estudios. A los 14 años empezó como aprendiz de zapatero en Hackleton. Educado y criado como miembro de la iglesia establecida, tuvo más tarde su corazón transformado al ingresar como miembro de la humilde y pequeña iglesia bautista en la cual comenzó a predicar a los 18 años de edad. Para ayudar con los gastos de su ministerio pastoral continuó trabajando como zapatero. Decidió utilizar cada momento disponible para estudiar literatura clásica y leer muchos libros. Llegó a dominar el latín, el griego, el hebreo, el francés y el holandés además de adquirir un buen conocimiento de botánica y zoología. En su habitación de zapatero, tenía un mapamundi y oraba todos los días para que las naciones fuesen alcanzadas por medio de las misiones mundiales. El día 31 de mayo de 1792, predicó su famoso sermón basado en Isaías 54.2-3, dando inicio a un nuevo nivel en las misiones mundiales. Aquel año fue llamado por algunos especialistas en misiones *annus mirabilis* o «año milagroso», por haber marcado el inicio del avance misionero. Guillermo Carey es justamente llamado «padre de las misiones modernas», así como Pablo fue llamado de «apóstol de los gentiles», Agustín «apóstol de los bretones» y Bonifacio «apóstol de los alemanes».

Guillermo Carey fue uno de los más grandes misioneros que el mundo conoció, debido en parte a la oposición de sus adversarios, tanto pastores como líderes e iglesias además del mismo diablo en el campo misionero. Él pudo decir como el apóstol Pablo: «porque se me ha abierto puerta grande y eficaz, y muchos son los adversarios» (1 Co. 16.9). Los adversarios de quienes son llamados están tanto dentro como fuera de la iglesia. Adentro, están aquellos líderes, pastores y ministros que no tienen «discernimiento» para saber cuándo una persona es llamada o no, porque ellos mismos no viven una vida de oración delante de Dios. Adentro, una iglesia egoísta, fría, seca y vacía, que no entiende que la razón primordial de su existencia es apoyar a los que son llamados, para que alcancen el mundo para Cristo a través de los ministerios y dones que el Señor nos describe en Su Palabra. Afuera están los «parientes» que no entienden el llamado de esa persona y la contrarían. Afuera están los «amigos» que tratan de alejar a esa persona que fue llamada de sus convicciones ministeriales. Afuera está el «trabajo», que ofrece tantas oportunidades y promociones a la persona llamada. Afuera está la «seguridad financiera», el «dinero» y la «riqueza» para el futuro, que lleva a la persona llamada a dudar de la Palabra de Dios y de la protección del Señor, porque Él suple. Afuera está «la vida a ser disfrutada», los placeres de la carne, que llevan al que tiene vocación o llamamiento a apartarse del Señor. Afuera está «la vida sentimental», aquel novio o novia que no fue llamado o llamada, pero que interfiere y manipula los sentimientos de la persona que sí fue llamada. Afuera están los «estudios» que abrirán las «puertas» para que se transforme en «sabio» a los ojos de los hombres... Por eso el sabio Salomón escribió: *«Alégrate, joven, en tu juventud, y tome placer tu corazón en los días de tu adolescencia; y anda en los caminos de tu corazón y en la vista de tus ojos; pero sabe, que sobre todas estas cosas te juzgará Dios. Quita, pues, de tu corazón el enojo, y aparta de tu carne el mal; porque la adolescencia y la juventud son vanidad... Acuérdate de tu Creador en los días de tu juventud, antes que vengan los días malos, y lleguen los años de los cuales digas: No tengo en ellos contentamiento»* (Ec. 11.9-10; 12.1).

Pastores, ¡apoyen a sus jóvenes cuando fueren llamados! Líderes, ¡apoyen a sus jóvenes cuando les pidan consejos con relación a su llamado! iglesia, ¡apoye a sus jóvenes sabiendo que ellos son el futuro de su generación! Jóvenes, ¡estén sumisos a los líderes y a los pastores en todo! «Obedeced a vuestros pastores, y sujetaos a ellos; porque ellos velan por vuestras almas» (He. 13.17).

Intrépidos jóvenes misioneros

En el pasado, mucho antes de Guillermo Carey, varios jóvenes fueron llamados y dedicaron sus vidas a las misiones. Ellos, tras recibir el apoyo de sus dirigentes, se transformaron en grandes hombres de Dios y misioneros. En 1732, Leonard Dober y David Nitchmann, el uno obrero y el otro carpintero, apoyados por la iglesia Moravia y sus líderes, salieron de una pequeña comunidad cristiana en las montañas de Sajonia en Europa Central con destino a la Isla de las Indias occidentales para difundir el evangelio de Jesucristo. Ellos fueron los primeros misioneros de los moravios, que apoyando a sus obreros y misioneros en los 20 años que siguieron, entraron a Groenlandia en 1733, a los territorios indígenas norteamericanos en 1734, a Surinam en 1737, a Argelia y Ceilán (Sri Lanka) en 1740, a China en 1742, a Irán en 1747, y a Abisinia y Labrador en 1752. Eso fue apenas el principio. En sus 150 años de misiones mundiales, los moravios enviaron un total de 2.158 misioneros. El extraordinario avance del movimiento misionero se debe al gran apoyo de sus dirigentes a los candidatos al ministerio. Stephen Neil, refiriéndose a los moravios, dijo: «Esta pequeña *iglesia*, desde su inicio, estuvo llena de pasión misionera y jamás dejó de escuchar el llamado». La principal razón de su éxito residía en la obediencia y la alegría espontánea que tenía para realizar la obra misionera. Eso es lo que necesitamos hoy: Volver a ese entusiasmo y pasión por las misiones que tuvimos en el pasado. Sin el apoyo del liderazgo y de la iglesia, los que desean realizar misiones estarán imposibilitados para hacerlas. Está en las manos de los dirigentes de hoy formar discípulos y apoyar a los que verdaderamente son llamados.

El valiente joven Adoniram Judson

Adoniram Judson fue otro joven que se transformó en un gran hombre de Dios, proveniente del Seminario de Andover, Massachussets,

Estados Unidos. Junto a otros compañeros que ardían por las misiones, fundaron en 1810 la Organización Americana de los Comisionados para las Misiones Extranjeras. El día 19 de febrero de 1812, Adoniram Judson y su esposa embarcaron rumbo a la India. Al llegar a Calcuta, la «opresora» Compañía de las Indias orientales, que odiaba el evangelio, ordenó que saliesen de allí. El esfuerzo de Judson para conseguir un permiso de trabajo en Madras fue en vano. Entonces se fue a Birmania (Myanmar) en julio de 1813. La oposición del hombre contra Judson en India resultó en la providencia de Dios para que se fuera a Birmania. Allí, entre las tribus salvajes, había un pueblo ya preparado para ser salvado para el Señor: Los «Karens». Ellos habían cultivado la tradición de que vendrían predicadores blancos para traerles un libro de Dios. Cuando Judson llegó, los «Karens» lo recibieron con brazos abiertos, oyeron atentamente el Evangelio y se convirtieron, pero los resultados fueron obtenidos con mucho sufrimiento y trabajo. Cuando se deflagró la guerra entre Birmania e Inglaterra en 1824, Judson fue acusado de ser espía y fue encarcelado. Fue objeto de maltratos físicos brutales durante casi dos años en las prisiones sucias de Birmania. La devoción heroica de su talentosa y consagrada esposa, Ana Hasseltine Judson, quien trabajó incansablemente para sostenerlo y para conseguir su libertad, es una de las historias más conmovedoras en las crónicas misioneras. Durante ese tiempo, Judson estudió a profundidad el idioma y más tarde comenzó a traducir las Escrituras al idioma birmano. Cuando le preguntaron sobre las perspectivas de la obra de Dios que estaba siendo realizada por él, en medio de tanto dolor, luchas, prisiones y trabajo arduo, contestó: «las perspectivas son tan atractivas como las promesas de Dios». Cuando Judson murió, miles de birmanos y «Karens» habían sido bautizados, y más de 7.000 estaban dispersados por 63 iglesias bajo el cuidado de 163 misioneros, pastores nacionales y ayudantes. Judson terminó la traducción de la Biblia y compiló un diccionario bíblico birmano. El Dr. Oswald Smith lo catalogó como «el mayor de todos los misioneros norteamericanos», y dijo: «No hubo otro misionero después del apóstol Pablo que haya sobrepujado a Judson en su dedicación, erudición, trabajos, peligros, santidad y humildad». En el templo de la iglesia bautista de Malden, en Massachussets, se encuentra una pequeña placa con esta inscripción: *«En memoria del Rev. Adoniram Judson. Nació el día 9 de agosto de 1788. Murió el día 12 de abril de 1850. Malden*

*fue el lugar de su nacimiento, el Océano es su sepultura. Los bir-
manos convertidos y la Biblia birmana, sus trofeos. Su historia se
encuentra allá arriba».*

El registro de sufrimientos, sacrificios, perseverancia y heroísmo de
esos hombres no puede expresarse apenas con palabras. Ellos se
constituyen en una gloriosa herencia para que la iglesia de hoy pueda imitar sus ejemplos. Sus victorias y el quebrantamiento de su carácter y personalidad los convirtieron en «grandes hombres de
Dios». Miles de personas hoy están en mansiones celestiales moti-
vadas por ellos y los líderes fieles que los apoyaron y se apropiaron
de la visión misionera. Ellos conocieron a su Dios profundamente y
ese Dios realizó maravillas para respaldo y beneficio de hombres y
mujeres intrépidos que fueron a lugares jamás imaginados hasta entonces. En el sentido más elevado ellos tomaron el «cáliz del sufrimiento» del Maestro y dedicaron su vida arriesgándose de la
misma forma que los primeros discípulos.

Capítulo 12

La iglesia debe apartar y enviar a los llamados

ee R. Scarborough nació en 1870, en una familia cristiana bautista en el Estado de Louisiana, Estados Unidos. Después de su nacimiento, sus padres se mudaron a Texas, dónde creció como «cowboy». Se convirtió a los 17 años, más tarde fue llamado al ministerio, y se convirtió en un excelente evangelista, educador y escritor. Causó un gran impacto con relación a la conquista de almas para Cristo dentro de las hileras ministeriales de los Bautistas del Sur. Fue uno de los hombres más usados por Dios en los primeros 40 años del siglo XX en Estados Unidos. Al referirse a la responsabilidad de la iglesia de apartar y enviar aquellos que son llamados para servir a Cristo en el ministerio, dijo: *«Cada cristiano es llamado para predicar la salvación, testificar y ganar almas para Jesucristo. Es deber de la iglesia apartar y enviar a los que recibieron el llamado total, y nada en el cielo o en la tierra podrá dispensarla de tan solemne tarea. Dios no dejará exenta la iglesia de ese trabajo sagrado y obligación celestial de alcanzar a los perdidos».* Para aquellos que verdaderamente fueron llamados al evangelismo y las misiones, es importante saber lo que realmente significa la connotación bíblica y su terminología correspondiente, para ejercer efectivamente el ministerio.

La palabra «*misiones*» viene del latín «*mitto*», que quiere decir: «*Yo envío*». Por lo tanto, un misionero es «*un enviado*». Ser «*enviado*» es sinónimo de misionero. El término «*misiones*» se aplica a tres aspectos esenciales: 1) El qué envía; 2) Quién es enviado y 3) A dónde es enviado. En consecuencia: 1) Es *Dios quien envía*; 2) Somos *nosotros los enviados* y 3) Somos enviados *a algún lugar*.

En Hechos, la Biblia dice: «Había entonces en la *iglesia* que estaba en Antioquía, profetas y maestros... ministrando éstos al Señor, y ayunando, dijo el Espíritu Santo: Apartadme a Bernabé y a Saulo para la obra a que los he llamado» (Hch. 13.1-2). En la *iglesia* de Antioquía ya había ministros reconocidos, como hoy día en cualquier parte del mundo. La Escritura dice que ellos estaban sirviendo al Señor, trabajando para el crecimiento de la iglesia, actuando con los diferentes dones, talentos y llamados dados por Dios. La Palabra nos cuenta que también estaban ayunando, y seguramente, orando. ¿Para qué? Para saber quiénes eran aquellos verdaderamente llamados. Aquí reside una de las tareas más solemnes de la iglesia y de su liderazgo pastoral: buscar el rostro del Señor para que Él les responda cuáles serán aquellos *verdaderamente* llamados. Mira lo que dice el Espíritu Santo, la tercera persona de la Santísima Trinidad: «Apartadme [separadme, reservad para Mí] a Bernabé y a Saulo para la *obra* a que los he llamado». Entonces es el Señor, por mediación del Espíritu Santo, quien designa a alguien en particular para la obra. Nadie puede llamarse a sí mismo, pretender ser llamado o actuar como si hubiese sido llamado, ¡eso es imposible! ¡El llamado le pertenece a Dios!

¿QUÉ ES LA IGLESIA?

En primer lugar, la *iglesia* se define como entidad *profética*. Israel fue llamado, en el Antiguo Testamento, «*congregación*». Esa palabra en griego es «*ekklesia*», que quiere decir «*asamblea del pueblo*», porque viene de la palabra «*kaleo*» que significa «*llamado*». Nosotros somos, como iglesia, la «congregación» del Señor. Nosotros somos la *ekklesia* o «iglesia», luego somos la «asamblea y el pueblo de Dios» ya que fuimos «llamados», apartados y separados por Él. En segundo lugar, la *iglesia* se define como entidad *histórica*. Comenzó en el día de Pentecostés (Hch. 2), por obra del Espíritu Santo, de la misma forma que el tabernáculo fue construido y después consagrado por la unción divina: «Entonces una nube cubrió el tabernáculo de reunión, y la gloria de Jehová llenó el tabernáculo. Y no podía Moisés entrar en el tabernáculo de reunión, porque la nube estaba sobre él, y la gloria de Jehová lo llenaba» (Éx. 40.34-35). ¡Aleluya! Eso es «*shekináh*», la unción que se derramó de la misma manera que en Hechos 2, y aquellos que ya fueron bautizados en el Espíritu Santo han experimentado lo que significa ser «lleno»" del Espíritu Santo, como dijo Pablo en Efesios 5.18.

El rey David recolectó los materiales para la construcción del templo, pero este fue construido por su sucesor e hijo, el rey Salomón. De la misma forma, Jesús, durante su vida y ministerio aquí en la tierra recolectó los materiales necesarios para la fundación de su *iglesia*, pero la *iglesia* comenzó realmente por medio de su sucesor; el Espíritu Santo, tal y como está escrito en Hechos 2. Esa *obra* fue operada por el Espíritu Santo en los apóstoles que pusieron los fundamentos por medio de sus enseñanzas, predicaciones, organización y liderazgo. Eso nos dice Pablo: «edificados sobre el fundamento de los apóstoles y profetas, siendo *la principal piedra del ángulo* Jesucristo mismo» (Ef. 2.20). ¡Aleluya! Nosotros somos parte de esa *iglesia* de la cual el Señor Jesucristo es Cabeza. La intención de Jesús fue salvar de este mundo a un pueblo para Sí, y con ese pueblo, edificar una iglesia en el Espíritu que jamás viniese a perecer.

Por ende, en Hechos 13.2 la *iglesia* apartó, separó o sacó aparte a Bernabé y a Saulo (Pablo) para la *obra* a la cual el Espíritu los *llamó*. Sin embargo, eso no fue lo único que hizo la iglesia, cumpliendo su deber, sino que también hizo otras cosas como la Biblia nos relata: «Entonces, habiendo ayunado y orado, les impusieron las manos y los despidieron [enviaron]» (Hch. 13.3). Ahí está el deber cumplido integralmente por la iglesia de aquella época. Primero ellos apartaron aquellos candidatos que fueron verdaderamente llamados, después en ayuno y oración les impusieron las manos y los consagraron, finalmente los enviaron para que cumpliesen la *obra* sobre la que el Espíritu Santo ya les había hablado.

La iglesia de Antioquía inició el primer movimiento misionero

El movimiento misionero entre los gentiles comenzó con el establecimiento de la iglesia en Antioquía. Su fundación hizo parte de la expansión repentina que ocurrió en el periodo de transición. La Biblia expresa en Hechos: «Ahora bien, los que habían sido esparcidos a causa de la persecución que hubo con motivo de Esteban, pasaron hasta Fenicia, Chipre y Antioquía, no hablando a nadie la palabra, sino sólo a los judíos. Pero había entre ellos unos varones de Chipre y de Cirene, los cuales, cuando entraron en Antioquía, hablaron también a los griegos, anunciando el evangelio del Señor Jesús» (Hch. 11.19-20).

Los creyentes de Chipre y de Cirene que predicaron en Antioquía dejaron de anunciar la Palabra única y exclusivamente a los judíos pues también predicaron a los gentiles griegos. Antioquía fue evangelizada en ese periodo y se constituyó en un caso tan excepcional que se transformó en el gran centro misionero de la época. La ciudad de Antioquía fue fundada por Seleuco Nicanor, probablemente entre los años 298 y 302 a.C. Debido a los primeros reyes seleúcidas la ciudad creció rápidamente. Originalmente tenía población griega, después vinieron los sirios y más tarde los judíos, descendientes de colonos que fueron llevados de Babilonia. Estos tenían derechos iguales a los de los griegos y mantenían su propio culto en las sinagogas. Durante el imperio romano, Antioquía prosperó porque era la entrada militar y comercial del Oriente y fue considerada solamente menor que Roma y Alejandría. No sabemos exactamente en qué año fue iniciada la iglesia en Antioquía, pero según parece, no mucho después del martirio de Esteban, probablemente entre los años 31 y 42 d.C. Me imagino que fue necesario un tiempo para que la iglesia de Antioquía creciese con una presencia fuerte y gran cantidad de creyentes para que llamase la atención de la iglesia de Jerusalén como está escrito en Hechos 11.12. Bernabé fue nombrado para visitar Antioquía, donde trabajó por un periodo indeterminado, yéndose después a Tarso a buscar a Pablo para que fuera su compañero (Hch. 11.22-25). Juntos trabajaron casi un año (Hch. 11.26). La iglesia de Antioquía se consideró la madre de todas las iglesias gentiles. De ella salió la reconocida primera misión al mundo no evangelizado por medio de Bernabé y Pablo. Se convirtió en un centro de reunión y una obra misionera entre los gentiles. La iglesia de Antioquía en algunas ocasiones, además de Bernabé y Pablo, se relacionó con personajes como Pedro, Tito, Juan Marcos, Judas Barsabás y Silas. Todos estaban empeñados en la misión con los gentiles. Puede ser que también Mateo y Marcos hayan estado allí, de acuerdo con los escritos de Ignacio, obispo de Antioquía. Esa ciudad ganó notoriedad a causa de la evangelización y la enseñanza de varios maestros y profetas como Bernabé, Simón llamado Niger, Lucio de Cirene, Manaén y Saulo (Pablo). Antioquía casi superó a Jerusalén como centro de predicación cristiana, de las misiones evangelizadoras y como cuartel general del cristianismo. El factor que más sobresalió con relación a la iglesia de Antioquía fue su testimonio. Allí los discípulos, por primera vez, fueron llamados cristianos (Hch. 11.26). Antes los creyentes en Cristo habían sido considerados como pertenecientes a una secta judía, pero como tenía muchos miembros gentiles y un sistema doctrinario completamente diferente a la Ley de Moisés, el mundo reconoció la diferencia y les dio un rótulo: ¡Cristianos! Significa «los que son de Cristo», así como «herodianos» quiere decir «los que son de Herodes». Los cristianos, alrededor del año 48 d.C., se habían propagado mucho y formaron un grupo fuerte, activo y de carácter misionero. Eran debidamente instruidos en la fe y en la enseñanza de la Palabra, tenían una reputación establecida, y eran reconocidos como un grupo singular puesto que la ciudad ya los llamaba «cristianos». Entonces vino la orden del Espíritu Santo para apartar y enviar a Bernabé y a Saulo para realizar un trabajo misionero especial. Obedeciendo a la voz del Espíritu Santo, ellos fueron consagrados por la iglesia y salieron para cumplir sus respectivos llamados y ministerios. Desde entonces, Dios llama hombres y mujeres a través del Espíritu Santo para predicar su Palabra por todo el mundo. Esa es la responsabilidad de la iglesia: Apartar y enviar aquellos verdaderamente llamados.

La responsabilidad de la iglesia

Smith Wigglesworth, conocido como «el apóstol de la fe», en cierta ocasión iba caminando por las calles de Vevey, Suiza, cuando vio un niño llamado Kenneth Ware. Wigglesworth lo llamó y le dijo: «¡Chico, ven aquí!» Mirándolo bien en los ojos, Smith mandó al sorprendido jovencito: «¡Saca la lengua!», y tomando la punta de la lengua del niño de apenas 9 años le habló: «Esta lengua predicará la Palabra de Dios». Años después, Kenneth Ware fue llamado al ministerio. A pesar de ser aún muy joven, su iglesia en Suiza lo apartó y envió a Francia, donde se transformó en un gran misionero. Ese es el deber de los misioneros, líderes y ministros, que en oración y ayuno separen y envíen a aquellos que son verdaderamente llamados para cumplir con sus ministerios en la *obra* que Dios quiere.

David Livingstone, el gran misionero en África, se expresó así: «Las misiones son el palpitar del corazón de Dios». Ese debe ser nuestro sentir, el sentir de la iglesia y el sentir de pastores, ministros y dirigentes. Esa es la tarea suprema de la iglesia: Evangelizar el mundo a través de misiones y del evangelismo. En 1974, en el Congreso Mundial de Evangelismo en Lausana, Suiza, el comité expresó la siguiente preocupación con relación a la *iglesia* que no evangeliza, no aparta y no envía misioneros: *«O la **iglesia** local se transforma en un centro misionero como lo fue la iglesia de Antioquía, o ella dejará de existir. Las **iglesias** que no entiendan esto, no sobrevivirán hasta el 2040. Denominaciones enteras desaparecerán porque no dieron prioridad a los programas de misiones en la tarea sagrada de ganar almas para Cristo».*

Cuando prediqué en el Congreso Mundial de Misiones de JUCUM en Fortaleza, Ceará, Brasil, entre el 23 y el 30 de agosto de 1998, mi tema fue: «Los Latinos en la Evangelización Mundial». En una de las sesiones plenarias, hice alusión a la forma como la iglesia a nivel mundial ha fallado en su tarea evangelística dije: *«De toda la iglesia mundial, el 80% simplemente **no** evangeliza, **no** gana almas para Cristo; sobra el 20%. De ese porcentaje, aproximadamente el 15% **no sabe** evangelizar porque sus líderes y pastores simplemente **no** enseñaron a sus iglesias a evangelizar ni a testificar de Cristo. En conclusión, de la iglesia mundial, sólo el 5% evangeliza y gana almas».*

¡Qué triste estadística! Es lamentable que la iglesia, después de 2000 años, *todavía no entienda* la verdadera razón de su existencia. El sábado en la noche, durante la clausura del congreso dije: *«La Biblia declara que los paganos están sin excusa delante de Dios con respecto a sus ritos idólatras y sus practicas abominables. Tanto el moralista gentil como el legalista judío, trátese de paganos bajo su propia conciencia, judíos bajo la ley u oyentes del evangelio bajo la gracia, todos serán conducidos a un veredicto de culpabilidad por toda la raza humana delante de Dios. ¡Necesitamos evangelizar **ahora**!»*

La Biblia habla sobre el deber de la iglesia que es enviar: *«Porque todo aquel que invocare el nombre del Señor, será salvo. ¿Cómo, pues, invocarán a aquel en el cual no han creído? ¿Y cómo creerán en aquel de quien no han oído? ¿Y cómo oirán sin haber quién les predique? ¿Y cómo **predicarán** si no **fueren enviados**? Como* está escrito: *¡Cuán hermosos son los pies de los que **anuncian** la paz, de los que anuncian buenas nuevas!»* (Ro. 10.13-15). Es aquí donde la iglesia local ha fallado. El mundo se pierde porque las personas llamadas están «sentadas» dentro de sus iglesias mientras la mayoría de sus líderes no se da cuenta de eso. ¿Cómo entonces el mundo oirá de Cristo si no hay quién predique la Palabra?

El Congreso Internacional de Evangelización Mundial, realizado en Lausana, Suiza, del 16 al 25 de julio de 1974, tenía como tema: «Que La Tierra Oiga Su Voz». El Dr. Billy Graham declaró: *«Hemos escuchado las voces de psicólogos y psiquiatras que buscan entender los misterios de la mente y del comportamiento humano. Hemos oído la voz del hombre de guerra, la voz de los militares y la voz de los ministros de defensa, un día gritando por la paz y al otro declarando guerra. Hemos oído muchas voces inseguras de teólogos que hablan de un Dios muerto en sus teologías. Hemos escuchado las voces de los economistas con sus predicciones de inflación, depresión monetaria y desnutrición mundial. Hemos oído la voz angustiosa de la historia, llorando y gritándonos las lecciones que al parecer nunca vamos a aprender. Hemos oído la voz del propio diablo, mintiendo, engañando, oprimiendo, afligiendo, influenciando, destruyendo, sembrando discordia, difundiendo falsas doctrinas y juntando sus fuerzas para otro ataque masivo contra el Reino de Dios. Hemos escuchado todas esas voces pero ahora, ¡vamos a oír la Voz de Dios!»* Para que el mundo escuche la voz de Dios, la iglesia debe entender que su principal responsabilidad es que los pastores *aparten y envíen* a aquellos que fueron llamados para predicar y siguen en espera de que eso ocurra. Es la única opción para que la iglesia sobreviva: Apartar y enviar, ella misma, a los que fueron llamados para predicar la Palabra. De lo contrario, no habrá nuevos miembros, nuevas obras ni nuevos convertidos en los campos misioneros alrededor del mundo. La iglesia tiene que entender los siguientes siete elementos sobre su relación con sus miembros en lo que se refiere a misiones:

1. *Cada cristiano* es llamado a las misiones. Sin duda, hacer obra de misiones entre los pueblos no alcanzados o evangelizar al mundo requiere un llamado especial, pero el llamado en sí, es para toda la iglesia local. Como decía Guillermo Carey: «Iré a India y bajaré el pozo, pero, ustedes tendrán que sujetar la cuerda». «Como me envió el Padre, así también yo os envío» (Jn. 20.21).

2. *Cada cristiano* tendría que encontrar y tomar su lugar y su parte en las misiones. ¿Cuál es tu parte? Debes buscar y saber claramente cuál es tu llamado, si es al evangelismo mundial como evangelista o en alguna obra misionera en cualquier lugar al que Dios decida mandarte. ¿Cuál es tu lugar? «Vosotros sois mis testigos, dice Jehová, y mi siervo que yo escogí» (Is. 43.10).

3. *Cada cristiano* es importante en el gran propósito de Dios para la humanidad a través de las misiones. En oración debes encontrar tu lugar siempre buscando la orientación del Espíritu: «Mas vosotros sois linaje escogido, real sacerdocio, nación santa, pueblo adquirido por Dios, para que anunciéis las virtudes de aquel que os llamó» (1 P. 2.9).

4. *Cada* cristiano puede agradar a Dios a medida que participa en misiones locales o mundiales: «Me seréis testigos en Jerusalén, en toda Judea, en Samaria, y hasta lo último de la tierra» (Hch. 1.8).

5. *Cada cristiano* aumenta las esperanzas y expectativas bíblicas cuando participa en misiones: «A la verdad la mies es mucha, mas los obreros pocos. Rogad, pues, al Señor de la mies, que envíe obreros a su mies» (Mt. 9.37-38).

6. *Cada cristiano* puede ser entrenado, capacitado para servir a Cristo en misiones: «Ocúpate en la lectura, la exhortación y la enseñanza» (1 Ti. 4.13).

7. *Cada iglesia* tiene que dar muchas facilidades para ayudar *a cada cristiano* a cumplir su papel en las misiones locales y mundiales, apartarlos y enviarlos para hacer la obra de Dios.

Cuando los apóstoles estuvieron en Iconio, Listra y Derbe, el libro de Hechos nos dice: «Habiendo llegado, y reunido a la iglesia, refirieron cuán grandes cosas había hecho Dios con ellos, y cómo había abierto la puerta de la fe a los gentiles» (Hch. 14.27). Ese es el papel de la iglesia y de su liderazgo: Apartar y enviar aquellos verdaderamente llamados y esperar para ver los resultados. Un pastor brasileño, el Rev. Odimar Reis, dijo en una ocasión: «El llamado para hacer misiones es para la iglesia, y la iglesia que no haga misiones desobedece el llamado». ¡Tiene toda la razón! Porque si la iglesia local y sus dirigentes no entienden que la razón suprema es predicar la Palabra a los que todavía no conocen a Cristo, y que la única manera de hacerlo es apartar y enviar a los que fueron llamados. La iglesia que no atiende su llamado no tiene razón de existir y debería cerrar sus puertas porque está perdiendo el tiempo, ¡y el de los otros también!

La importancia del evangelismo personal

Una hermana brasileña que se desempeñaba como líder del sector de evangelismo de su iglesia y que ganaba muchas almas para Cristo, sufrió un terrible accidente automovilístico y como consecuencia tuvieron que amputarle las dos piernas y pasó a necesitar de silla de ruedas. Un sábado por la tarde, algunos jóvenes salieron para evangelizar por las calles y ella tuvo que resignarse a mirar por la ventana. Entonces ella lloró y oró así en la presencia del Señor: «¡Oh Señor! ¿Por qué me quitaste las piernas? Si no estuviese así, podría estar por las calles ganando almas para ti». El Señor le habló y le dijo: «Tú puedes ganarlas para mí». Ella contestó: «¡Ay mi Dios! No te burles de tu sierva, tú bien sabes que no puedo...». «¡Sí puedes!» dijo el Señor y agregó: «Toma una hoja de papel, escribe siete veces la frase *¡Jesús te ama!* Recórtala en siete papelitos y vete a la ventana». Ella contestó: «Señor, no entiendo». «No necesitas entender, ¡sólo obedéceme!» le ordenó el Señor. Entonces la hermana hizo como Él le había dicho. Tomó el papel, escribió las siete frases iguales y con una tijera las cortó en siete pedazos iguales, se dirigió a la ventana de su apartamento que quedaba en el tercer piso. El Señor le ordenó: «Ahora abre la ventana, toma el primer papelito, ora y ¡tíralo por la ventana!» Ella obedeció. Mientras el papelito caía, una señora pasaba por la acera. Lloraba amargamente porque su matrimonio y su familia se estaban destruyendo. Al mirar hacia arriba le pareció raro ver un papelito que caía en su dirección, y antes que llegara al suelo ella lo agarró, lo abrió y leyó las palabras *¡Jesús te ama!* Ella cayó de rodillas y encontró en oración la solución para su problema. Después de algunos minutos, el Señor nuevamente mandó a la hermana: «Ahora toma el segundo papelito, ora y tíralo por la ventana». Así lo hizo ella. Esa vez era un muchacho muy joven que venía caminando por la vereda, y según dijo después, se dirigía a un puente en las afueras de la ciudad para suicidarse pues era drogadicto. Al ver caer el papelito también lo agarró, y al abrirlo leyó las palabras *¡Jesús te ama!* El Espíritu trajo convicción a su corazón y tras caer de rodillas fue salvo allí mismo. Así sucedió también con los cinco papelitos restantes. Cuando llegaron los jóvenes y dijeron a la hermana que habían ganado algunas almas para Cristo, ella les contó que también había conquistado almas para Cristo: Siete personas.

Los jóvenes pensaron que ella estaba bromeando, pero al abrir la puerta del salón, allí estaban las siete personas que nuestra hermana había ganado para Cristo. Todos los nuevos creyentes contaron que sintieron que algo les dijo que tenían que pasar por allí ese día, además de relatarles que tenían necesidades profundas de un encuentro personal con Dios.

LAS AGENCIAS MISIONERAS

Son personas como esas, las verdaderamente llamadas, a quienes la iglesia debe apartar y enviar. Como ellas, existen miles en los bancos de nuestras iglesias alrededor del mundo. Están a la expectativa de que sus líderes y pastores les discipulen y dediquen tiempo para entrenarlas y capacitarlas, a fin de apartarlas y por último enviarlas. Sin embargo, la gran mayoría de iglesias no disponen de recursos académicos y financieros para preparar y entrenar personas para el ministerio específico de misiones. En ese caso el liderazgo debería enviarlas a una agencia misionera. Tanto en el pasado como hoy en día, las agencias misioneras son las que, la mayoría de las veces, entrenan, capacitan y preparan a los que son llamados a las misiones, y con la autorización de sus líderes, les apartan y envían al campo misionero, como JUCUM hizo conmigo. Algunos líderes creen que las agencias misioneras no deben hacer eso porque no son la iglesia. En realidad las agencias misioneras no son la *iglesia* de *Cristo* como tal, pero sí son *parte* de ella, del cuerpo de Cristo. Una *iglesia aislada* o su denominación *no es la única iglesia* de Cristo. La razón fundamental por la que Dios tuvo que levantar las agencias misioneras es muy sencilla: Las *iglesias* no estaban cumpliendo su papel de apartar y enviar a los misioneros. Entonces el Señor levantó agencias misioneras en todo el mundo. Decir que ellas no hacen parte del procedimiento de Dios ni que fueron llamadas por Él, es una declaración inmadura, absurda, sin sentido y ridícula. Si la *iglesia* hubiese obedecido al Señor con relación a preparar, entrenar, capacitar y después apartar y enviar esas personas, como hizo la *iglesia primitiva*, quizá no hubiese sido necesario que Dios llamara a grandes hombres consagrados como Loren Cunningham, para fundar una agencia misionera extraordinaria como JUCUM. Al igual que esta, muchas otras grandes agencias fueron fundadas por hombres llamados por Dios, para ejecutar esa tarea. Ya que las *iglesias* no hicieron su papel, Dios usó, usa y usará siempre a las agencias misioneras para llenar el vacío dejado por ellas. ¡Cuántos pastores y líderes de iglesias están agradecidos en la actualidad porque esas agencias entrenaron y enviaron a sus jóvenes, hoy en día adultos, a los campos misioneros en el mundo entero!

La necesidad de preparación académica

¡Es indiscutible! Las personas que aspiran a ser enviadas a las misiones mundiales tienen que prepararse en una escuela bíblica, seminario bíblico o hasta en alguna universidad teológica. Es imposible calcular los daños causados por obreros que han salido a hacer la obra misionera sin preparación ni instrucción adecuada. En la Conferencia Internacional Misionera de Tumbarán, Madras, India, en 1938, se expuso lo siguiente: «Nuestra convicción es que la actual condición de la teología educacional es una de las debilidades de toda obra cristiana en las misiones». ¡Eso fue en 1938! Hoy todavía, en pleno 2004, ¡la situación es la misma! Hay muchos pastores y obreros que carecen de cualquier preparación teológica en el área de las misiones. Sin que haya una idea básica de la historia de la iglesia y sus raíces misioneras, será muy difícil actuar con eficacia. Peter Savage, de la Misión Evangélica de los Andes, escribió que según una encuesta realizada entre 16.000 pastores de Brasil, sólo 4.500 habían recibido alguna preparación teológica elemental en alguna escuela o instituto bíblico. Otros 40.000 obreros evangélicos brasileños ni siquiera habían tomado algún curso básico de la Biblia por correspondencia. Esa historia es la misma en toda América Latina. Los pastores, sean brasileños o en su mayoría, los hispanos, nunca tuvieron una preparación académica correcta para el ministerio. En mis constantes viajes alrededor del mundo, entre ministros brasileños e hispanos, he encontrado una gran carencia de por lo menos algún conocimiento teológico elemental de las Escrituras. Me causa mucha tristeza decir esto pero es la verdad. Necesitamos recalcar la necesidad de que los ministros reciban una adecuada preparación académica.

John R. Mott, el gran evangelista, dijo hace muchos años: «La gran fragilidad del movimiento misionero y de los misioneros del pasado fue la falta de preparación y capacitación académica de los líderes locales en los países en que trabajaron, para que después asumiesen sus iglesias nacionales o nativas cuando terminasen sus trabajos misioneros». ¡Tiene toda la razón! Los misioneros fallaron en esa área porque la mayoría de las iglesias en los campos misioneros, aún hoy, no cuenta con entrenamiento adecuado para los pastores y evangelistas. El movimiento misionero ganó millones de almas y estableció miles de iglesias, pero no preparó académicamente a muchos líderes. Después que los norteamericanos y europeos evangelizaron países como Japón, Corea del Sur y Taiwán, ellos tienen ahora un gran número de pastores adecuadamente preparados e instruidos académicamente para ejercer sus ministerios.

Muchos especialistas en misiones que tienen una larga experiencia y son muy respetados, sugieren *6 niveles* de aprendizaje, estudios y preparación para las misiones. En mi opinión, es mucho tiempo invertido en estudios y no niego que todos sean importantes, pero prefiero sólo *5 niveles*. Para mí son suficientes siempre que se mantengan dentro de una filosofía que nos permita tener una preparación académica combinada con la práctica en el campo misionero.

En el *Nivel 1*, debido a mi experiencia personal, recomendaría fuertemente a cualquier persona que esté deseosa de participar en misiones que pase por JUCUM. La primera escuela sería la EDE (Escuela de Discipulado y Entrenamiento). Después, si quiere, podrá pasar por la Escuela de Evangelismo y Misiones seguida por la Escuela de Liderazgo y más adelante, la Escuela de Aplicación de la Biblia. También podrá elegir un curso Superior en la Universidad de las Naciones. En esas escuelas se ofrecen estudios de exégesis, lenguas bíblicas, teología bíblica de misiones, hermenéutica, homilética, etc. Mi consejo es este: Antes de irte a un seminario para estudiar teología más profundamente, pasa primero por JUCUM ¡porque tu vida nunca más será la misma!

En el *Nivel 2*, si todavía la persona sigue interesada en misiones, debería asistir a un seminario teológico de por lo menos 3 años y con énfasis en estudios misioneros, donde aprenderá sobre culturas, antropología, literatura, artes, filosofía, religiones, ideologías, etc.

Después viene el *Nivel 3*, con una duración entre 2 y 3 años, que cubre estudios teológicos preuniversitarios intensivos y más profundos de misiología. En ese nivel, yo sugiero que se viva un año entero en alguna otra cultura y país. La persona deberá estudiar teología aplicada, historia y ética, historia eclesiástica extensa, teología sistemática, dogmática exegética e histórica, apologética, teología del evangelismo, ética social y personal, etc. El *Nivel 4* es un nivel universitario, con formación en griego y hebreo, antropología, sociología, misiones transculturales y comunicación, crecimiento de la iglesia, administración eclesiástica, consejería pastoral, pedagogía, etc. Recomiendo que aquí se envíe a la persona a un grupo específico de un pueblo no alcanzado, de acuerdo con su llamado, para trabajar como misionero asociado y estudiar la lengua y cultura de ese grupo, supervisado por el misionero veterano del lugar.

El *Nivel 5* es opcional y corresponde a un Doctorado en Misiones o lo equivalente a algún curso de postgrado o maestría en otras universidades.

Clemente de Alejandría, al hablar sobre la importancia de la preparación teológica de una persona que aspira al ministerio, decía que había cinco significados o sentidos de aplicación en cualquier pasaje de la Escritura: «*Primero*: la aplicación histórica y actual del hecho cuando fue escrito. *Segundo*: la aplicación doctrinal, que es obviamente la enseñanza teológica. *Tercero*: la aplicación profética, que es la predicción en el sentido tipológico. *Cuarto*: la aplicación filosófica de valores psicológicos. *Quinto*: la aplicación mística, que es el sentido de un profundo significado espiritual». En todas esas aplicaciones, debemos tener en mente el sentido figurado, alegórico o literal de cada versículo de la Escritura y aplicarlo de acuerdo con cada situación. Orígenes, el sucesor de Clemente, decía que había tres sentidos de interpretación para cada pasaje de la Escritura, basado en el hecho de que el hombre posee cuerpo, alma y espíritu: «*Primero*: el sentido literal, que se compara a la utilidad de nuestro cuerpo para el Señor. *Segundo*: el sentido moral, que se compara a la recompensa de nuestra alma con relación al crecimiento espiritual en el Señor. *Tercero*: el sentido místico o alegórico, que es el aprovechamiento del hombre en el sentido espiritual que lo transformará en el "hombre perfecto"».

El estudio teológico de misiones hará del estudiante una persona madura en Cristo y en sus relaciones personales. También lo transformará en un comunicador eficaz del evangelio dentro del contexto de las misiones mundiales y en un experto fundador de iglesias y de obras misioneras que además ejerce el cuidado pastoral de su rebaño porque la Biblia dice: «Toda la Escritura es inspirada por Dios, y útil para enseñar... para instruir en justicia» (2 Ti. 3.16). Si el evangelismo, las misiones y la movilización de todos los creyentes como testigos de Cristo son fundamentales para el avance de la iglesia, entonces la educación teológica es el entrenamiento necesario para todo el pueblo de Dios a fin de realizar la tarea de la Gran Comisión.

EL ESTUDIO NECESARIO DE LAS MISIONES TRANSCULTURALES

El estudio de las comunicaciones lingüísticas en las misiones transculturales es importantísimo. Por ejemplo: ¿Cómo traducirías la expresión «Cordero de Dios» en Juan 1.29, digamos, al lenguaje de los esquimales? Ese idioma no posee las palabras correspondientes porque los esquimales no tienen experiencia alguna con el animal que nosotros llamamos «cordero». Los esquimales no tienen ovejas o corderos pues viven en un lugar donde la temperatura promedio es 60° bajo cero. ¿Cómo harías para traducir ese concepto teológico? ¿Inventarías una expresión nueva o intentarías explicar dentro de la cultura esquimal qué es un cordero? Para ellos no tendría el menor sentido. ¿Usarías una palabra como «foca» que ellos realmente entienden, en lugar de «cordero» que en la cultura occidental es perfectamente comprensible? Para que ellos entendiesen, ¿predicarías diciendo que Jesús fue la «foca» que Dios envió al mundo, la cual crucificaron los hombres? ¿O predicarías diciendo que Jesús fue el «cordero» que Dios envió, sabiendo que ellos no entenderán? En otro ejemplo sobre la historia del nacimiento de Jesús, contamos que los «pastores» cuidaban de las ovejas. Los pastores en Israel se consideraban personas devotas y respetadas, pero en la India los «pastores de ovejas» son considerados los «borrachos de las aldeas». Entonces, ¿predicarías diciendo que los ángeles anunciaron el nacimiento de Cristo a los pastores de ovejas, sabiendo que ellos se burlarían de tu mensaje por falta de una interpretación adecuada? ¿O predicarías diciendo que los ángeles anunciaron el nacimiento de Cristo a los «borrachos de las aldeas» para que ellos entendiesen, así sea totalmente errada esa aplicación en el sentido literal?

Volviendo al tema de la importancia de la comunicación, leemos en Génesis que «En el principio creó Dios». La pregunta es: ¿Cómo traduciríamos la palabra «Dios» en *telugu*, una lengua que se habla al sur de la India? ¿Usaríamos «Isvarudu», «Devudu» o «Bhagavanthudu»? El problema radica en que cada una de esas palabras tiene la connotación hinduista de que los «dioses» tienen exactamente el mismo tipo de vida que los humanos, solo que más elevado. Los «dioses» no se diferencian categóricamente de las personas. No hay ninguna palabra en India que tenga la misma connotación bíblica del concepto de «Dios» que nosotros tenemos. Eso nos lleva también al problema de traducir el concepto bíblico de «la encarnación» de Cristo. En el concepto bíblico, la encarnación es vista desde el punto de vista del Dios infinito que traspasó el gran abismo, aquella distancia insalvable y separación total entre Él mismo y la humanidad, para transformarse en la persona de carne y hueso que llamamos Jesús. En otras palabras, Él pasó de una categoría elevadísima y exclusiva de Él a otra inferior que es la nuestra.

En la cultura de la India y según el concepto hinduista, los «dioses» constantemente se «reencarnan» y se mueven todo el tiempo dentro de la misma esfera o nivel de los humanos. Obviamente ese concepto de «encarnación» es totalmente inaceptable desde nuestro punto de vista como cristianos, pero ¿cómo expresar el concepto bíblico de la «encarnación» de Cristo en *telugu* o cualquier otra lengua hindú? En nuestro concepto de vida, *Dios es un ser eterno*, sobrenatural e infinito. Según los hindúes, la palabra «brahmán» se aplica tanto a «dioses elevados» como también a «dioses menores». Para nosotros, la relación con Dios es vertical y Dios es el Creador de todas las cosas. Los hindúes tienen la creencia de que fueron «muchos dioses» o «semidioses» o incluso un solo «espíritu elevado» quien creó todo lo que existe hoy. Para nosotros, el hombre es natural pero con un alma eterna y la relación entre nosotros, los humanos, es horizontal. Para los hindúes, los «dioses» se transformaron y se transforman todo el tiempo en «humanos» y viven en el mismo nivel de los hombres, encarnándose de varias formas, bien sea como sacerdotes o cabecillas espirituales entre los «trescientos millones de dioses» diferentes que tienen, porque ellos ya creían en la reencarnación mucho antes que Alan Kardec empezara a divulgar prácticas como el espiritismo y la santería. Para nosotros, los animales no poseen alma sino apenas el hálito de vida, y todos ellos pasarán al igual que las plantas y las cosas inanimadas. Para los hindúes, animales como los elefantes, los ratones, las víboras, las serpientes, las vacas y muchos otros, son «dioses eternos». Creen que existen «animales elevados» y «animales inferiores» que «poseen almas eternas», las cuales serán encarnadas en otros animales o en personas. Para ellos, todo posee vida y será reencarnado, no morirá porque «hálito de vida» y «alma» son la misma cosa. En su entendimiento, «todo es dios» porque los dioses pueden ser tanto elevados como inferiores: Los malos espíritus o demonios son «dioses malignos», los hombres son «dioses», los animales son «dioses», las plantas son «dioses», las piedras son «dioses», todo es «dios». Podemos decir que ellos viven completamente sumidos en el «panteísmo», que es la connotación más exacta para definirlos espiritualmente. El hombre, en su búsqueda de conocimiento espiritual, quiso saber si podría transmitir sus sentimientos e inventó la telepatía. También quiso saber si podría interpretar los acontecimientos misteriosos del presente y entender los eventos futuros, y para ello inventó la adivinación, la lectura de manos y cartas, la brujería y la hechicería, todas las cuales son formas de satanismo.

Otra ilustración de las dificultades lingüísticas corresponde a la propagación de la lengua tibetana, que se dio a raíz de la expansión de la filosofía budista y sus conceptos totalmente diferentes a los nuestros. Las palabras utilizadas por el cristianismo son interpretadas por los budistas según el significado que tengan en el Tíbet. Cuando hablamos de Dios, en nuestras mentes occidentales y cristianas tenemos el concepto de un Ser y Espíritu Supremo, Eterno, Creador y Sostenedor de todas las cosas, cuya esencia es el amor, Su presencia es santa y todos Sus caminos son rectos. Para ellos, sin embargo, la palabra tibetana «Dios» no alude a ninguno de los conceptos antes mencionados. Nosotros hablamos de «oración» como la comunión espiritual entre Dios, nuestro Padre, y Sus hijos. Para ellos, «oración» es la repetición mecánica de una fórmula abstracta y mística, con frases que les llegaron a través de sus antepasados milenarios. Nosotros hablamos de «pecados», y para ellos el significado principal y central de «pecado» es la condenación por la matanza de animales. Si nosotros hablamos de un «Salvador» ellos piensan en Buda o en Dalai Lama. Nosotros hablamos de Dios como un ser trino, Padre, Hijo y Espíritu Santo, a lo cual ellos dicen: «¡Claro que sí! Dios es Buda, dios es toda la escritura budista y dios es todo el cuerpo de sacerdotes budistas». Si decimos que el espíritu del hombre está muerto en pecado y por esa razón ha sido cortado de la presencia de Dios, ellos no lo entienden porque dicen que una persona es solamente alma y cuerpo, por eso preguntan: «¿Qué quieres decir con ese tercer concepto, «el espíritu del hombre»? Ellos creen que cuando el hombre muere, su alma escapa por uno de los nueve orificios o agujeros que hay en el cuerpo y responderán: «Nosotros no sabemos nada sobre el espíritu del hombre». Hablamos de «revelación» de Dios y la Palabra de Dios que es la Biblia, pero ellos no conocen nada más que su enorme colección de preceptos budistas. Creen que los ejercicios para el desarrollo del intelecto humano, por medio de la meditación intensa y la contemplación absorta durante largos períodos de tiempo, les permitirán entrar a un nivel espiritual más profundo y entrar en contacto con un «ser superior» que ni ellos mismos conocen. ¡Qué importante es el estudio de las misiones transculturales y de diversos idiomas para los misioneros y para todos los que desean servir al Señor en tierras extranjeras!

Necesitamos conocimiento y poder para defender el evangelio

¿Qué decir del intelectualismo, sea religioso o puramente ateo? ¿Cuán preparados debemos estar para defender el evangelio de Cristo contra los ataques de las universidades seculares y anticristianas de la actualidad? ¡Necesitamos estar preparados! En muchos seminarios teológicos en Estados Unidos y alrededor del mundo, la Biblia ha perdido su lugar preponderante por las dudas que muchos han sembrado en cuanto a la infalibilidad de la Palabra de Dios. En algunos lugares hasta llegan a decir que está equivocada porque «científicamente hablando», como dicen algunos «teólogos», ella no da las respuestas que se necesitan en el mundo contemporáneo. ¡Eso no es verdad! La Palabra de Dios es la única fuente autorizada que podrá darnos los argumentos fundamentales para combatir el intelectualismo secular que tanto ataca y pretende ridiculizar al cristianismo. La Biblia ofrece suficientes argumentos históricos con relación a nuestro planeta Tierra y a todo el «universo», así como también nos guía con evidencias contundentes que se remontan hasta la historia preadámica de Génesis 1.1-2. T. H. Huxley, biólogo y amigo de Darwin, abuelo de Aldous y Julian Huxley, escribió en 1890 que veía llegar el día, no muy lejos, en que la fe cristiana se apartaría por completo de los hechos científicos, especialmente con relación a la historia preadámica. Dijo que la fe seguiría así triunfalmente por los siglos, en una afirmación grandilocuente que antecedió al nacimiento de la filosofía existencialista y atea qué tanto daño ha causado al cristianismo. Por otro lado, teólogos radicales como Altizer y Hamilton dijeron que la Biblia no tenía mucho que decir con respecto al progreso «científico» que podemos llamar «el avance tecnológico y moderno» de nuestros días. Ellos promovían el «ateísmo cristiano» porque alegaban que Dios, quien antes estuvo «vivo» ahora estaba «muerto», y que la muerte de Dios fue un hecho histórico. Según ellos, Dios «murió» para nuestra era historia. Es obvio que quedaron impactados con la frase de Nietzsche: «Dios está muerto». Hamilton decía que la diferencia entre el «ateísmo cristiano» y el «ateísmo secular» no era la falta de experiencia de Dios, sino la experiencia real de la falta de ese «Dios», porque según él, Dios está «muerto» y ya no existe. Van Buren, que también perteneció a ese movimiento, decía que la palabra «Dios» estaba muerta, pues todo lo que necesitábamos lo podríamos encontrar en el «hombre Jesucristo», aunque no en su deidad como Hijo de Dios. Francis Schaeffer comenta: «*Entonces Jesús se convirtió en un símbolo no identificado, aceptado como un Jesús histórico pero no como Dios. Esto hacen los humanistas puros que portan una bandera religiosa para llamar a Jesús como quieren a fin de convertirlo en lo que se les antoja*».

Altizer y Hamilton, en su búsqueda incansable en contrariar las Escrituras y en el intento exhaustivo de separar a Dios del hombre y de su fe en lo sobrenatural, dijeron: «Tenemos que ser libres del concepto de Dios y de Él mismo, olvidarnos de que Él pueda solucionar nuestros problemas y necesidades». ¡Qué presunción tan absurda y necia! ¿Sacar a Dios quien es el centro de nuestra fe, libertad y esperanza? ¿A Dios quien es la fuente de la propia vida? ¿Quien nos redimió de nuestros pecados a través de Jesucristo, el «perfecto hombre Dios»? ¿Sacar a Dios? ¿Y con qué nos quedaríamos? ¿Tanta sabiduría intelectual, para qué? La Biblia nos dice: «*¿Dónde está el sabio? ¿Dónde está el escriba? ¿Dónde está el disputador de este siglo? ¿No ha enloquecido Dios la sabiduría del mundo? Pues ya que en la sabiduría de Dios, el mundo no conoció a Dios mediante la sabiduría, agradó a Dios salvar a los creyentes por la locura de la predicación*» (1 Co. 1.20-21).

Por eso es importante que defendamos el evangelio y las Escrituras. La palabra «apologética» viene de la palabra griega *apología* que significa «defensa». Existen muchas razones que explican por qué las personas rechazan las Escrituras y a Jesucristo. La *primera* es la *ignorancia*. La forma como veamos a Cristo influirá en nuestras respuestas y pensamientos sobre Él. La mayoría de las personas hacen declaraciones erróneas basadas en herejías y falsas informaciones. Son pocos los que han rechazado al cristianismo en el terreno intelectual, porque saben que tenemos suficientes argumentos válidos. Por eso tenemos que conocerlos. La *segunda* razón porque las personas rechazan a Cristo, es *una vida en pecado*. Convertirse en cristiano no es una cuestión intelectual, sino una cuestión voluntaria. Hay una diferencia entre aquel que busca saber las cosas honestamente y aquellos que buscan saberlas deshonestamente. Algunas personas deshonestas que intentan probar que el cristianismo no es verdadero, procederán a hacerlo sin inmutarse por las evidencias en su contra. Es trabajo del Espíritu Santo convencerlos del pecado, de la justicia y del juicio. La *tercera* razón es que muchos tienen *una mente cerrada*. Dios ha dado muchas evidencias, pero las personas quieren cambiarlas a su favor, torciendo las Escrituras y ridiculizando el evangelio. La *cuarta* razón es *la barrera de la fe*. Dios requiere fe, «porque por fe andamos, no por vista» (2 Co. 5.7), y además «sin fe es imposible agradar a Dios; porque es necesario que el que se acerca a Dios crea que le hay» (He. 11.6). Hoy en día, en el mundo contemporáneo, las personas aún creen en la verdad, pero creen en «sus» verdades. Por lo tanto, debemos estar preparados, pues la Biblia dice: *«Estad siempre preparados para presentar defensa con mansedumbre y reverencia ante todo el que os demande razón de la esperanza que hay en vosotros»* (1 P. 3.15). Por eso es muy importante estudiar sobre sectas, religiones, filosofías, etc.

Los apologistas cristianos del siglo II fueron hombres muy preparados intelectualmente para defender las Escrituras, la existencia de Dios y el sacrificio de Cristo frente a las creencias «panteístas» de los griegos y romanos. Además también fueron hombres llenos del poder y la sabiduría del Espíritu Santo. Así destruyeron los antiguos argumentos de Homero y Hesíodo[1] que decían que los pecados del hombre debían atribuirse a los «dioses». Los apologistas expusieron sobre la santidad de Dios y argumentaron acerca de la realidad de la resurrección de Cristo. Tertuliano, en su obra maestra, *Resurrectione*, defendió con razones sólidas que si Dios puede crear un cuerpo humano a partir de la combinación de un espermatozoide y un

---

[1] N. del T.: Homero y Hesíodo fueron ilustres pensadores griegos del siglo VII a.C.

óvulo, no le sería difícil crear un cuerpo espiritual para los creyentes en el cielo. Orígenes fue un famoso apologista de la Escuela de Alejandría, que no solo fue un lugar de encuentro para los cristianos intelectuales sino también el epicentro donde la fe fue debatida, argumentada y comprobada frente a los impugnadores escépticos y ateos. Era semejante a lo que el apóstol Pablo había hecho 150 años antes al argumentar con la fe cristiana para derribar el gnosticismo en la escuela de Tirano, en Éfeso (Hch. 19.9). Las mismas palabras griegas que se emplean en el Nuevo Testamento para expresar la predicación cristiana, denotan una ardua tarea intelectual en muchos sentidos: *didaskein*, que significa «instruir», *kerrusein* que significa «proclamar como un mensajero», *evangelizesthai* que traducida es «predicar buenas nuevas», *katangellein* que significa «hacer una cuidadosa investigación», *diamarturesthai* que significa «testificar» y es el origen de «mártir», *katelenchein* que alude a «convencer con argumentos», la palabra *dialegesthai* que significa «argumentar» y así sucesivamente. Los apologistas dedicaban mucho tiempo a dar pruebas intelectuales rotundas a favor del evangelio de Cristo para convencer a los filósofos de su época. Ellos estaban preparados para argumentar, aunque en un ambiente muy hostil, a favor de la Palabra de Dios. Ellos dieron suficientes pruebas de que el evangelio estaba profundamente vinculado al Antiguo Testamento, pues era el cumplimiento de las profecías acerca de Cristo. Usaron palabras como *sunzetein* y *sumbibazein* que aluden a una gran seriedad y rigor para estudiar y escudriñar las Escrituras con el objetivo de demostrar a los judíos que Jesucristo era el Mesías y a los griegos que era la sabiduría de Dios. Léase Juan 5.39-47.

DEBEMOS MANTENER UN EQUILIBRIO ENTRE SABIDURÍA ACADÉMICA Y ESPIRITUAL

Vuelvo a hablar de la gran importancia que tiene el estudio de las misiones transculturales, los idiomas, la teología de misiones y del evangelismo, la necesidad de la preparación apologética, entre otras cosas, e incluso los 5 niveles de estudios que sugerí anteriormente. Realmente pienso, y no me contradigo a mí mismo, que los ganadores de almas natos y llenos del poder del Espíritu Santo solo necesitan llegar hasta el nivel 3, académicamente hablando. Si alguien realmente anhela un curso superior porque el nivel de su llamado así lo requiere, que llegue al nivel 4, pues esa categoría también es para profesores de misiones, sea en un seminario o universidad teológica. Ya el nivel 5 es totalmente opcional. Para aquellos cuyo corazón arde por alcanzar el mundo para Cristo, los niveles del 1 al 4 son suficientes. Sin embargo, si Dios desea que alguien tenga el nivel 5, como muchos lo tienen, ¡gloria a Dios! La mayoría de discípulos, apóstoles y obreros del Señor no tuvieron ningún nivel de esos, a excepción de Pablo, Mateo y el médico Lucas, pues los demás fueron sencillos pescadores.

Hoy en cambio, ¡los tiempos son otros! Los discípulos no tuvieron ni los tres primeros niveles, mucho menos el cuarto o el quinto. Sin embargo, ¡ellos sí que predicaron! La mayoría para su propia cultura, lengua y nación, excepto algunos que cruzaron fronteras. El Dr. Robert Coleman, en su libro «El Plan Maestro del Evangelismo», dice sobre el llamado de los discípulos: *«En su mayoría eran hombres comunes de la clase obrera, probablemente sin entrenamiento ni educación profesional, destituidos de los rudimentos del conocimiento necesario para su vocación. Tal vez unos pocos hayan venido de familias dotadas de medios financieros más o menos considerables, como los hijos de Zebedeo, pero ninguno de ellos podría considerarse rico. No tenían diplomas de cursos académicos, ni en artes ni en las filosofías de su época. Como es el caso del propio Maestro, pues su educación formal consistió solamente de lo que se impartía en las escuelas de las sinagogas. Casi todos ellos crecieron en la región pobre alrededor de Galilea».* ¿Qué decir ahora de los misiólogos que recomiendan 6 niveles de educación? ¡Imagínate el tiempo y el dinero invertido en eso!

Algunos misioneros a quienes Dios usa grandemente hoy en día, dicen que exigir 6 niveles es algo absurdo, pues es para vanagloria del intelectualismo humano. En parte ellos tienen razón, pero eso depende de cuál sea el llamamiento de la persona y del lugar donde Dios quiere que ministre. Pablo escribió sobre nuestro llamado: *«Pues mirad, hermanos, vuestra vocación, que **no sois muchos sabios** según la carne, ni muchos **poderosos**, ni muchos **nobles**; sino que lo necio del mundo **escogió** Dios, para avergonzar a **los sabios**; y **lo débil del mundo** y lo **menospreciado** escogió Dios, y lo que no es, para deshacer lo que es, a fin de que **nadie se jacte** en su presencia»* (1 Co. 1.26-29).

Tú y yo, amado lector, fuimos llamados, pero no somos considerados «sabios» (intelectuales) de ningún modo, aunque sea en la connotación más humilde que esta palabra represente. Tenemos sabiduría de las cosas del Espíritu, pero no las del mundo. Mucho menos somos «poderosos» (no tenemos nada), ni «nobles» (¿sangre azul?), porque la mayoría de nosotros vino de familia humilde y simple, como yo que vine del interior de Río Grande do Sul. Por esa razón Dios nos eligió, puesto que según la carne somos «necios» y somos «viles» (nada somos ante al mundo). Finalmente, somos «menospreciados» (menos que nada), y los que no lo son ¿por qué? Para que nunca podamos jactarnos delante de Él, como la Escritura confirma de nuevo: «Así dijo Jehová: No se alabe el sabio en su sabiduría, ni en su valentía se alabe el valiente, ni el rico se alabe en sus riquezas. Mas alábese en esto el que se hubiere de alabar: en entenderme y conocerme, que yo soy Jehová, que hago misericordia, juicio y justicia en la tierra; porque estas cosas quiero, dice Jehová» (Jer. 9.23-24).

Jamás nos gloriemos por la manera como Él nos usa, pues no somos sabios, ni poderosos, ni nobles, ni ricos. Somos realmente necios, débiles, viles y menospreciados, en últimas somos locos, no tenemos nada, no somos de familias importantes, no somos nada, somos menos que nada y no servimos para nada... ¿No te parece que es así? ¿Que es lo que somos? Ya has leído lo que el Señor Jesús nos dice: somos sus siervos. «Así también vosotros, cuando hayáis hecho todo lo que os ha sido ordenado, decid: Siervos *inútiles* somos, pues lo que debíamos hacer, hicimos» (Lc. 17.10). ¿Qué es lo que en esa verdad te pareció importante? Ya has leído que: «Como *nada* son todas las naciones delante de él; y en su comparación serán estimadas en *menos que nada*, y que *lo que no es*» (Is. 40.17). ¿Qué te pareció? Si las naciones no son nada delante de Él y las considera sin valor y lo que no es, o sea menos que nada a Sus ojos, ¿qué somos entonces? ¡Ni aparecemos! ¡Ni somos tomados en cuenta! ¿Qué es menos que nada? Tal vez contestarás: «¡Nada!» Pero esa no es la respuesta correcta puesto que menos que nada no puede ser nada, porque es *menos que nada*... Entonces tú y yo somos... no podemos encontrar la palabra correcta. Es más o menos así, como una hermana en Los Ángeles me respondió delante de todos cuando hice esa pregunta en una iglesia: «somos nada y menos que nada».

Partiendo de ese punto de vista de la Escritura, los pastores y líderes, que son preparados teológicamente, no deberían despreciar a las personas humildes, siendo jóvenes o adultas, que poseen el llamado de Dios en sus vidas. Deberían acordarse que un día también ellos empezaron solos y con muchas dificultades, pero posteriormente, Dios los hizo prosperar y pudieron cursar universidades y conquistar títulos superiores y doctorados. Querido pastor y hermano, que puedas invertir tu vida en la vida de los otros, sabiendo que un día otros invirtieron en la tuya. Por lo tanto el liderazgo de la iglesia debe apoyar, apartar y enviar a los que tienen el verdadero llamado. De esa forma, la obra de misiones y evangelismo seguirá adelante y grandes multitudes vendrán a Cristo.

Finalizo este capítulo con las palabras que proferí en Los Ángeles, en una conferencia de misiones en el centro de convenciones: «Cada vez que un pastor libere a una persona para las misiones, no estará perdiendo un líder sino ganando miles de personas que vendrán a Cristo». Esa es la tarea de la iglesia: dar preparación espiritual a los candidatos y enviarles al campo misionero para que ellos empiecen a prepararse académicamente. Entonces serán eficientes en lo que se refiere a las misiones y al evangelismo en el ámbito local, nacional y mundial.

Capítulo 13

La iglesia debe dar sustento financiero a los llamados

*J*ohn Raleigh Mott (1865–1955) tenía una mezcla de profunda espiritualidad con un alto nivel de liderazgo además de una gran capacidad administrativa. Fue uno de los líderes evangélicos de mayor influencia hasta mediados del Siglo XX, quien no aceptó una invitación hecha por el presidente Woodrow Wilson para ser el primer embajador de los Estados Unidos en China, pues según él, su deber era seguir con la misión cristiana de alcance a los jóvenes conocida como YMCA. El 10 de diciembre de 1946, en Oslo, Noruega, él recibió el Premio Nóbel de la Paz. Cuando le preguntaron cuál era su vocación, simplemente contestó: "¡Evangelista!» Desde el día de su conversión en Cornell, en 1886, hasta el de su muerte, siempre fue un verdadero evangelista. Poseía sólidos principios en cuanto a la responsabilidad y el deber de la iglesia de sostener a los que fueron llamados, apartados y enviados para las misiones. Al final de su vida, lamentó el hecho de que las puertas abiertas en 1910 para la evangelización y las misiones no fueron aprovechadas por la iglesia. Creía que las iglesias habían perdido la perseverancia y la pasión de ganar almas para Cristo. Una vez al mencionar ese tema, dijo: *«Nosotros tendríamos que pensar definitivamente en dejar los reinos de este mundo y sus riquezas de una vez por todas y concentrarnos en saber que algún día esos reinos vendrán a ser de nuestro Dios y que Él reinará para siempre. Entonces es deber de la iglesia sostener financieramente a los que están tratando de establecer el Reino de Dios aquí en la tierra. Aquellos que viven coherentemente en ese sentido y mandamiento jamás podrán sentirse desanimados, desmayados o derrotados».* Ese gran hombre, en 1954, durante una de sus últimas presentaciones públicas, antes de partir con el Señor, dijo a sus oyentes mientras predicaba la Palabra de Dios: «Señores y señoras, cuando John Mott esté muerto, acuérdense de él sólo y simplemente como un evangelista».

Después que la iglesia *apoye* a los verdaderamente llamados, después que la iglesia *separe* a los verdaderamente llamados, después que la iglesia *envíe* a aquellos que fueron verdaderamente llamados, la *iglesia* necesita y debe *sostener financieramente* a los verdaderamente llamados. Nuestro ministerio, Josué Yrion Evangelismo y Misiones Mundiales, Inc., el cual no es una iglesia pero sí parte de *la iglesia*, es una organización evangelística y misionera que sostiene hasta el momento a 15 misioneros en todos los continentes. Nosotros vivimos por la fe y aún así sostenemos obreros. ¿Qué es lo que se puede hacer con la capacidad financiera de una iglesia local? Ella puede influir tremendamente en el mundo al invertir en el evangelismo y las misiones. Si el pastor local y el liderazgo de la iglesia no tienen visión para misiones, ella tendría que detenerse y parar de funcionar puesto que no hay razón para su existencia.

El Dr. Oswald Smith decía que cuando iba a predicar en alguna iglesia que tenía el libro de caja vacío y el tesorero le comentaba que ya estaban en «el rojo» y endeudados, él predicaba durante toda esa semana para que la gente hiciera ofrendas para ayudar a esa iglesia y a las misiones. Además de la ofrenda normal que se levantaba en el culto, Smith pedía al final otras donaciones adicionales, especialmente para las misiones. Los pastores se sorprendían, pero cuando llegaba la noche del domingo, al contar el dinero de las ofrendas, la iglesia se daba cuenta que daba para pagar sus deudas y todavía sobraban miles de dólares que eran, entonces, enviados a los misioneros.

Desde que nuestro ministerio empezó a invertir en misiones, ellas han crecido de una forma estupenda en todas las áreas. Tenemos representantes en 5 continentes y seguimos creciendo. Tenemos muchísimas invitaciones para predicar por todo el mundo, a punto de no poder asistir a todas. Hemos gastado miles de miles de dólares en cada cruzada que hacemos como en las de Asia y África. Todo eso es suplido milagrosamente por el Señor. Existen miles de *iglesias* y de miembros que no crecen porque no abren mano de sus finanzas para bendecir a los evangelistas y misioneros. La Escritura dice: «Hay quienes reparten, y les es añadido más; y hay quienes *retienen más de lo que es justo*, pero vienen a pobreza. El alma generosa *será prosperada*; y el que saciare, él también será saciado» (Pr. 11.24-25). Hay iglesias y miembros que dan y financian las misiones y por lo tanto se han transformado en personas e iglesias ricas y poderosas. Existen personas que han retenido indebidamente, se han aferrado al dinero y han cerrado la mano mucho más de lo que es justo... Y ¿qué es lo justo? ¡Sostener la causa del Señor! Esas iglesias se arruinan, se empobrecen, quedan divididas y caen en el pecado de la avaricia. Sin embargo existen iglesias y personas que son generosas y prosperan, y así como ellos sostienen a los demás, serán sostenidos por el Señor. He visto, alrededor del mundo, iglesias y pastores que han bendecido nuestro ministerio financieramente, y cómo cada año ellas mismas crecen más. No obstante también he visto iglesias que no nos bendijeron como lo merecemos por nuestro trabajo y esfuerzo, y hemos oído que aquellos pastores e iglesias ya no existen más, por una razón u otra, pero la principal es que el espíritu de avaricia y egoísmo en el corazón los llevó a la ruina, sea por robo o por otro pecado cualquiera.

Cuenta el evangelista, Dr. Luis Palau, que una iglesia que mantenía financieramente a la Asociación Evangelística Luis Palau, había enviado una carta a su ministerio, por medio de su comité financiero, exponiendo lo siguiente: «Dr. Palau, lo sentimos mucho pero tenemos que cortar en 50% la ayuda financiera que le damos». Dentro de la carta había incluso el boletín con el programa semanal de la iglesia en que constaba lo siguiente: «La semana que viene, el pastor y su esposa con 20 matrimonios más de nuestra iglesia viajarán para un certamen de golf en Bahamas. Por favor oren por nosotros». ¿Te imaginas eso? ¿Qué diría Cristo de tal actitud? Estaban cortando la ayuda financiera al Dr. Palau, ese gran hombre de Dios a quien yo ya había tenido el privilegio de escuchar en persona en los congresos de Ámsterdam 83, Copenhague 85 y Ámsterdam 2000, y es un predicador que gana almas por todo el mundo. ¡Los líderes de esa iglesia estaban por irse a pasear, divertirse y jugar golf en Bahamas! ¡Es terrible! ¡Qué vergonzoso y desastroso que una «iglesia» tenga una actitud tan absurda, egoísta y ridícula!

La prioridad de la iglesia es sostener las misiones y la obra de Dios en todo el mundo. La Biblia habla extensamente sobre finanzas y que Dios las coloca en nuestras manos para sostener Su obra. Por su puesto, tenemos el deber de evaluar los ministerios y misioneros que verdaderamente están haciendo la obra de Dios y a quienes podrán sostener de acuerdo con sus recursos financieros. Sabemos que varias *iglesias* han tenido pésimas experiencias con «algunos ministros» que se dicen «llamados» pero que en verdad no lo son y están «engañando» a muchos con «proyectos» inexistentes, robando y aprovechándose de la honestidad del pastor. Usan la humildad del pueblo de Dios para provecho propio, recaudando «ofrendas» para obras que en realidad no existen. Por otro lado, existen los verdaderos ministros y sus ministerios, que realmente tienen dificultades financieras que han demostrado carácter e integridad ministerial, y que son dignos de recibir ayuda además de tener proyectos fidedignos que infelizmente no son apoyados financieramente por las iglesias y sus pastores. La mayoría de los pastores apoya los ministerios itinerantes y los misioneros en sus proyectos. Casi todas sus iglesias están orientadas para dar a los que necesitan, al paso que otras, no son orientadas por sus pastores y líderes. Esas iglesias son débiles, casi sin miembros, no crecen porque no saben dar, sembrar, invertir. Dicen que los norteamericanos abren sus manos y donan a los ministerios. Eso es verdad. Lo sé por experiencia propia. También dicen que los latinos, incluyendo los hispanos y brasileños, aún no han aprendido a donar porque hay una carencia de actitud colectiva en la iglesia latina por no reconocer el principio de dar. Sin duda no son todas las iglesias, pues toda regla tiene su excepción. Hay iglesias generosas que realmente siembran y que por eso son bendecidas financieramente.

La «doctrina» o «teología» de la prosperidad

Hemos oído muchos sermones sobre el dar. No quiero competir con nadie, por eso no predicaré «otro» sermón. Ya bastan los «falsos predicadores y profetas de la prosperidad», que no saben predicar otra cosa que no sea sobre dinero. Ellos ya han saturado el medioambiente con mentiras y perversiones sobre finanzas que la iglesia no quiere escuchar más. Los creyentes se irritan cada vez que se colecta la ofrenda, porque los engañadores han causado un daño irreparable en la verdadera terminología bíblica de la prosperidad como nos enseña la Palabra de Dios. Es insoportable escuchar los petulantes, arrogantes y absurdos «mensajes» y grandes «revelaciones" que esos falsos ministros entregan al pobre pueblo incauto y espiritualmente ignorante, el cual, sin examinar las Escrituras, grita «¡Amén! ¡Amén!» a cada tontería que escucha.

Jim Baker, conocido por el famoso escándalo de la PTL, cuya quiebra se debió a su mala administración financiera, y que lo llevó a ser condenado por cinco años de prisión por estafa en los años 80. El 30 de julio de 2000, después de cumplir su condena, visitó su iglesia de las Asambleas de Dios en la ciudad de Muskegon, en el estado de Michigan. Pidió perdón, contrito y humillado y reconoció que, mientras estaba encarcelado, escribió un libro titulado *I Was Wrong* [Me equivoqué], en el cual confiesa que la «teología o doctrina de la prosperidad» que predicó y que los predicadores de ahora enseñan es falsa, perversa y diabólica. Jim Baker se humilló, reconoció su gran error y pecado, pidió perdón y fue restaurado después de sufrir varias experiencias amargas como consecuencia de su avaricia y del lujoso estilo de vida que tuvo, usando el dinero del pueblo de Dios. No obstante, ¡el Señor lo restauró! Dios permitió eso para que en el día que fueren juzgados los dañinos «predicadores de la prosperidad» no tengan excusa delante de Dios. Sin embargo la iglesia y los pastores tienen que entender que ni todos los evangelistas y pastores son así. Ese fue uno entre pocos casos, porque la mayoría de los siervos de Dios son íntegros y fieles con sus finanzas personales y ministeriales. Lamentablemente, después de ese escándalo y de algunos otros más, muchos dejaron de contribuir para sostener a misioneros, evangelistas y misiones porque juzgaron que todos eran iguales, y creo que eso no es correcto ni justo.

El apóstol Pedro nos advierte que vendrían tiempos como este: «*habrá entre vosotros **falsos maestros**, que introducirán encubiertamente **herejías** destructoras... atrayendo sobre sí mismos destrucción repentina. Y muchos seguirán sus disoluciones, **por causa de los cuales** el camino de la verdad **será blasfemado**, y por **avaricia** harán **mercadería de vosotros** con palabras **fingidas**. Sobre los tales ya de largo tiempo la condenación no se tarda, y su **perdición** no se duerme*» (2 P. 2.1-3). ¿No es cierto que son falsos esos predicadores de la «teología o doctrina de la prosperidad», puesto que es justamente lo que nos previene la Biblia? ¿No es verdad que ellos han introducido algunos versículos que no forman parte del contexto bíblico para poder confirmar sus aberraciones y herejías? Baker, otros predicadores y sus familias ¿no fueron destruidos por el diablo? Y muchos los siguen porque son un pueblo incauto y espiritualmente ignorante, que no conoce a Dios y mucho menos Su Palabra. Ellos «sirven al Señor» por lo que Él les da, no por quien Él es. ¿No fue por culpa de Baker y de otros tantos que muchos blasfemaron, ridiculizaron, pervirtieron, maldijeron y humillaron el camino de la verdad que es el evangelio? Piense en la magnitud mundial del escándalo que Baker y otros tantos han causado al traer afrenta y vergüenza a la Palabra de Dios, a Cristo, su iglesia y a todos nosotros. ¿No fue por avaricia y por ganancia que ellos usaron el púlpito para «negociar» la Palabra de Dios con palabras fingidas, deshonestas y mentirosas? ¿No engañaron al pueblo y le robaron, no solamente el dinero como también la dignidad, el respeto y la pureza de un pueblo que fue redimido por la Sangre de Cristo? Ellos, sus familiares y los que estaban a su lado, ¿no fueron destruidos por la condenación de Dios? Parece que Pedro al escribir esas palabras, profetizó todo lo que ha ocurrido actualmente con Baker y los otros. ¡La Palabra de Dios es tremenda! ¿No predice lo que sucederá mañana? Hablando sobre el «amor al dinero», el apóstol Pablo dice: *«Si **alguno** enseña **otra cosa**, y no se conforma a las **sanas** palabras de nuestro Señor Jesucristo, y a la **doctrina** que es conforme a la piedad, está **envanecido, nada** sabe, y delira acerca de cuestiones y contiendas de palabras, de las cuales nacen **envidias**, pleitos, blasfemias, malas sospechas, disputas necias de hombres **corruptos de entendimiento** y privados de **la verdad**, que toman la piedad como **fuente de ganancia**; apártate de los tales. Pero gran ganancia es la piedad acompañada de contentamiento; porque nada hemos traído a este mundo, y sin duda nada podremos sacar. Así que, teniendo sustento y abrigo, estemos contentos con esto. **Porque los que quieren enriquecerse** caen en **tentación y lazo**, y en muchas codicias necias y dañosas, que hunden a los hombres en destrucción y perdición; **porque** raíz de todos los males es **el amor al dinero**, el cual codiciando **algunos, se extraviaron de la fe**, y fueron traspasados de muchos dolores»* (1 Ti. 6.3-10).

Fíjate que el apóstol comienza la frase con la expresión *si alguien*, y termina con *fuente de ganancia*, donde coloca el primer punto y aparte. Así deja claro que si cualquiera, incluso nosotros, predica otra doctrina que no sea el evangelio del Señor Jesucristo, es orgulloso y no sabe nada. ¿Predicó Cristo la «doctrina» de la prosperidad? O ¿predicó a los pobres y necesitados? Su ministerio, ¿se basó dando énfasis a la prosperidad? O ¿curó enfermos, dio visión a los ciegos, hizo andar a los paralíticos, expulsó demonios, resucitó a los muertos y alimentó a las muchedumbres? ¿Cuáles fueron las sanas palabras del Señor? ¿No son arrogantes y prepotentes los «profetas de la prosperidad»? ¿No tienen envidia de los otros ministerios que predican la verdadera Palabra de Dios? ¿No es cierto que existe competición entre ellos mismos? ¿Y que predican esa mentirosa y absurda teología para ver quién es el mejor? ¿No se han corrompido predicando únicamente sobre el dinero al tiempo que otros miembros de sus iglesias viven en pecado y en el materialismo? ¿Tendrán ellos entendimiento y discernimiento de la Palabra? ¡No! ¿Están equivocados, privados de la verdad? ¡Sí! ¿No usan ellos su llamado, vocación y ministerio como fuente de ganancia? Siendo así, aprendemos desde la expresión «si alguno» hasta «fuente de ganancia» que ellos son orgullosos, nada saben, viven en envidia, tienen la mente corrompida, o sea, sin entendimiento o discernimiento, no conocen la verdad de las Escrituras, porque para ellos el evangelio es fuente de ganancia. Pablo no para por ahí y sigue hablando que debemos contentarnos con nuestro sustento y abrigo, porque aquellos que quieren enriquecerse se han desviado del evangelio y cayeron en tentación, o mejor, cedieron a la tentación de transformarse en «grandes ministros» y cayeron en la trampa del engaño y de la mentira. Porque el «amor al dinero», y no el «amor a las almas perdidas», hicieron que esos «ministros» amasen las ganancias, el materialismo, el lujo y las riquezas. Fíjate que el «amor al dinero» es la raíz de todos los pecados y por eso algunos se desviaron de la fe y tuvieron muchos dolores. ¿Quieres tú un dolor mayor que ser encarcelado, perder tu reputación, tu integridad, tu ministerio y tu familia?

La prioridad de la iglesia: ¡evangelismo y misiones!

Asahel Nettleton (1783–1844) no era dotado para predicar de la forma dramática que caracterizó a Jonathan Edwards o George Whitefield que vinieron antes de él, pero se transformó en un gran pastor de una iglesia singular y dio atención especial a los que venían a él y a su iglesia. El resultado fue una gran cantidad de conversiones de personas que debido a él se volvieron discípulos que perseveraron hasta el final. En un sermón para su congregación, habló sobre el llamado y la responsabilidad de la iglesia de sustentar los obreros teniendo que renunciar a las cosas de este mundo: «Si el Señor quiere usarme para ganar apenas un alma para Él, que me use de la manera que Él quiera. Prefiero ganar solo un alma para Su reino que todas las riquezas, lujos y glorias de este mundo». Ese tendría que ser nuestro sentimiento, como individuos y como iglesia. Deberíamos entender que Dios es el Señor de nuestra vida en todas las áreas, incluso en la de las finanzas. Deberíamos empeñarnos en promover la obra de Dios de cualquier forma posible a través de corazones dadivosos y agradecidos al Señor por lo que Él hizo por nosotros en la Cruz del Calvario.

Cinco siglos antes de Cristo, los jóvenes de Atenas, Grecia, pronunciaron este juramento: *«Jamás deshonraremos nuestra ciudad con algún acto de deshonestidad o cobardía, ni abandonaremos nuestros amigos que aguantan en los campos de batalla. Combatiremos por los ideales sagrados de la ciudad, solos o acompañados. Respetaremos y obedeceremos las leyes de la ciudad y haremos todo lo que esté a nuestro alcance para suscitar el respeto y la reverencia que esta ciudad merece. Nos esforzaremos incesantemente para promover el sentido del deber cívico en el pueblo. Así, de todas esas maneras, transmitiremos a esta ciudad no la menor sino la mayor de todas las cualidades excelentes que nos fueron dadas por nuestros profesores y líderes, quienes nos enseñaron a respetar, luchar y preservar lo mejor de nuestra ciudad: Atenas, cuna y madre de la ciencia, de la filosofía y del intelectualismo griego».* Luego, creo que deberíamos aplicar ese juramento en el contexto de misiones, y como ministro que soy, exponer que la responsabilidad de la iglesia es jamás menospreciar el evangelismo y las misiones a punto de deshonrarlos, dejándolos cómo secundarios y olvidados en muchas iglesias locales. Jamás tendríamos que ser cobardes y retroceder ante nuestra responsabilidad de alcanzar el mundo para Cristo, y no deberíamos abandonar a nuestros fieles misioneros que forman el ejército divino y que aguantan en las líneas de la batalla. Nosotros, tanto ministros como iglesias, debemos esforzarnos y combatir por el ideal sagrado de ganar almas para el Señor, solos o con muchos. El evangelismo y las misiones deberían ser respetados a un nivel tan alto de reverencia por parte nuestra, que tendríamos que hacer lo máximo que esté a nuestro alcance para promover un sentido de conciencia en el liderazgo de la iglesia Mundial con relación a su responsabilidad de alcanzar a los perdidos.

Así, por todas esas formas, transmitiríamos no la menor sino la mayor y mejor cualidad a los discípulos, como nos fue enseñada por nuestros líderes espirituales en el sentido de que el evangelismo y misiones son dignos de respeto y honor. Finalmente, deberíamos luchar para preservar el evangelismo y las misiones como prioridades en nuestras iglesias y hacerlas conscientes de que su deber es sostener a evangelistas, misioneros y misiones hasta que cada ciudad conozca de Cristo, por medio de una iglesia evangelizadora y misionera, como un ejemplo para las demás en cuanto a la responsabilidad de sustentar la obra de Dios con poder y unción. El comité del Congreso Internacional de Evangelismo Mundial de Lausana declaró: *«Las iglesias y sus liderazgos, que no tengan una sección de evangelismo y misiones y no mantengan a los misioneros y las misiones, desaparecerán por completo para el año 2040, porque no entendieron su parte en la visión clara de la Gran Comisión y no comprendieron su responsabilidad de alcanzar al mundo perdido».*

La iglesia necesita salir

Durante mucho tiempo, la iglesia colocó un letrero en lugar visible delante de cada edificio suyo y esperó a los visitantes. Ahora son otros tiempos y las personas no tienen la costumbre de ir a la iglesia, por eso ella tiene que salir de su lugar y ganar su barrio para Cristo. Cuando la iglesia no influye en su comunidad es porque la comunidad está influyendo a la iglesia. Cuando en su barrio crece la inmoralidad, la violencia, el crimen y la venta de pornografía, drogas y alcohol, es porque la iglesia está fallando enormemente en su responsabilidad de ganar su ciudad para Cristo. Ella tiene que evangelizar a los perdidos para el Señor, discipularlos, apartarlos, enviarlos y sustentarlos financieramente. ¡Ese es el trabajo de la iglesia!

La orden de Cristo en Mateo 28.19 y Marcos 16.15 es «*Id*», salir, irse afuera de sus cuatro paredes, jamás «quedarse» dentro de ellas. Hay millones de personas que no pueden visitar una iglesia porque muchas están en el servicio militar, otras trabajan en hospitales, telefonía, radios, televisión, hoteles, restaurantes o son maquinistas de trenes, conductores de autobuses, pilotos de aviones, bomberos y policías. Hay una gran cantidad de madres que cuidan a sus niñitos mientras sus esposos trabajan... La iglesia tiene que levantarse de sus bancos y llevar la Palabra a esas personas. En el libro: *Cómo tener una iglesia que gana almas*, Gene Edwards escribió: *«Tratamos de evangelizar al mundo evangelizando el edificio de la iglesia, cada salón, cada clase, cada silla. La iglesia es el lugar más evangelizado del mundo. De la forma que actuamos, podríamos pensar que es el edificio de la iglesia el que necesita convertirse ¡como si todas las personas perdidas del mundo estuviesen allí!»*

La iglesia necesita desarrollar programas de misiones como prioridad

La mayoría de las programaciones «modernas» de nuestras iglesias se realizan para ocupar el tiempo, en general con actividades que no tienen nada que ver, pues no tienen unción ni edificación. La iglesia, en muchas áreas, se ha convertido en el «comercio de la diversión» o el «negocio del entretenimiento» ofreciendo a sus miembros «conciertos» y «juegos de competición», mientras que el mundo perdido es olvidado. La iglesia se ha transformado en una especie de «club social», más o menos como el «Club de Leones», para reunirse y saber las «últimas novedades de la semana», mientras que las almas se van al infierno diariamente. Cuando la iglesia realiza actividades guiadas por el Espíritu Santo en el centro de la voluntad de Dios, ella entiende que su responsabilidad y prioridad es sostener financieramente las misiones, y no invertir su dinero en «programaciones mundanas». El consejo de Pablo a Timoteo es útil para las iglesias contemporáneas: «Mas evita profanas y vanas palabrerías, porque conducirán más y más a la impiedad» (2 Ti. 2.16). J. Herbert Kane, en su libro titulado *Entendiendo las Misiones Cristianas*, dijo: *«Dios es un Dios misionero. La Biblia es un libro misionero. El evangelio es un mensaje misionero. La iglesia es una institución misionera. Y cuando la iglesia deja de ser mental y espiritualmente misionera, ¡niega su fe y traiciona a su Señor!»*

La iglesia necesita transformarse en estudiante de misiones para entender el secularismo actual

Ya hemos tratado ese tema en el capítulo anterior donde fueron sugeridos los 5 niveles de educación y aprendizaje necesarios para que la iglesia actual entienda la época en que vivimos. Cuando tengas el conocimiento de Dios, el Señor comunicará a tu corazón y a tu mente que la prioridad de la iglesia es sustentar financieramente las misiones y fundar centros de entrenamiento para los futuros misioneros. La Palabra de Dios es: «Mi pueblo fue destruido, porque le faltó conocimiento. Por cuanto desechaste el conocimiento, y te echaré del sacerdocio; y porque olvidaste la ley de tu Dios, también yo me olvidaré de tus hijos» (Os. 4.6). ¡Qué palabras duras para la iglesia de hoy!

La iglesia necesita entender que el mundo cambia constantemente en todas las áreas

El mundo moderno nos demanda un cambio en nuestras prioridades personales y ministeriales. El avance tecnológico es tan rápido que el aparato electrónico que compramos hace algunos meses ya puede ser reemplazado por otro más moderno y mejor. Invenciones humanas como imprenta, telégrafo, teléfono, radio, televisión, satélites y hoy en día la maravilla de la Internet, nos han llevado a evaluar cuáles son realmente las técnicas y métodos adecuados que debemos utilizar para alcanzar al hombre moderno para Cristo. Todo ha cambiado, desde el modo de vivir hasta la manera de pensar, trabajar y educarse. La iglesia tiene que acompañar el progreso porque de lo contrario se convertirá en un edificio de «museo» en las grandes capitales. No digo que tenemos que cambiar nuestras convicciones y doctrinas elementales del evangelio en las cuales fuimos enseñados, pero sí las estrategias y métodos para poder alcanzar para Cristo a este tan cambiado y convulsionado mundo. Te recomendaría que escuchases los mensajes del Dr. Ravi Zacharias en la Conferencia Internacional de los Evangelistas Itinerantes de Billy Graham, en Ámsterdam 83, 86 y 2000, y que leyeras sus libros para poder entender mejor lo que te estoy diciendo con relación a la aplicación del mensaje evangelista con el mismo significado de siempre pero con una perspectiva diferente y actual debido a las presiones y dificultades del hombre moderno. Si no lo haces de esa manera, tu ministerio y tu iglesia se quedarán parados en el tiempo y no serán entendidos cuando transmitas el mensaje del Evangelio. La prioridad de la iglesia tiene que seguir siendo la misma de siempre: sustentar obreros, misioneros y misiones cristianas, sin importar las dificultades que tengamos. Vivimos en un mundo perverso, orgulloso, profano y desobediente a la Palabra de Dios. El apóstol

Pablo ya nos advirtió que llegaríamos a esta etapa: «También debes saber esto: que en los postreros días vendrán tiempos peligrosos» (2 Ti. 3.1).

LA IGLESIA NECESITA ESTAR PREPARADA PARA CUANDO LLEGUE LA PERSECUCIÓN AL OCCIDENTE

Tanto aquí en Estados Unidos como alrededor del mundo, la persecución contra la iglesia cristiana y sus ministros, pastores y misioneros ha aumentado considerablemente en todos los aspectos. Hemos hablado en profundidad sobre esto en el capítulo 10 (*Por la fe estar dispuestos a morir por el llamado*). Tenemos que estar preparados porque nuestros «derechos constitucionales» son desafiados todos los días en varios niveles de la sociedad. Inevitablemente la Palabra de Cristo, que ya se cumplió innumerables veces, se cumplirá nuevamente en los países de Occidente, sea hoy o mañana: «Entonces os entregarán a tribulación, y os matarán, y seréis aborrecidos (perseguidos y odiados) de todas las gentes por causa de mi nombre» (Mt. 24.9). ¡Qué Dios tenga misericordia de nosotros!

LA FALLA DE LA IGLESIA DEL PASADO Y LA DE HOY

La iglesia primitiva con su ciudadanía romana, supo sacar provecho de más de 100 años de paz proporcionados por el Imperio Romano y predicó la Palabra en muchos lugares. El Espíritu Santo actuó muchísimo en ella ya que tenía un excelente liderazgo y estrategias poderosas para el evangelismo. En el siglo II, la iglesia quedó estancada en controversias teológicas en vez de seguir ganando almas y se puso a debatir sobre puntos doctrinales. En el siglo III, se vio hundida en apostasía. En el siglo IV, siguió fracasando como resultado de sus divisiones internas. La iglesia empezó a desaparecer en vista de las divisiones raciales y lingüísticas entre los idiomas griego y latín, la persecución contra ella, etc. Se incrementó también la división por cuestiones teológicas y doctrinales sobre la salvación, el matrimonio y la santificación. Además enfrentó problemas como el nacionalismo entre griegos y romanos. Más adelante los laicos o legos fueron dejados aparte y los sacerdotes, después llamados «obispos», asumieron todo en la iglesia, no dando oportunidad a nadie más para servir a Cristo. La iglesia se aisló y se desentendió del mundo. Casi ningún cristiano tenía amigos no cristianos. En el siglo VII llegó el islamismo con fuerza arrasadora y se contrapuso al cristianismo del Oriente Medio, con su fe y práctica simple de los 5 pilares. Sus seguidores no estaban divididos y tenían un objetivo definido que es el mismo en la actualidad: conquistar el mundo para el islamismo y destruir el cristianismo. Simplemente forzaban a las personas a convertirse a la fe musulmana o decían categóricamente: «Si ustedes no se convierten al Islam, los mataremos». Como el pueblo ya no soportaba más a la iglesia cristiana con sus herejías y divisiones, cedió al Islam puesto que era una alternativa distinta. Así los cristianos perdieron miles de iglesias en el Norte de África y en el Oriente Medio. La iglesia de África había sido muy fuerte, pero después de 100 años, casi desapareció. Una de las pocas de ese continente que sobrevivió fue la iglesia de Egipto. Los musulmanes, en África, destruyeron a todos los cristianos y la única iglesia sobreviviente fue la del Cairo porque afortunadamente tenía la Biblia escrita en su propia lengua. Desde el occidente del desierto de Sahara hasta Egipto y Etiopía, en una franja de 8 mil kilómetros, los musulmanes destruyeron casi todas las iglesias cristianas, quemándolas y matando a los cristianos.

Después la iglesia se acomodó. A través de los siglos, Dios usó varias formas y situaciones diferentes para despertarla, ¡y lo consiguió por medio de muchos predicadores! La Reforma de Lutero trajo de vuelta un nuevo ánimo para evangelizar y ganar almas. Después vino el avivamiento en Europa y en Estados Unidos en los siglos XVIII y XIX. Enseguida se acomodó nuevamente. Llegó el marxismo en el siglo XX y Dios usó la persecución como lo hace hasta el presente, para avivarla nuevamente. ¡Así logró despertarla! La iglesia fundó nuevas misiones y Dios levantó grandes predicadores, pero en muchos lugares ella volvió a acomodarse y dejó de ganar almas. Llegó el materialismo, la prosperidad, la indiferencia y el espíritu religioso y de nuevo se acomodó. Hoy Dios necesita despertarla una vez más. ¡Necesitamos de un avivamiento urgente! En varias partes del mundo soplan vientos de avivamiento, sobre todo en América Latina y en África, mientras que en Estados Unidos y en Europa la iglesia sigue acomodada, inerte, dormida y soñando con la irrealidad y con experiencias pentecostales de otro tiempo. Para conocer mejor la real y urgente necesidad que tenemos de evangelizar y la falla que la iglesia cometió, y aún comete ahora, lee esta ilustración que alguien contó: «Jesús al finalizar su obra redentora en la Cruz del Calvario, subió a los cielos y volvió a sentarse en su trono a la derecha del Padre. Dios Todopoderoso le dijo: "¡Muy bien, vencimos!" Y le preguntó: "Hijo, ¿a quién has dejado en tu lugar para continuar la obra evangelista? ¡Dejé a 12 hombres!", contestó Jesús. "Si ellos fallaren, ¿a quiénes más dejaste?", preguntó el Padre. A lo que Cristo respondió: "¡Dejé más de 70 hombres! ¡Muy bien!", replicó el Padre e insistió: "Pero... si ellos fallaren, ¿a quiénes más has dejado? ¡Dejé 120 personas!" El Padre insiste: "Mas si ellas fallaren, ¿a quiénes además de esas personas? ¡Dejé 3.000 personas más!" Vuelve a hablar el Padre e indaga: "Pero si estas fallaren también, ¿a quiénes más dejaste después de ellas? ¡Dejé 5.000 personas más!" Una vez más el Padre habla: "¿Pero si esas también fallaren? ¡Dejé mi iglesia en todo el mundo, en todos los continentes!" Entonces al hacer la última pregunta, el Padre le dice: "Mas Hijo mío, si ella también falla, ¿a quién más dejaste?" Jesús coloca su mano en el hombro del Señor Dios y le dice con alguna tristeza: "Si mi iglesia falla en la Gran Comisión, entonces fallaremos todos porque ellos son los últimos enviados, son los únicos que tengo, no habrá otros...". Finalmente el Padre le habla, colocando, a su vez, el brazo en el hombro de Su Hijo: "Ya hace dos mil años que tienes tu iglesia, Hijo, y sabes que en el pasado ella ha fallado. También sabes que en este momento está fallando en muchas partes del mundo en su tarea de evangelizar mundialmente...".».

Una vez, Charles Thomas Studd se refirió a la falla de la iglesia en el evangelismo: «Algunos miembros de las iglesias están acomodados y satisfechos con tan solo escuchar las campanas de las capillas y de las iglesias. Pero yo, lo que quiero es tener una casa para rescatar a los pecadores a pocos metros del infierno. La iglesia en muchos lugares ha dejado de sostener financieramente a evangelistas y misioneros. Como resultado, en varios lugares del mundo tenemos hoy una iglesia débil y derrotada que en las grandes ciudades se parece más a un museo que a la Casa de Dios y la Columna de la Verdad». ¡Ayúdanos, Señor, a cambiar esta situación! Tenemos que reconocer que muchos miembros de varias iglesias han fallado en la obediencia al señorío de Cristo y rechazan someterse al llamado del Espíritu Santo para el evangelismo. También reconocemos que algunos ministros fallaron en ser siervos y que en muchas oportunidades han sido servidos. No asumieron un papel de sumisión entre los demás. De la misma forma, sabemos que el testimonio de muchos evangelistas y misioneros ha sido frecuentemente marcado por «el triunfalismo y la soberbia», dejando de darle la Gloria a Dios, quien es el único que verdaderamente la merece. Igualmente sabemos que muchos no han demostrado suficiente amor por los perdidos, y normalmente el espíritu del «profesionalismo» ha sido más preponderante que el espíritu de humildad. Algunos prefieren asumir un espíritu nacionalista en vez de una visión global. Tenemos que admitir que algunos han violado la ética ministerial, dejándose llevar por un espíritu de «competición" con relación a otros ministerios. Reconocemos que los ministros han sido tolerantes con el pecado en vez de condenarlo públicamente, por razones de favoritismo con un cierto grupo de personas que saben que están equivocados.

Muchos líderes se identifican con algún determinado grupo o partido político y no tienen la libertad para predicar libremente; la voz del evangelio ha sido silenciada por miedo o temor. Muchos no predican temas controvertidos y que son necesarios para intentar aliviar el sufrimiento de los que están privados de la justicia social, porque tienen recelo de que sus ministerios sean afectados de una forma negativa. En sus mensajes, muchos predicadores han separado a Jesús el Salvador de Jesucristo el Señor, tal vez para agradar a algunos. Los mensajes han sido manipulados y se hace más énfasis en las estadísticas que en los resultados. Por lo tanto tenemos que buscar una renovación en nuestra vida y llenarnos de amor, compasión, determinación y entrega al evangelismo genuino, real y verdadero, pues es la suprema tarea de la iglesia. En medio de tantas fallas, escándalos y pecados que la iglesia ha cometido, nos alegramos en la posibilidad de seguir predicando el evangelio. Nos alegramos en la honestidad de la mayoría de los misioneros, evangelistas y pastores, verdaderos hombres y mujeres de Dios, que reconocen que necesitamos los unos de los otros para aprender, crecer y someternos mutuamente, experimentando las oraciones en común y recibiendo perdón, cariño y amor de los demás. Nos alegramos porque aun en medio de tantos problemas, el evangelio sigue creciendo por todos los rincones de la tierra. La Biblia está siendo traducida para la gente nativa de muchos «grupos humanos todavía no alcanzados». Nos alegramos con la posibilidad de que podamos ganar para Cristo a nuestra generación, por medio de esfuerzo y entrega de nuestra parte. Nos alegramos porque sabemos que los reinos de este mundo algún día serán los reinos de nuestro Dios y de Su Cristo, ¡y Él reinará para siempre! Por lo tanto decidimos someternos a una unción fresca y nueva del Espíritu Santo y de la Palabra de Dios. Decidimos orar y trabajar juntos únicamente para honra y gloria de nuestro Dios y llamar a todos los hombres al arrepentimiento y a la fe en Cristo Jesús, nuestro Salvador. Y que ellos, a su vez, después de probar esa gloriosa salvación, puedan predicar también a los demás. ¡Ayúdanos Señor!

Barreras al mantenimiento financiero del evangelismo y las misiones

En la mayoría de los casos, algunos problemas internos de la iglesia tienen que ver con el carácter de los líderes y la manera como ellos transmiten sus ideas a la gente de su iglesia con respecto al evangelismo y las misiones. Esa es la razón primordial de las barreras para la inversión financiera en la obra de Dios. La falta de visión y de enfoque en la prioridad de alcanzar a los perdidos hace que el evangelismo y las misiones sufran diversas consecuencias. Una iglesia que tiene un pastor que ama el evangelismo y las misiones, tendrá miembros que lo imitarán. Un pastor que no evangeliza, no gana almas ni se interesa por misiones también tendrá una iglesia insensible. La iglesia es lo que su pastor es. A veces, el desinterés es generado por el divisionismo resultante de las opiniones o puntos de vista divergentes en la gestión de cómo «invertir» el dinero de la iglesia. Otras veces, es la preocupación por mantener el edificio y «lo que ya tenemos», en lugar de una entrega total para alcanzar lo que «la iglesia todavía *no* tiene». La desconfianza con relación a determinados «misioneros», «evangelistas» y «pastores» por la manera como ellos manejan sus finanzas también contribuye a cerrar el corazón de la gente y juzgarlos a todos de la misma forma. Y ¡la que sufre es la obra de Dios!

Determinados líderes aún no consideran el ministerio evangelístico como parte de la iglesia en vista de tantos escándalos, pero yo creo que ellos se han olvidado que en sus Biblias existe el libro de Efesios que dice que Dios constituyó «a otros, evangelistas» (Ef. 4.11) y creo también que ellos no se han dado cuenta del consejo de Pablo a Timoteo: «haz obra de evangelista, cumple tu ministerio»

(2 Ti. 4.5). Algunos pastores tienen sus razones personales, pero así sean ciertas, no podemos generalizar y dejar de reconocer el trabajo de un evangelista o misionero.

Determinadas iglesias y sus dirigentes no entienden la tarea de la Gran Comisión, por lo tanto no ponen su dinero a disposición del evangelismo. Otras son «aplastadas» por el peso de las «tradiciones de su denominación» y no quieren cambiar de opinión porque el librito de sus «constituciones de concilio» no permite que vean más allá de sus propias «reglas». Ellos aman más sus concilios y denominaciones que al propio Cristo y Su Palabra. Muchos líderes son inseguros, inmaduros y siempre están melindrosos y a la defensiva, con temor y desprovistos de una visión del Reino y de la expansión de la obra de Dios que, seguramente, va más allá de las «puertas» de sus iglesias. Algunos no tienen el entrenamiento teológico necesario, no estudiaron, no conocen la base bíblica de la teología de las misiones cristianas, y por tanto están contra otros ministerios más preparados que los suyos. La envidia les impide invertir en las misiones mundiales. Además, existe la tendencia de dejar el evangelismo en manos de los «especialistas», como son llamados los evangelistas, pastores y misioneros. Al contrario de los que no aceptan los ministerios de evangelismo, hay unos que los reconocen pero no los apoyan financieramente como es debido. En ciertos lugares se terminó el imperativo del evangelismo. Determinados dirigentes no quieren cambiar las estrategias y métodos, prefiriendo quedarse con la «antigua y santa» forma de evangelismo: sentados en las plataformas de sus púlpitos «esperando» que las personas vengan a la iglesia ¡y eso es algo qué jamás pasará! a menos que la iglesia salga en busca de las personas, cómo ya había dicho antes. Algunos ministros tuvieron una mala experiencia con determinados evangelistas y misioneros que han tocado ciertos puntos doctrinales que trajeron trastornos a la iglesia, y por esa razón no invitaron a nadie más.

A veces, los problemas externos relativos al sostenimiento financiero del evangelismo y las misiones son las persecuciones que algunas iglesias sufren, variando en forma e intensidad, así como en relación a la postura de sus gobiernos. Algunos sufren por las circunstancias de guerras, pobreza y analfabetismo. Además, hay presiones de otras religiones oficiales en sus ciudades y países que frenan el crecimiento del evangelio. Los problemas del secularismo, los idiomas y las barreras culturales también deben ser considerados. La influencia de la Nueva Era y el crecimiento del satanismo en varias partes, dificultan el trabajo de la iglesia. La densidad demográfica baja y desalienta el envío de obreros.

Proponemos algunas soluciones para superar las dificultades internas y externas de la iglesia en cuanto al trabajo de evangelismo y misiones y al sustento financiero de la obra de Dios. Debemos orientar tanto a los líderes como a los miembros de las iglesias acerca de su responsabilidad con las misiones. El liderazgo tiene que enseñar claramente la teología bíblica del evangelismo y transmitir la visión misionera a sus iglesias. Hay que formar grupos de oración para que el Espíritu Santo traiga convicción y levante el pueblo para evangelizar y sostener las misiones. Debemos enseñar una mayor cooperación entre la *iglesia local* y las *agencias misioneras* para que haya una gran unión y un considerable propósito de alcanzar a los perdidos para Cristo. Tenemos que predicar el evangelio con una preocupación acentuada con respecto a las necesidades sociales y al reconocimiento de la dignidad humana para poseer los recursos elementales de la vida para la subsistencia de las familias, tales como alimentos, agua, ropa, casa y trabajo.

De esa forma restauraremos la prioridad del evangelismo y el sustento financiero de la obra de Dios nuevamente. Nuestra razón primordial, como líderes e iglesia de Cristo, es volver a las raíces evangelísticas que nos identifican con el pasado. Nuevamente los líderes deben introducir una «cultura evangelística» en sus iglesias y ministerios, porque las iglesias que reciben a muchos fieles nuevos son evangelizadoras eficaces que predican la Palabra públicamente en sus ciudades. Los líderes deben motivar sus comunidades y proporcionar un entrenamiento misionero adecuado además de estrategias para alcanzar las ciudades para Cristo. El liderazgo debe inculcar, en sus dirigentes, la importancia de enfocar sus esfuerzos financieros para poder alcanzar a los perdidos.

Para los que estudian la Palabra en nuestros seminarios, tenemos que enfatizar el entrenamiento en la proclamación del mensaje evangelístico. Al hacerlo se levantarán muchos evangelistas de calidad, que tanto se necesitan. Tenemos que estar seguros de que el mensaje evangelístico es puramente bíblico. Los pastores pueden aprender muchísimo con los evangelistas exitosos acerca de cómo aplicar los métodos de predicación evangelística en sus iglesias. De la misma forma, los evangelistas pueden aprender de los pastores exitosos cómo administrar eficazmente sus ministerios. Tanto el evangelista como el pastor pueden contribuir enormemente para transmitir a la iglesia esa visión de sostener financieramente la obra de Dios. Para que las congregaciones sean evangelizadoras eficaces tenemos que enseñarles cómo serlo y equiparlas con materiales de estudio como escritos, grabaciones de audio y video, cursos por Internet, estudios, pequeños grupos, conferencias, seminarios, etc. Así la iglesia se involucrará en ganar almas y tendrá una mayor conciencia de su responsabilidad en el sustento de la obra de Dios. Por fin verá las necesidades espirituales de aquellos que todavía no conocen a Cristo y así restauraremos la práctica del evangelismo y las misiones en nuestras iglesias locales porque el Señor les ha dado el don, el llamado y el ministerio del evangelismo.

Los ministerios del evangelista y del pastor y su mantenimiento financiero

Todos los cristianos son llamados y responsables para que, por medio de la predicación, Cristo sea conocido. Ahora bien, la Biblia habla sobre el don especial de Cristo para la iglesia que es el de evangelista, aquella persona que comunica el evangelio de varias maneras (Ef. 4.11 y 2 Ti. 4.5). Algunos evangelistas son locales y confinados a ciertas denominaciones, estando bajo las reglas y restricciones impuestas por sus respectivos concilios. Otros son independientes. Sin embargo, todo evangelista necesita estar vinculado con una iglesia para recibir cuidados pastorales. Para que el ministerio del evangelista sea levantado, la iglesia tiene que dar una elevada prioridad a ese ministerio de todas las formas posibles tanto a nivel de denominación como localmente. La iglesia y el liderazgo necesitan identificar a los que son llamados para ese ministerio, apoyarlos y ayudarlos financieramente. Ellos también tienen que reconocer que el evangelista es un don de Cristo dado a la iglesia , y deben tenerlo en alta consideración. Es muy importante que el pastor se esfuerce para entender al evangelista y éste al pastor. Uno necesita del otro y ambos se complementan en el ministerio de la iglesia. El evangelista debe esforzarse en someterse a su iglesia y quedar bajo la supervisión de su pastor con relación a sus finanzas y vida privada como también recibir ayuda espiritual. Por otro lado, el pastor debe entender las necesidades del evangelista y las dificultades de su ministerio con relación a su situación financiera para mantener a su familia y el propio ministerio. El pastor recibe un sueldo fijo de su iglesia predique o no, por motivo de enfermedad o cualquier otra razón, y él tendrá suplidas sus necesidades. El evangelista, sin embargo, no tiene sueldo fijo ni recibe de su iglesia, por eso tiene que predicar siempre, estando enfermo o no, porque si él no ministra no mantendrá a su familia y mucho menos hará crecer su ministerio. El pastor y el evangelista son una pareja inseparable. Lo que Dios unió, ¡que no lo separe la iglesia!

BARRERAS ENTRE LOS PROPIOS MINISTROS

Entre los propios ministros existen barreras que causan daño a la obra de Dios y a su mantenimiento financiero, impidiendo el avance en el evangelismo y las misiones. Entre los pastores, una de las principales barreras es la sospecha acerca del carácter mutuo, originada por informaciones que poseen de las respectivas iglesias, ministerios y vida. Algunos ministros no son íntegros en su vida privada y pública tanto financieramente como en el ámbito de la moralidad sexual. En consecuencia, eso inspira la desconfianza entre los ministros a partir de «rumores» que han escuchado, sean ciertos o no. Hay también una competición para ver quién tiene «la mayor iglesia» en número de miembros, y entre los evangelistas existe también para ver quien tiene «el mayor ministerio», las invitaciones «más importantes», el lugar «más grande» en que han ministrado y para «cuántas» personas fue la cruzada... Existe una gran tensión y varias dificultades en las relaciones entre muchos líderes, independientemente de cuáles ministerios tengan. Por «la denominación exclusiva», algunos se juzgan superiores a otros.

Las diferencias doctrinales y teológicas crean barreras sólidas entre ministros que tendrían que dejar a un lado aquí, y arreglarlas en la eternidad. Acá abajo deben trabajar juntos porque son miembros del mismo cuerpo. Algunos liderazgos están en conflicto entre el tradicionalismo denominacional y el movimiento avivador, y también dentro de las propias iglesias de la misma denominación que oscilan entre «cambiar o no de opinión con relación a ese nuevo mover del Espíritu», etc. Algunas iglesias pequeñas se sienten inferiores cuando se comparan con las «grandes» iglesias. Pastores de iglesias «mayores» tienden a «despreciar» a las iglesias más chicas, sean ellas de su propio concilio o de otro. Cuando trabajan juntas, no llegan a un acuerdo relativo al propósito de alcanzar. Además existe el problema racial o el nacionalismo «patriótico» de algunos ministros que no se «relacionan» con los otros porque se sienten superiores a ellos. Están los que desconfían los unos de los otros en el aspecto de las finanzas al realizar conjuntamente una cruzada o algún evento. Hay pastores que no apoyan ninguna campaña, como he presenciado alrededor del mundo, simplemente porque no fue realizada por ellos, y como desean ser las «estrellas» y estar en el centro de la acción, «prohíben» a sus miembros participar porque ellos mismos son inseguros y envidiosos. Ellos están más interesados en promocionarse a sí mismos y a sus propios intereses ¡que a Dios! Están edificando sus propios «imperios», no el Reino de Dios. Si todos los pastores de una ciudad se reuniesen para realizar un evento conjuntamente, sería maravilloso. Tendríamos un extraordinario y gran impacto para la gloria de Cristo, pero desdichadamente no es así, pues la mayoría de los pastores trabajan para su «propio reino» y no para el verdadero Reino de Dios. Todos esos problemas traen barreras que dificultan el avance de la obra de evangelismo y misiones, local, nacional e internacional.

La solución para esas barreras

No obstante, como ministros podemos trabajar y orar juntos, aprendiendo los unos de los otros y ser edificados por las variedades de dones que cada uno de nosotros posee. Podemos remover la desconfianza mutua. Podemos transformarnos en más que hermanos, en amigos de verdad y ayudarnos en los diferentes ámbitos que necesitamos, usando los distintos dones que Dios ha repartido entre nosotros. Podemos recaudar más recursos y realizar conjuntamente grandes eventos en nuestras ciudades. Las autoridades gubernamentales lo notarán porque el propio diablo sabe que la fuerza está en la unión. El Reino de Dios puede expandirse cuando una iglesia ayuda a otra y juntas se complementan. A través de programas de radio y televisión ganaremos nuestras ciudades para Cristo mucho más fácilmente qué en una iglesia aislada. Los canales de televisión seculares se enterarán del esfuerzo conjunto. Lo medios de comunicación jamás entrevistarán a un pastor que realice un evento para 100 personas en alguna plaza pública en el centro de la ciudad. Los periódicos no se interesarán, en cambio una campaña de 10 mil o más personas atraerá a la televisión y a los periódicos, que cubrirán el evento como un gran suceso noticioso. ¿Por qué? ¡Por la unión de los ministros! Además, ¡el nombre del Señor será glorificado y honrado! El evento llamado «Pentecostés 97», en el cual prediqué, en Maracaibo, Venezuela, en el mes de mayo, atrajo más de 85.000 personas. Más de 1.100 iglesias apoyaron el encuentro. Fue un éxito enorme. Más de 7.000 personas se convirtieron al Señor. Eso llamó la atención de los medios de comunicación de todo el país y fue debido a la unidad ministerial. Una señal visible de unión es una señal de reconciliación y aceptación mutua entre las denominaciones. La cooperación por sí sola es una muestra para el mundo incrédulo de que somos un solo cuerpo y que trabajamos con un único propósito. Aunque tengamos puntos de vista distintos en algunos temas teológicos, no es razón para que dejemos de trabajar juntos. De esa manera, podremos levantar mayores recursos financieros para el mantenimiento de la obra de evangelismo y misiones. La unión siempre fue el deseo del Señor, como Él lo expresó: «Para que todos sean uno; como tú, oh Padre, en mí, y yo en ti, que también ellos [nosotros la iglesia] sean uno en nosotros; para que el mundo crea que tú me enviaste» (Jn. 17.21).

Cuando estuve en Moscú, Unión Soviética, en 1985, conseguí un permiso especial para visitar, en la Plaza Roja, el mausoleo de Lenin donde su cuerpo estaba embalsamado. Había dos soldados de guardia en la puerta. Mientras esperaba en la fila, hablé con uno de ellos. Apunté con el dedo a su brazo y le pregunté: «¿Qué es lo que significa esa estrella roja de cinco puntas en su brazo?» (Sabía lo que significaba, pero quería que él me lo dijera). Él me contestó: «La estrella tiene cinco puntas porque son los cinco continentes, y es roja porque la sangre debe verterse en todos los continentes para que se conviertan en comunistas». Lo miré y le dije: «Pero usted va a perder...». «¿perder de quién?», dijo. «De mí y de toda la iglesia de Cristo», le hablé al soldado. Entonces él me dio una sonrisa déspota burlándose de mí y me dijo: «¿Usted es cristiano?» «¡Sí!», le contesté. Mirándome bien a los ojos, exclamó: «Ustedes, los creyentes, dicen que van a ganar el mundo para Cristo pero, nosotros ya hicimos más en 70 años de gobierno socialista que lo que ustedes han hecho en 2.000 años de historia de la iglesia. El problema es que ustedes no se consagran a su causa, viven divididos y se destruyen a sí mismos». Aquel soldado, apuntando el dedo en mi nariz, terminó diciendo: «Su iglesia, amigo mío, es el único ejército que mata a sus propios soldados». Me quedé atónito, perplejo e impresionado. El soldado comunista, por increíble que parezca, ¡tenía razón! La iglesia indudablemente vive dividida, los ministros viven divididos, acusándose recíprocamente, los miembros también lo están. Las iglesias viven divididas entre ellas por el orgullo que tienen de sus denominaciones, y seguramente estamos «matando» a nuestros propios candidatos, los «soldados» de Cristo, que serán los futuros misioneros y evangelistas, simplemente porque estamos divididos y no podemos trabajar conjuntamente. Si pusiéramos punto final a eso y volcásemos nuestros esfuerzos mancomunados en cumplir nuestro llamado, podríamos, unidos, levantar fondos y recursos financieros para sustentar las misiones e impulsar la obra del evangelismo, expandiéndola por todo el mundo. El Espíritu de Dios no puede operar en un clima de disensión y discordias dentro de su propia iglesia como entre sus ministros. ¡Es imposible! Dios no operará donde haya celos, envidias y críticas mutuas entre Su pueblo. ¡Jamás!

La aplicación bíblica de las finanzas a la obra del evangelismo

En la Biblia está escrito lo que sucedió cuando Joás reparó el templo del Señor: *«Aconteció que Joás decidió restaurar la casa de Jehová... Mandó, pues, el rey que hiciesen un arca, la cual pusieron fuera, a la puerta de la casa de Jehová; e hicieron pregonar en Judá y en Jerusalén, que trajesen a Jehová la ofrenda que Moisés siervo de Dios había impuesto a Israel en el desierto. Y todos los jefes y todo el pueblo se gozaron, y trajeron ofrendas, y las echaron en el arca hasta llenarla. Y cuando venía el tiempo para llevar el arca al secretario del rey por manos de los levitas, cuando veían que había mucho dinero, venía el escriba del rey, y el que estaba puesto por el sumo sacerdote, y llevaban el arca, y la vaciaban, y la volvían a su lugar. Así lo hacían de día en día, y recogían mucho dinero, y el rey y Joiada lo daban a los que hacían el trabajo del servicio de la casa de Jehová; y tomaban canteros y carpinteros que reparasen la casa de Jehová, y artífices en hierro y bronce para componer la casa. Hacían, pues, los artesanos la obra, y por sus manos la obra fue restaurada, y restituyeron la casa de Dios a su antigua condición, y la consolidaron. Y cuando terminaron, trajeron al rey y a Joiada lo que quedaba del dinero, e hicieron de él utensilios para la casa de Jehová, utensilios para el servicio, morteros, cucharas, vasos de oro y de plata. Y sacrificaban holocaustos continuamente en la casa de Jehová todos los días de Joiada»* (2 Cr. 24.4; 8-14).

Que Dios ponga en nuestro corazón el reto de financiar la obra de Dios, estimulando la contribución y recolecta generosa, una tarea ya olvidada en muchas iglesias. Que podamos tener un arca, es decir una cuenta bancaria especialmente para el mantenimiento de las misiones. Que podamos publicar a todas las iglesias en todo el mundo que esa es nuestra prioridad como iglesia: sustentar la obra de Dios. Que podamos traer las ofrendas y diezmos a la Casa del Señor para que haya sustento tanto para la iglesia local cómo para la obra evangelizadora mundial. Que podamos alegremente colaborar con nuestros recursos dando al Señor, hasta que el arca, la cuenta bancaria especialmente designada para las misiones, se llene y que no falte el sustento a los siervos de Dios que tanto padecen en el otro lado del mundo. Que podamos tener en nuestros ministerios personas competentes, íntegras y fieles en el manejo de las finanzas, además de orar al Señor para que podamos juntar dinero en abundancia diariamente. Que podamos dar ese dinero a los encargados de realizar la obra de Dios a través de la predicación de la Palabra. Que podamos mantener mensualmente a aquellos verdaderos misioneros que aguantan en las hileras de batalla, arriesgándose diariamente por llevar el alimento espiritual a los perdidos, trabajando en lugares difíciles como de hierro y bronce, en lo que se refiere a la resistencia al evangelio. Que podamos ser hombres y mujeres diligentes e íntegros porque como iglesia y ministros, somos encargados de levantar el dinero y enviarlo a los misioneros y evangelistas responsables por predicar la Palabra con el propósito de que la Casa de Dios sea restaurada y muchedumbres conozcan a Cristo. Qué podamos hacer todo lo que esté a nuestro alcance para que la obra de Dios progrese. Que podamos restaurar la conciencia del sustento para renovar la Casa de Dios y la obra del Señor a su estado original, llevando mutuamente el evangelismo y las misiones a lo que eran antes. Que podamos consolidar y transformar en realidad ese sustento para bien de los que verdaderamente necesitan ayuda. Que podamos terminar la obra del evangelismo mundial, la Gran Comisión, y usar el resto del dinero en el ministerio e invertir en vasos o utensilios de oro o plata. ¡Somos siervos del Señor, misioneros, pastores y evangelistas, vasos de honra para que el nombre del Señor sea glorificado en todo! ¡Cuida la obra de Dios y Dios cuidará de ti!

Nuestra responsabilidad en las finanzas para las misiones

Para mantener las misiones, debemos tener una idea de cuán perdido está este mundo y cuántos misioneros realmente necesitamos, sean extranjeros para que vayan a otras naciones o sean misioneros nativos para que se queden en sus países de origen. Por ejemplo, sólo en India existen 500.000 aldeas sin el testimonio del Evangelio, totalizando millones de personas. ¿Y las otras naciones? El costo para sostener los misioneros y para que alcancen las naciones es enorme, y para ello tenemos que invertir muchos millones de dólares. Sin embargo eso sería una pequeña fracción comparada a los 4.8 mil millones de dólares que las iglesias norteamericanas gastaron para su propio deleite en el año 1986, sin gastar en misiones. De acuerdo con Bob Granholm, director ejecutivo de la Misión Fronteras del Canadá, el costo anual para mantener un misionero en el exterior es de 25.000 a 30.000 dólares. Otras organizaciones misioneras gastan mucho más aun, para mantener una familia de misioneros americanos pues, de acuerdo con las palabras de otro director ejecutivo de una de las mayores agencias de Estados Unidos, son necesarios entre 50.000 y 80.000 para mantener una familia en un país extranjero. Con una modesta inflación del 7%, el costo podría subir a 100.000 dólares. Por el hecho de ser tan caro mantener misioneros extranjeros, Dios está levantando un ejército de evangelistas y misioneros nativos, locales o nacionales, para alcanzar sus propias naciones para Cristo, además de ser más barato y eficaz, según algunos especialistas en misiones. Solamente el precio de un pasaje aéreo para un misionero, desde Los Ángeles, Nueva York o Atlanta hacia la India, podría sostener un misionero nativo de India, que ya está en el campo misionero, durante años. ¡Es la realidad! Recientemente, durante una conferencia sobre el evangelismo mundial, los líderes de misiones occidentales dijeron que necesitaban más de 200.000 nuevos misioneros para poder mantener el mismo ritmo acelerado del crecimiento de la población mundial. El costo fue estimado en 20 mil millones de dólares anuales.

Cuando nos enteramos de que los cristianos norteamericanos, en el año 1996, contribuyeron con apenas 2.5 mil millones de dólares para las misiones mundiales, nos dimos cuenta de que nos toca buscar otra alternativa. Según los líderes de misiones de los países del Tercer Mundo, esa alternativa sería sustentar a los propios misioneros locales, que es mucho más barato y eficaz, porque ya conocen la lengua y cultura y no se tiene que invertir miles de dólares para entrenarlos a adaptarse a los pueblos que están ministrando, como se gastaría si fuesen misioneros transculturales. Nuestro ministerio, Josué Yrion Evangelismo y Misiones Mundiales, Inc., como dije anteriormente, está sosteniendo 13 misioneros nativos y 2 extranjeros. Los misioneros extranjeros siempre serán bienvenidos y necesarios, pero por falta de fondos para mantenerlos, el Señor mismo está levantando un ejército de misioneros nativos que puedan hacer grandes cosas para el Señor, de la misma forma o mejor, debido a estas facilidades:

1. De idioma, porque el mensaje será mejor comprendido;
2. Los oyentes aceptarán más rápidamente, porque quien les está predicando es uno de ellos;
3. La persona evangelizada por un nativo no podrá decir que la «religión» es extranjera;
4. La persona evangelizada prontamente influirá en sus vecinos.

Oramos y pedimos al Señor que nos oriente a cómo sostener las misiones. Tanto los misioneros extranjeros como los nativos necesitan de nuestro apoyo financiero para alcanzar las naciones para Cristo.

Termino este capítulo mencionando el Congreso Europeo de Evangelismo realizado en Ámsterdam, Holanda, en agosto de 1971. Había más de 35 naciones europeas reunidas, y Billy Graham, en su mensaje de apertura, predicó sobre «El Mandato Bíblico Para La Evangelización». Al terminar su sermón, usó las palabras de Guillermo Carey, quien dijo: «Espere grandes cosas de Dios y trate de hacer grandes cosas para Dios». Solamente por medio del sustento financiero que la iglesia dé a las misiones y al evangelismo, es que podremos esperar hacer grandes cosas para Dios. Que Él ayude a la iglesia a ser consciente de su responsabilidad elemental que es predicar la Palabra y sustentar la obra de Dios en cualquier lugar, barrio, aldea, ciudad, nación, persona, lengua y dialecto.

Capítulo 14

La iglesia debe orar a diario por los llamados

*R*obert Murray McCheyne fue un hombre de oración. Nació en Inglaterra, en 1813 y falleció en 1843. Durante su corta vida y ministerio, él impactó al mundo para Cristo. Su poder y el secreto de su ministerio residían en el hecho de que él pasaba la primera hora de cada día arrodillado en la presencia de Dios. En uno de sus poderosos mensajes a su iglesia, dijo: «Tú sabes que existe un infierno, y sabes también que todos los no convertidos van para allá. Tú sabes que hay un Salvador y que Él está con Sus brazos abiertos y extendidos a los pecadores todos los días. ¿Tú crees que se requiere tanto conocimiento para decirles a los pecadores que se están muriendo sin Cristo?»

En 1830, cuando el avivamiento llegó a Escocia, empezó en una pequeña iglesia en Dundee, guiada por ese joven pastor. Cuando un presbítero escocés le preguntó la razón de la llegada del avivamiento, McCheyne simplemente respondió: «¡Fue la oración!»

La Biblia dice que después de la ascensión del Señor al cielo, los discípulos volvieron a Jerusalén y subieron al aposento alto donde permanecían casi todo el tiempo, y la Palabra dice que «todos éstos perseveraban unánimes en oración y ruego» (Hch. 1.14). Si la iglesia, unida, vuelve a orar y a perseverar en ruego delante de Dios por aquellos que fueron enviados al campo misionero, tendremos nuevamente, como en el pasado, el avivamiento espiritual. La responsabilidad de la *iglesia* es orar, tanto individual como colectivamente, todos los días por aquellos que están sirviendo al Señor tanto en el ámbito nacional como en el internacional. El poder de la oración es real. Solamente ella puede cambiar la actual situación y la indiferencia de las personas y su receptividad al evangelio. Yo dije esas palabras, a la iglesia y a los pastores de las Asambleas de Dios en Milán, Italia, en marzo de 1984, mientras predicaba como parte de un equipo de JUCUM: «El avivamiento es personal e individual; comenzará en nuestras iglesias a través de la oración e irá más allá de los confines de la iglesia. No empieza con los no convertidos, comienza con nosotros, cuando nos arrodillamos y gemimos delante de Dios, como en los grandes avivamientos del pasado». La Escritura es muy clara: «Si se humillare mi pueblo [la iglesia], sobre el cual mi nombre es invocado, y *oraren*, y buscaren mi rostro… entonces yo oiré desde los cielos… y sanaré su tierra» (2 Cr. 7.14). ¡Aquí está el avivamiento! Comienza siempre con la iglesia humillándose delante de Dios y reconociendo la necesidad de volver a la oración como en el pasado. Cuando la iglesia arrodillada reconozca que es a través de sus rodillas que Dios usará a aquellos que ella ha enviado, veremos entonces un gran derramamiento del poder de Dios.

El avivamiento a través de la oración

Billy Graham preguntó cierta vez a un profesor universitario en los Estados Unidos cuál pensaba que era la mayor necesidad, en aquel momento como nación. El profesor consideró cuidadosamente lo que respondería y dijo: *«Yo podría darle una variedad de respuestas, desde el tema de los impuestos hasta el desarme. Esto podría sorprenderlo, porque yo no soy un hombre religioso, pero creo que nuestra mayor necesidad en este momento es la de un despertar, un avivamiento espiritual que restaurase la moralidad individual y colectiva y la integridad en este país».* Esa fue la respuesta de alguien que no es cristiano y que posee una visión secular de la necesidad de la intervención de Dios en los Estados Unidos, y yo diría que también en el mundo entero. Como profesor universitario, él debe haber notado cómo la nación va camino a la destrucción espiritual, principalmente en los medios estudiantiles y políticos, a menos que Dios haga algo. La tarea de la iglesia es orar por un avivamiento. La Biblia dice: «Oh Jehová, he oído tu palabra, y temí. Oh Jehová, aviva tu obra en medio de los tiempos, en medio de los tiempos hazla conocer» (Hab. 3.2). Cuando la iglesia escucha un sermón o la Palabra de Dios hablando de la situación actual de nuestro mundo, debe, en temor y piedad, orar y pedir al Señor que avive su obra de evangelismo y misiones en todo el mundo, haciendo Su Nombre conocido a través de los miembros de nuestras iglesias, de los predicadores, de los evangelistas, de los pastores y de los misioneros. No existe otra manera. La iglesia, al doblar sus rodillas, puede sacudir las estructuras fundamentales de cualquier nación. Ella tiene el poder para hacerlo. Fue así en el pasado, durante los grandes avivamientos en Europa y en los Estados Unidos, y podrá hacerlo hoy también.

Todavía en la actualidad, en el ámbito cristiano, se habla del famoso sermón de Jonathan Edwards, gran predicador nacido en Nueva Inglaterra en 1703. Se graduó de la Universidad de Yale y se hizo un hombre altamente intelectual. Fue pastor asociado de la iglesia Congregacional en Northamptom, Massachussets. Comenzó a predicar una serie de sermones sobre la «justificación», y el lugar estaba profundamente lleno de la presencia de Dios. Allá por la década de 1740, conversiones en masa empezaron a ocurrir en Nueva Inglaterra. En julio de 1741, en la ciudad de Enfield, Connecticut, él predicó el célebre sermón «Pecadores en las Manos de un Dios Airado». Edwards sostenía el manuscrito tan cerca de los ojos, que aquellos que lo escuchaban no podían verle el rostro. Con una de las manos sostenía el manuscrito y con la otra una vela. Antes de predicar el sermón, estuvo tres días sin comer y sin dormir, en completo ayuno y oración. Oró intensamente con estas palabras: «¡Señor, dame a Nueva Inglaterra!» Mientras predicaba, el Espíritu trajo convicción al público de tal manera que los gritos de angustia y llanto hacían que Edwards tuviese que pedir silencio al público para continuar predicando. De repente, la gloria de Dios se manifestó. Un hombre corrió al frente y gritando dijo: «¡Jonathan, Jonathan, tenga misericordia de nosotros!» Algunos se agarraban a los bancos y a las columnas de la iglesia pensando que estaban yendo al infierno. Centenares corrían para confesar sus pecados pensando que el juicio final había llegado.

La vida de Edwards estuvo siempre consagrada al Señor y él desarrolló su intelecto bajo el poder de la unción en su ministerio, que venía de una vida de oración. El despertar llegó porque ese hombre pasó horas enteras de rodillas en la presencia de Dios diariamente. No solamente se estaba preparando espiritualmente, sino también intelectualmente. Dejó que el Espíritu Santo, a través de la oración, se apoderase de su vida para traer el avivamiento, que comenzó en Northampton y se expandió por toda Nueva Inglaterra y por todas las Colonias Americanas, llegando hasta Escocia e Inglaterra. Más de 50 mil personas se salvaron a través de ese avivamiento.

Edwards falleció en 1758, en Princeton, a causa de la viruela. Uno de sus biógrafos afirmó: «En todo el mundo de habla inglesa él fue considerado el mayor erudito desde los días de Pablo o de Agustín». Dios lo usó grandemente, y Jonathan Edwards es una prueba de que Dios usa las facultades intelectuales que nos concede. Tenemos apenas que desarrollarlas bajo el comando del Espíritu y arrodillados en el suelo. Realmente la iglesia necesita un reavivamiento, el mundo necesita un avivamiento, y nosotros necesitamos un despertar del poder de Dios. Todo eso sólo vendrá a través de la oración. ¡Ésta es la verdad! Si nos consagramos a la oración, Dios hará grandes cosas.

La oración ha sido reconocida desde hace mucho tiempo como necesaria para el avivamiento. Ella marcó los avivamientos de Charles Finney, donde los convertidos oraban todas las noches por las otras personas. El propio Finney dependía totalmente de la oración. En 1829, algunos leñadores que estaban presentes en una campaña de Finney en Filadelfia se convirtieron. Volvieron a sus lugares de trabajo en las montañas, contaron lo que habían presenciado y empezaron a orar por un avivamiento. En 1831, algunos de ellos fueron a preguntarle a Finney cómo conseguir un ministro. Dijeron que no menos de 5.000 personas se habían convertido en aquella región, y que ellos no tenían ningún ministro del evangelio.

El gran avivamiento de 1800 comenzó después de la distribución de una carta que convocaba a todos a la oración. Se formaron grupos de oración en muchas partes del país y se inició un avivamiento a través del Espíritu Santo que duró más de 40 años. Decenas de miles se convirtieron. Las predicaciones desempeñaron un papel secundario durante el gran avivamiento de 1857. Este comenzó a través de un laico llamado Jeremiah Lamphier que vivía en William Street, en Nueva York, el día 23 de septiembre de 1850. Él colocó una plaquita que decía: «Ven a orar durante 5, 10 o 15 minutos... cultos de oración...». El plan fue ideado para alcanzar a las personas de negocios en la hora del almuerzo, al medio día. Comenzó con una persona, después tres, más tarde diez y así fue creciendo. Llegaron a tener centenares de personas orando. Después de algunas semanas, fueron 3 mil personas y más tarde más de 10 mil que oraron por un avivamiento. Ellos produjeron uno de los mayores avivamientos de la historia, con la conversión de más de 50.000 personas por semana durante un período de ocho semanas. Más de 800.000 personas llegaron a Cristo, alcanzando un millón de convertidos. Todo esto sucedió a causa de la oración.

En otra ocasión, en un pequeño cuarto en las islas Hébridas (nombre de las islas occidentales), al norte del Reino Unido, dos hombres se juntaron para orar por un avivamiento. Más tarde, dos viejecitas de 82 y 84 años, decidieron ayudar a aquellos hombres en oración. Esas cuatro personas oraron intensamente. El Señor les dijo que enviaría el mayor avivamiento de la historia a aquel lugar. Entonces el Espíritu Santo envió a Duncan Campbell y el avivamiento llegó, y se extendió por las islas Lewis y Harris entre los años 1949 y 1953. El Señor arrebató aquellas islas de 2.300 Km. cuadrados con el poder del Espíritu Santo, donde miles de miles fueron salvos y llenos de Él. Aquí está el secreto de la victoria, la oración, bien sea privada o pública. Los grandes hombres del pasado conocieron ese secreto. David Brainerd, el famoso misionero entre los indios pieles rojas, dijo en cierta ocasión: «A mí me gusta permanecer solo en mi cabaña, donde puedo dedicar mucho tiempo a la oración. Por la mañana sentí el poder de Dios a través de la oración, y por la tarde el Señor nos visitó poderosamente durante el culto».

Necesitamos orar por el avivamiento de nuestros tiempos

En la actualidad, en América Latina, muchas naciones están experimentando el avivamiento. Hemos visto eso durante nuestras cruzadas desde México hasta Chile. En otros continentes también, pues estuvimos en Kumasi, Gana, África occidental, en agosto del 2001, y vimos un gran derramamiento del poder de Dios durante nuestra cruzada y en las conferencias para líderes y pastores realizadas por la mañana. Muchas naciones africanas están pasando por un avivamiento. Algunos países de Asia también están experimentando un despertar espiritual, como China y Corea del Sur, además de los brasileños e hispanos en Japón, como vimos en agosto del 2000. ¡Ahora es el tiempo de Dios!

Nosotros podemos, de rodillas, transformar el mundo para Cristo. Fue así en el pasado y lo será hoy también: «Porque yo Jehová no cambio» (Mal. 3.6) ¡Si Él es el mismo y no cambia, entonces fuimos nosotros los que cambiamos y nos olvidamos de las maravillas que Él realizó ayer y que seguramente hará hoy, ¡si creemos en Él y en Su Palabra!

Nuestro ministerio estuvo orando durante mucho tiempo, anhelando que Dios nos abriera las puertas para que pudiésemos ministrar en Rusia. En marzo de 1993, fuimos invitados a realizar una cruzada en Moscú y otra en Kiev, Ucrania. Cuando estuve en la Unión Soviética en 1985, jamás pensé que tendría esa oportunidad tan grande de anunciar el evangelio. Oramos mucho, diariamente, para que el Señor nos guiase de acuerdo con Su deseo en lo que se refiere a la planificación. También enviamos más de 14 mil cartas a todos los continentes para pedir las oraciones de las iglesias para ese magno evento. Sabíamos de nuestra gran responsabilidad en orar y también dependíamos de las oraciones de miles de creyentes esparcidos por el mundo, para que Dios supliese nuestras necesidades financieras y poder comprar miles de Biblias. Nos embarcamos con mucha expectativa, mi esposa Damaris y yo, junto con siete pastores amigos míos. Habíamos sido invitados para predicar en una Base Militar en Moscú. Obtuvimos una visa especial del gobierno ruso por intervención, era un tipo de visa humanitaria y diplomática. El 5 de marzo por la mañana, fuimos hasta la Plaza Roja, del otro lado de la tumba de Lenin, y orando tomados de la mano con nuestro equipo, proclamamos la victoria absoluta de Dios sobre el sistema comunista en todo el mundo. En 1942, Stalin había dicho en el mismo lugar: «El comunismo enterrará al cristianismo aquí en la Plaza Roja de Moscú». El Señor hizo exactamente lo contrario de lo que había dicho Stalin: «Fue el cristianismo el que enterró al comunismo en la Plaza Roja». Por la noche prediqué en la Base Militar M-186, cuando unos 250 soldados oyeron la Palabra de Dios por primera vez en sus vidas y después, cuando hice la invitación, ellos recibieron a Cristo.

El Mayor y Comandante de la base, Pishik Osip Viachesla Vovick, fue el primero en pasar al frente. Tomando la palabra, dijo: «Lo que el sistema socialista no pudo hacer en 73 años de mi vida, Dios lo hizo esta noche, convirtiendo mi alma y mi corazón». Después de orar con los soldados, distribuimos las Biblias que fueron donadas por nuestro ministerio a través de la colaboración financiera de muchas iglesias hispanas y portuguesas de los Estados Unidos. Al terminar el culto, el Comandante nos pidió si podía quedarse con miles de Biblias para distribuirlas en diferentes bases militares para los oficiales de alto nivel del Ejército Ruso. Nosotros teníamos 16 mil Biblias, 8 mil en ruso y 8 mil en ucraniano. Después fuimos a Kiev en Ucrania. Muy temprano por la mañana tuvimos dos cultos. Por la noche, la cruzada fue realizada en un gran auditorio que antes fue usado para las reuniones del Partido Comunista Ucraniano y 1.700 personas llenaron el lugar. Muchos permanecieron de pie durante casi tres horas. Mientras predicaba, podía notar y sentir la enorme hambre y sed que ellos tenían de oír el evangelio. Más de 800 personas se convirtieron a Cristo, y cuando oramos por los enfermos, una señora ciega de un ojo recibió la visión instantáneamente. Cuando distribuimos las Biblias, una señora dijo entre lágrimas: «No queremos ayuda de nada, no queremos cosas materiales, solamente queremos Biblias y a Dios. Por favor, que nos entreguen a Dios, solamente a Dios». El Señor nos respaldó a través de las oraciones de una manera increíble y nos ayudo a soportar un frío de 42° bajo cero. ¡El poder de la oración es real! Lo que vivimos en Rusia y Ucrania fue simplemente la respuesta a las oraciones diarias, tanto nuestras como de aquellos que intercedieron por nosotros diariamente durante la cruzada. Todas las invitaciones que llegan a nuestra oficina en Los Ángeles, para campañas en cualquier lugar, son primeramente analizadas bajo oración, para determinar si debemos o no aceptarlas. Después que el Señor nos habla, entonces tomamos las medidas necesarias para realizar tal evento. De esta manera, somos guiados por el Espíritu Santo en oración para realizar lo que Dios desea que hagamos y no lo que nosotros queremos hacer. Es en ese plano que dependemos de las oraciones de la iglesia para poder cumplir nuestro ministerio eficazmente.

LA IGLESIA Y LA ORACIÓN

Mire lo que dice la Palabra de Dios: «Y perseveraban en la doctrina de los apóstoles, en la comunión unos con otros, en el partimiento del pan y en la oraciones» (Hch. 2.42). Una de las tareas y la prioridad de la iglesia primitiva fue la oración. Tenía tanta importancia para los apóstoles, que ellos se dedicaban a largas horas de oración diariamente porque sabían que el crecimiento de la iglesia dependía de sus rodillas, como también el éxito de sus ministerios. La Biblia dice que perseveraban. No era cuestión de orar de vez en cuando, sino a diario y con mucha perseverancia, hasta ver los resultados que ellos esperaban. Tal era el énfasis de la iglesia primitiva, que cuando surgió el problema de la murmuración de los griegos contra los hebreos porque sus viudas eran dejadas de lado en la distribución diaria de los alimentos, los doce apóstoles pidieron una reunión extraordinaria de emergencia y decidieron escoger los diáconos para que se ocupasen de eso. En cuanto a ellos, sin embargo, la Escritura dice en Hechos 6.4: «Y nosotros persistiremos en la oración y en el ministerio de la palabra». Estas eran las prioridades de la iglesia primitiva: ¡La oración y la Palabra! La responsabilidad de la iglesia es orar diariamente por aquellos verdaderamente llamados, que ya fueron enviados al campo y que están realizando la obra de Dios. El misionero o evangelista debe, por su parte, escribir periódicamente a la iglesia y contar las cosas que Dios ha hecho, para que ésta sea edificada y que colectivamente ella se sienta alegre por formar parte de lo que Dios hace a través de su ministerio. En la misma carta, debe colocar sus necesidades y futuros proyectos para que la iglesia siga orando continuamente, y perseverando delante del trono de Dios. Cuando Pedro y Juan fueron presos por el sanedrín y sueltos después de recibir amenazas, contaron a la iglesia todo lo que los principales sacerdotes y ancianos les habían dicho, y la Palabra nos dice:

«Y ellos, habiéndolo oído, alzaron unánimes la voz a Dios, y dijeron: Soberano Señor, tú eres el Dios que hiciste el cielo y la tierra, el mar y todo lo que en ellos hay... Y ahora, Señor, mira sus amenazas, y concede a tus siervos que con todo denuedo hablen tu palabra, mientras extiendes tu mano para que se hagan sanidades y señales y prodigios mediante el nombre de tu santo Hijo Jesús. Cuando hubieron orando, el lugar en que estaban congregados tembló» (Hch. 4.24; 29-31).

En esto radicaba el poder de la iglesia primitiva, en la oración diaria y perseverante de todos sus integrantes que, unánimemente, buscaban el rostro del Señor en medio de pruebas, luchas y amenazas de los opositores al evangelio. La iglesia posee muchos organizadores de «programaciones» y según ellos, «actividades» de parte de Dios, pero muy pocos son los que gimen en el Espíritu en oración. Muchos son los que pagan entradas, pocos son los que interceden. Muchos son los que descansan, pero pocos los que luchan de rodillas. Muchos están «demasiado ocupados», pero pocos están quebrantados y humillados delante de Dios en súplicas y lágrimas. Como dijo D. L. Moody: «Los predicadores que se arrodillan delante de Dios por la mañana en oración, se colocan mejor de pie detrás del púlpito por la noche». Sin duda, aquellos que no están orando están jugando, pues el ministerio de la predicación está abierto a pocos, pero el ministerio de la oración está abierto a todos. Nunca la iglesia debe confundir la unción con la emoción y la conmoción con el real avivamiento que viene a través de la oración. Un creyente carnal parará de orar, pero un cristiano que aborrece al mundo aumentará su vida de oración. Creo que los diezmos podrán construir el edificio de una iglesia, pero las lágrimas de la oración le darán la vida.

Esta es la diferencia básica de nosotros hoy con relación a la iglesia primitiva de ayer. Nuestro énfasis es en pagar entradas a eventos, el de ellos era el de orar, y cuando ellos lo hacían, los lugares temblaban, se movían, eran sacudidos por el poder de Dios a través de oraciones hechas en la unción y en el poder del Espíritu Santo. La iglesia ha sido engalanada pero no edificada, es agradada pero no santificada. La vida verdadera quedó suprimida y se siente escalofrío incluso en verano. El suelo está quemado y por falta de oración, la iglesia de nuestro Dios se transformó en una ciudad de muertos, una iglesia que parece un cementerio, no un ejército de batalla.

En cierta ocasión, D. L. Moody fue a oír personalmente la prédica poderosa del famoso Charles H. Spurgeon, en el Tabernáculo Metropolitano de Londres, Inglaterra. Al oír el mensaje, Moody quedó tan impresionado que se arrodilló, colocó las manos en la cabeza y exclamó admirado: «¡Dios mío, nunca oí a un hombre predicar de esa manera, con tanto poder!» Al terminar el culto, Moody se acercó a Spurgeon y le preguntó: «¿Cual es el secreto de la unción de tus palabras y de tu ministerio?» Spurgeon respondió: «Ven conmigo, yo te llevaré al horno…», «¿Al horno? ¿Qué es el horno?». Bajaron las escaleras y al llegar al sótano, había más de 2.000 personas arrodilladas orando. Spurgeon le dijo a Moody: «¡Aquí está el horno! Este es el secreto de la unción que el Espíritu Santo hace fluir mientras yo predico. Aquí está el poder de mi ministerio, en esas rodillas dobladas que estás viendo. Aquí está el horno que quema la leña, para que ella produzca el calor del revestimiento del poder que se siente allá arriba, mientras yo predico la Palabra de Dios». Si la iglesia quiere volver a alcanzar el mundo a través del evangelismo y de las misiones e impactarlo como lo hizo en el pasado, tendrá que volver a arrodillarse. No hay y no habrá otra manera, solamente a través del poder de la oración.

Tanto la iglesia debe orar por los evangelistas, pastores y misioneros, como ellos también deben tener el hábito diario de arrodillarse en oración para que vean resultados mayores en sus vidas y ministerios. Cada iglesia y cada ministro deben desarrollar una vida de oración, pues es a través de ella que nos asemejaremos al Señor Jesús y transformaremos este mundo para Él. Tanto la iglesia como el ministro son responsables de orar por sus comunidades y alcanzarlas con el evangelio de Cristo sabiendo que sólo llegarán al conocimiento del Señor a través de la oración. La oración es un arma poderosa que está a disposición de la iglesia y de los ministros porque nos lleva a la presencia de Dios, como dice la Escritura: «Y me buscaréis y me hallaréis, porque me buscaréis de todo vuestro corazón» (Jer. 29.13). La oración dará fe a la iglesia, y aquellos que predican la Palabra de Dios harán grandes cosas por la fe adquirida de rodillas en el piso. El predicador debe ser un intercesor, un hombre de oración. A veces, la respuesta a la oración demora. Tenemos que perseverar. Nosotros los evangelistas, pastores y misioneros, necesitamos la oración del pueblo tanto para nuestra vida privada como para nuestras actividades evangelistas. Ella traerá la santidad que necesitamos para combatir el mundo, la carne, el pecado y los demonios. La iglesia y aquellos que son llamados a predicar la Palabra, necesitan reservar un tiempo para orar y ayunar. Solo así destruirán las fortalezas del diablo contra sus vidas y ciudades.

El propio apóstol Pablo necesitó las oraciones de las iglesias

La explicación más clara del gran éxito de Pablo en el ministerio, y de los resultados que él obtuvo está íntimamente ligada a la oración. Su gran influencia sobre la iglesia y el mundo está básicamente en sus rodillas, sobre las cuales luchó con Dios en oración. A los creyentes en Roma escribió: «Pero os ruego, hermanos, por nuestro Señor

Jesucristo y por el amor del Espíritu, que me ayudéis orando por mí a Dios» (Ro. 15.30). También llamó a la iglesia de Corinto a su auxilio: «Cooperando también vosotros a favor nuestro con la oración». (2 Co. 1.11). A los Efesios les dijo: «*Orando en todo tiempo con toda oración y súplica en el Espíritu, y velando en ello con toda perseverancia y súplica por todos los santos; y por mí, a fin de que al abrir mi boca me sea dada palabra para dar a conocer con denuedo el misterio del evangelio*» (Ef. 6.18-19). A los Filipenses, Pablo asevera que todas sus pruebas y oposiciones se convierten en medios para la expansión del evangelio por la eficacia de sus oraciones por él. A los Colosenses reitera: «Orando también al mismo tiempo por nosotros, para que el Señor nos abra puerta para la palabra, a fin de dar a conocer el misterio de Cristo». (Col. 4.3). A los Tesalonicenses afirma: «Hermanos, orad por nosotros» (1 Ts. 5.25). Y también dice: «Por lo demás, hermanos, orad por nosotros, para que la palabra del Señor corra y sea glorificada, así como lo fue entre vosotros» (2 Ts. 3.1).

Filemón estaba preparando alojamiento para Pablo, pues a través de su oración, el apóstol sería su huésped. La actitud de Pablo con relación a las oraciones demuestra su humildad, al depender tanto de las oraciones de las iglesias por él. Y no solamente Pablo, sino también la súplica y el propósito de los apóstoles fue hacer que la iglesia orase diariamente por aquellos que habían sido llamados a predicar la Palabra. De ninguna forma ellos ignoraron las actividades espirituales que la iglesia necesitaba realizar, pero ninguna de ellas debería ser comparada con la necesidad de orar. Aquí es donde la iglesia de hoy ha fallado. Por eso ella ha perdido, en muchos lugares, su poder y su influencia.

Ejemplos de hombres de oración

Charles Spurgeon dijo en cierta ocasión: «Una brillante bendición que la oración particular trae al ministerio es algo indescriptible e inexplicable, ya que solamente ella trae el poder que necesitamos. Debemos entonces continuar persistentes, constantes y fervorosos en las oraciones y súplicas. Coloquemos el ovillo de lana en la era de la súplica, hasta que quede mojado con el rocío del cielo» ¡Ése es el secreto! Nosotros, la iglesia de Cristo, necesitamos retomar el hábito de la oración. Cristo mismo dio el ejemplo, pues pasaba noches enteras orando. El profeta Daniel oraba tres veces al día.

David oraba por la mañana, al mediodía y por la noche. La mayoría de los hombres de Dios estuvieron largas horas en oración, siendo grandemente usados por Dios. Charles Simeon oraba desde las 4 de la madrugada hasta las 8 de la mañana. John Wesley pasaba dos horas diarias en oración, empezando a las 4 de la mañana. John Fletcher pasaba frecuentemente las noches en oración intensa. Toda su vida fue una vida de oración. Martín Lutero dijo: «Si dejara de orar dos horas todas las mañanas, el diablo obtendrá su victoria durante el resto del día». Su lema era: «Aquél que oró bien, estudió bien». El arzobispo Leighton permanecía tanto tiempo a solas con Dios, que parecía estar en perpetua meditación. Su biógrafo dijo: «La oración y la alabanza eran su trabajo y su gran placer». El Obispo Ken oraba tanto a Dios, hasta el punto de comentarse que su alma estaba enamorada de Él. Empezaba antes de las tres de la madrugada. El obispo Asbury dijo: «Me propuse levantarme a las cuatro de la madrugada, en cuanto me fuera posible, y quedarme dos horas en oración». Samuel Rutherford también comenzaba a las tres de la madrugada. Joseph Alleine oraba desde las cuatro a las ocho de la mañana, antes de abrir su negocio.

Robert Murray McCheyne dijo sobre la oración: «Debo emplear mis mejores horas para la comunión con Dios. Éste es el más noble y eficiente empleo y no debe ser olvidado. Las horas matutinas desde las 6 hasta las 8 son las mejores, porque no hay interrupción. Asimismo después del té, mi mejor hora debería ser solemnemente dedicada a Dios. No debo parar el buen hábito de orar antes de dormir, pues debo prevenirme contra el sueño. Cuando me despierto durante la noche, debo levantarme para orar. Después del desayuno, debo tener un tiempo para la intercesión». El grupo metodista oraba desde las cuatro hasta las cinco de la mañana y de las cinco hasta las seis de la tarde, en oración ferviente.

John Welch, el gran predicador escocés, creía que el día estaba perdido si no oraba de ocho a diez horas diariamente. Cuando se levantaba por la noche, oraba. Su esposa se quejaba de él cuando lo encontraba postrado en el suelo llorando, pero él le decía: «Oh mujer, tengo responsabilidad por tres mil almas delante de Dios, y no sé cuántas de ellas pueden salvarse».

Payson dedicaba tanto tiempo a la oración y con tanta intensidad, que de tanto impactar con sus rodillas el lugar donde diariamente se arrodillaba para orar, éste se desgastó.

El Marqués DeRenty, para quien Cristo era la persona más importante, dio órdenes cierta vez a su criado, para que lo llamara media hora después que comenzase a orar. El criado, a la hora indicada, vio su rostro a través de una abertura. Su rostro estaba tan glorificado por la Gracia Divina, que no tuvo coraje para llamarlo. Sus labios se movían, pero él estaba en completo silencio. Esperó una hora y media y entonces lo llamó.

William Bramwell es famoso en los anales metodistas por su santidad personal, por su éxito en las prédicas y por las extraordinarias respuestas a sus oraciones. Oraba muchas horas seguidas, a veces más de cuatro horas, y vivió casi toda su vida arrodillado.

El Obispo Andrews empleaba cinco horas diarias en oración y devoción a su Señor.

Sir Henry Havelock dedicaba siempre dos horas por día a Dios. Si el campamento se levantaba a las seis de la mañana, él se levantaba a las cuatro.

El Conde Cairns se levantaba todos los días a las seis para dedicar una hora y media al estudio de la Biblia y la oración, antes de hacer el culto doméstico.

Henry Martyn lamentaba que «la falta de devoción particular y la falta de oraciones privadas constituyen la pobreza espiritual de la iglesia». Creía que se dedicaba mucho tiempo al ministerio público y poco tiempo a la comunión privada con Dios. Oraba dos horas diariamente antes de hacer cualquier otra cosa. Decía que eran oraciones muy cortas a causa del excesivo trabajo para preparar sermones. El obispo Wilson nos dice sobre él: «En el diario particular de Henry Martyn, el espíritu de oración, el tiempo consagrado al deber y su fervor fueron las primeras cosas que me impresionaron».

William Wilberforce, compañero de los reyes, dijo: *«He vivido demasiado en público y para mí mismo. Eso ha exterminado mi alma de hambre espiritual y ella se ha transformado en algo pobre e infructífero. Tengo necesidad de orar hasta altas horas de la noche. Creo además que el fracaso que tuve en el Parlamento fue probablemente, para mi vergüenza, fruto de mis débiles y cortas devociones y oraciones privadas, y así Dios permitió que yo tropezase...».*

El gran éxito de Adoniram Judson como misionero en Birmania se le atribuye al hecho de que dedicaba mucho tiempo a la oración. Él dijo sobre la oración: *«Organiza tus tareas, si es posible, de tal*

*modo, que puedas dedicarte con tranquilidad dos o tres horas to-
dos los días a la oración. No solamente para momentos de devoción pública, sino también para la oración privada y en secreto con
Dios. Esfuérzate siete veces al día para retirarte de tu trabajo y de
tus compañeros y eleva tu alma entregándote a Dios. Empieza el
día en devoción por algún tiempo después de la medianoche, en el
silencio y la oscuridad de la noche a esta santa tarea. Que el amanecer te encuentre en oración. Permite que esas horas, las nueve
de la mañana, el mediodía, las tres, las seis y las nueve de la noche
sean testigos de tu orar. Sé firme en ese propósito. Realiza todos
esos sacrificios para mantenerlo. Considera que tu tiempo es corto
y que el trabajo y tus compañeros no deben robarte de tu Dios».*

Edward Judson escribió una biografía de su padre. En esa obra des-
cubrimos que ese gran hombre de Dios pasaba diariamente largas horas en oración durante el día, por la noche y en las madrugadas, en
íntima comunión con Dios. Todos esos hombres mencionados anteriormente y muchos otros que el tiempo y el espacio no nos permiten
nombrar, transformaron el mundo para Cristo a través de sus oraciones. ¿No deberíamos nosotros hacer lo mismo? Nosotros los predicadores, ¿cuánto oramos diariamente a Dios? ¿Será que pasamos algún
tiempo en la presencia del Señor? ¿Cuál es nuestra responsabilidad
como predicadores? ¿Será que estamos influenciando al mundo por
medio de nuestra vida de oración?

En Brasil, hace mucho tiempo, un pastor estaba orando durante
la madrugada. Su esposa no estaba, pues había ido a un retiro con las
señoras de su iglesia. Él oraba intensamente y las lágrimas le corrían
por el rostro. Agradecía al Señor por todas sus victorias y no pedía
nada, solamente alababa a Dios y cantaba canciones que exaltaban
el nombre del Señor. Cerca de las 4.30 de la madrugada, en profunda comunión con Dios, escuchó algunos pasos, como si alguien estuviese subiendo por las escaleras. Nada temió, continuó orando y
exaltando al Señor con palabras de cariño, ternura y agradecimiento. Continuó oyendo pasos que se dirigían a su cuarto. No tuvo miedo y continuó orando. Se dio cuenta que los pasos llegaron a la
puerta y de repente el cuarto se llenó de la Gloria y de la Presencia
del Señor. El Espíritu Santo le preguntó: «¿Sabes quién está aquí?
¡Uno de sus nombres es Maravilloso!» Entonces el Señor Jesús vino
caminando por detrás del pastor, y colocando sus manos en los hombros de aquel hombre de oración, le dijo: «Vine para decirte que,

Transaction Record

Store # 06552 14

Cash Check

Check Amount(s)
$1,196.07

Check(s) Total $1,196.07
Fee Total $0.00

Cash Paid to Customer

Transaction # 158 0240
05:54PM   05/30/08

Thank you, BARBARA

Wells Fargo Bank
Transaction Record

Store # 06652 14   Cash Check

Check Amount(s)
$1,196.07

Check(s) Total $1,196.07
Fee Total $0.00

Cash Paid to Customer
$1,196.07

Thank you, BARBARA

cuando oras, tú ministras a mi corazón...». Nosotros pedimos siempre que Cristo nos ministre, pero, ¿quién ministra al corazón del Señor? Él también es una persona y desea que alguien demuestre agradecimiento por todo lo que Él ha hecho. ¿A quién no le gusta recibir palabras de cariño, afecto, ternura y agradecimiento? Solamente a través de la oración podremos ministrar al corazón de Dios, que está tan quebrantado por un mundo de pecados y por una iglesia que en la mayoría de los casos solo sabe pedir, pero no sabe agradecer.

Que podamos, en íntima comunión con Dios, como ministros que somos y como iglesia, experimentar Su Gloria y Su Presencia en nuestra vida de una manera completamente distinta de aquella a la cual estamos habituados. Necesitamos más que la oración pública, necesitamos orar en secreto a Dios y buscar la íntima comunión con Él, como la que tuvimos en el pasado. En el libro de Andrew Murray, titulado en español «La Escuela de la Oración», el autor nos enseña cómo buscar esa comunión, obtenerla y permanecer con ella de una forma excelente en todas las áreas de nuestra vida.

EL PREDICADOR Y LA ORACIÓN

E.M. Bounds, en su libro «El Poder a Través de la Oración», escribió sobre el predicador: «El plan de Dios es usar al hombre, y usarlo más que cualquier otra cosa. Los hombres son el método de Dios. La iglesia está buscando mejores métodos, pero Dios está buscando mejores hombres». El sermón genuino es realizado en el recinto secreto. El hombre de Dios se forma en el recinto secreto. Su vida y sus más profundas convicciones nacen de su comunión secreta con Dios. Sus mensajes más ricos y dulces son alcanzados cuando está a solas con Dios. La oración hace al hombre, la oración hace al predicador, la oración hace al pastor. Al púlpito de hoy le falta oración. El orgullo de la erudición se opone a la humildad de la dependencia de la oración. La oración del púlpito es demasiado formal, un desempeño de rutina como parte de la programación y el culto. La predicación vivificante le cuesta mucho al predicador: muerte del ego, crucifixión para el mundo, iluminación de la propia alma. Solamente el mensaje del predicador crucificado puede dar vida, y la predicación crucificada solo puede venir de un hombre crucificado, para quien la carne y el mundo fueron crucificados y su ministerio es como la corriente abundante de un río que da vida. La predicación que mata es la de la letra, letra sin oración que puede tener una bella forma y ordenación, pero sigue siendo letra, letra tosca y seca, cáscara desnuda y vacía. El predicador necesita, por la oración, mover a Dios en dirección al pueblo, antes de poder mover el pueblo en dirección a Dios por medio de sus palabras. El predicador debe haber tenido audiencia y un rápido acceso a Dios antes de poder tener acceso al pueblo.

Para el predicador, el camino abierto en dirección a Dios a través de la oración es la garantía de un camino abierto al pueblo por sus palabras. El énfasis aquí es sobre la oración y el predicador. Aquella oración verdadera, que involucra e inflama la tarea noble de la persona del predicador. Aquella oración que nace de la unión vital con Cristo y de la plenitud del Espíritu Santo, que emana de profundas y rebosantes fuentes de compasión, de un celo consumidor, para la Gloria de Dios. El predicador debe reconocer su necesidad del auxilio poderoso de Dios a través de la oración y comunión íntima con Él. La oración basada en estas convicciones solemnes y profundas, es la única oración verdadera. La predicación amparada por tal oración es la única que siembra las semillas de la vida eterna en los corazones por los labios del predicador y los lleva a los cielos. En realidad, existen prédicas populares, prédicas agradables, prédicas que cautivan y prédicas muy intelectuales, literarias e inteligentes, de buena extensión y forma, con poca o ninguna oración, pero la que alcanza el objetivo de Dios, trayendo resultados, tiene que nacer de la oración ferviente. Muchos predicadores y sus prédicas ayudaron y ayudan al pecado y no a la santidad, poblaron el infierno y no los cielos. La predicación que mata es la predicación sin oración. Sin oración el predicador produce muerte y no vida. El predicador que es débil en la oración, es débil en fuerzas vivificantes. El predicador que se aisló de la oración despojó su predicación del poder vivificador. Existe y existirá siempre la oración profesional, pero la oración profesional ayuda a la predicación en su obra de muerte. La oración profesional mata tanto la predicación como la propia oración verdadera. La falta de poder se atribuye a la oración profesional del púlpito. Son oraciones largas, discursivas, secas y vacías en muchos púlpitos de hoy. Una escuela humilde que enseñase a los predicadores las oraciones que Dios considera verdaderas, sería más benéfica para una piedad auténtica, una adoración legítima y una predicación real que todas las escuelas teológicas juntas. Incluso la elaboración incesante y obligatoria de sermones, bien sea como arte, deber, trabajo o placer, puede absorber y endurecer al predicador por su descuido de la oración, apartándolo del corazón de Dios. El científico pierde a Dios en la naturaleza misma, y es posible que el predicador pierda a Dios en su propio sermón. La oración refresca el corazón del predicador, lo mantiene sintonizado con Dios y en simpatía con el pueblo, y eleva su ministerio por encima de la frialdad espiritual, haciendo fructífera la rutina y moviendo todos los mecanismos con facilidad y con el poder de la unción divina. El carácter de nuestra oración determinará el carácter de nuestra predicación. La oración fortalece la predicación y la hace penetrante y con unción. Solamente en la escuela de la oración, el corazón del predicador podrá aprender a predicar con poder. Ninguna erudición puede suplir la falta de oración. Ni el celo, ni la diligencia, ni el estudio, ni los dones suplirán su falta.

Spurgeon habló en otra ocasión sobre la oración y refiriéndose al predicador dijo: «*Espontáneamente, el predicador debe destacarse sobre los demás como un hombre de oración. Debe orar como un creyente común, o sería un hipócrita, pero también debe orar más que un creyente común, o sería descalificado del oficio que ocupa. Si los ministros no se dedican a la oración, son dignos de lástima. Si los predicadores y la iglesia fueran negligentes en la devoción sagrada, ambos son dignos de compasión. Días vendrán en que tanto el predicador será avergonzado como la iglesia estará muerta espiritualmente. Todas nuestras bibliotecas y estudios son un vacío cuando se comparan a nuestro recinto secreto de oración. Nuestros períodos de ayuno y oración en el Tabernáculo Metropolitano de Londres han sido realmente días sublimes; nunca el portón de los cielos estuvo tan ampliamente abierto; nunca nuestros corazones estuvieron tan cerca de la gloria celestial*».

Tanto la iglesia debe orar por los predicadores, como los predicadores deben orar por las iglesias. El ayuno y la oración traerán un lazo de amistad y compañerismo entre los dos. El uno necesita del otro, y los dos, arrodillados, pueden transformar el mundo para Cristo. El predicador necesita habituarse a orar, o su sermón será seco y vacío, sin poder, sin unción y sin la convicción del Espíritu Santo sobre sus oyentes. Jamás la oración será sustituida, no importa cuánto la tecnología avance y se desarrolle. No importa cuánto progresemos en todas las otras áreas, la oración será siempre una de las armas más poderosas en el arsenal del cristiano para derrumbar las fortalezas del diablo.

LA ORACIÓN JAMÁS SERÁ REEMPLAZADA

En una ocasión, un misionero regresó de su misión en África a los Estados Unidos y el superintendente de su denominación fue a buscarlo en el aeropuerto. Durante el recorrido hacia las nuevas oficinas de la organización, el misionero relató las grandes victorias que obtuvo a través de la oración, y que a pesar de no haber obtenido todo lo que necesitaba en el campo misionero, Dios lo usó grandemente. Atribuyó sus victorias al Señor a través de sus rodillas en oración y súplica. Al llegar, su superintendente lo llevó para que conociese las nuevas instalaciones centrales de la denominación. Entraron por el bello jardín repleto de lindas flores y plantas y fueron caminando hasta la sala de recepción. Después se dirigieron a la de la imprenta, donde se producía la literatura de enseñanza. Después lo llevó a la sala de las copiadoras que ahora sacan fotocopias en colores y no más en blanco y negro. Le mostró el sistema moderno de telefonía para las secretarias. Lo llevó a la sala de computadores, donde se recibían y enviaban «e–mails» por Internet. Después fueron al estudio de grabaciones con cámaras profesionales de video, al lado del cual quedaba la sala de duplicación de mensajes producidas en audiocasetes. Le enseñó las nuevas máquinas de fax, rapidísimas y eficientes. Lo llevó a la sala de reuniones de la dirección y le enseñó el complejo de edificios y oficinas, etc. Después, el superintendente orgullosamente le preguntó al misionero: «¿Qué te pareció todo esto?» Respondió el hombre de Dios: «¡Muy bueno, excelente! Pero, ¿dónde está el cuarto de oración?» El superintendente se quedó mudo y estupefacto con la pregunta del misionero, quien añadió de inmediato: «Todo eso es maravilloso y necesario, pero ¡jamás funcionará sin el poder de la oración!» Y continuó: «Ustedes construyeron todo tipo de sala para todo tipo de actividad, menos el cuarto más necesario y olvidado, el cuarto de oración».

Oh, mis queridos hermanos, ¡cuánta verdad fue dicha por el misionero! Tenemos todos los avances de la tecnología pero no tenemos poder, no tenemos unción, no tenemos el revestimiento del Espíritu Santo en nuestra vida. Muchas actividades, sean ellas convenciones, conferencias, seminarios o campañas, sean en el ámbito local, municipal, provincial, nacional, o internacional de cualquier concilio o denominación, carecen de la unción de Dios pues no reflejan el poder real del evangelio.

Cuando estuve en Chile por segunda vez, en enero del 2002, prediqué en la ciudad de Temuco. El pastor Jorge Astorga Vera, que me invitó para el evento, un día por la mañana durante las conferencias, me llevó a conocer el lugar donde su grupo de intercesión ora todos los domingos a las 6 de la mañana, en el duro frío del invierno chileno, bajo la lluvia o en el calor del verano. Subimos a un monte con el grupo de intercesión. Al llegar, me impresionó sobremanera la entrega y la pasión de aquellos sencillos y humildes hombres y mujeres de oración. Era un rústico cobertizo, sin paredes, completamente abierto y expuesto al viento, a la lluvia y al sol. El piso era de concreto puro, no había sillas, no había nada que ellos pudiesen colocar debajo de sus rodillas para evitar el frío del cemento. Allí, aquellos guerreros de oración se arrodillan todos los domingos por la mañana, bajo el duro y frío piso de concreto, y oran por los ministros, iglesias, misioneros y evangelistas del mundo entero. Nos dimos las manos para orar. Yo me sentí tan indigno de las oraciones de los hermanos y me quedé tan emocionado, que lloré copiosamente. Les pedí que orasen por mí, me arrodillé en el piso de concreto y todos vinieron y pusieron sus manos sobre mí y el pastor Jorge Astorga dijo: «Hermano Josué Yrion, es bueno que sepas que la invitación para traerte a Temuco salió de aquí. Y no importa dónde estés, ya sea en China, en tu casa en California, en campaña en África o en la India, tenga la seguridad de que aquí está un grupo fiel de hermanos que oran por ti y por tu familia sin cesar todos los domingos bien temprano por la mañana. Nosotros te amamos, hermano...». Estoy enormemente agradecido a esos hermanos. Estoy muy consciente de cuánto necesito las oraciones de esos valientes guerreros que luchan arrodillados en intercesión por mí y por los demás. Muchas gracias queridos hermanos chilenos. ¡Jamás podremos reemplazar la oración!

La tarea de la iglesia es orar

El deber de la iglesia no es solamente apoyar a aquellos verdaderamente llamados, o solamente separarlos y enviarlos, o apenas mantenerlos financieramente, sino *orar* por los que están en el frente del campo de batalla. La Biblia dice que cuando Herodes maltrató a algunos de la iglesia y mandó a matar a Jacobo y colocó a Pedro en prisión, «la iglesia hacía sin cesar *oración* a Dios por él» (Hch. 12.5). La iglesia oraba por el apóstol Pedro, que estaba preso y bajo fuerte custodia. El mundo está repleto de prisiones espirituales de todo tipo y las personas están presas a toda clase de pecados y desobediencia al Señor. Para romper esas barreras, esas prisiones del alcoholismo, de la droga, de la prostitución, de la pornografía, del sexo ilícito y del materialismo, la *iglesia necesita orar* por aquellos que están enfrentando grandes persecuciones al predicar la Palabra de Dios. Centenares de pastores que están presos en prisiones de países comunistas y musulmanes, necesitan que la iglesia interceda por ellos. Pablo nos dice en Romanos: «Gozosos en la esperanza; sufridos en la tribulación; constantes en la *oración*» (Romanos 12.12). Si tenemos constancia en la oración, las puertas de algunos países que todavía están cerradas a las misiones se abrirán; si perseveramos, veremos a nuestros familiares salvos; si perseveramos veremos el avivamiento que tanto anhelamos entre los impíos y en la iglesia; si perseveramos, todo esto sucederá. Pablo dice también: «Perseverad en la oración, velando en ella con acción de gracias» (Col. 4.2) ¡Perseverad en la oración es el mandato del apóstol! Nuevamente Pablo nos escribe: «Orando en todo tiempo con toda oración y súplica en el Espíritu, y velando en ello con toda perseverancia y súplica por todos los santos» (Ef. 6.18). Dios nos está llamando a perseverar de rodillas delante de Él hasta que los resultados aparezcan. Pablo simplemente dice: «Orad sin cesar» (1 Ts. 5.17). Podemos hacerlo en nuestra mente, continuamente, sea viajando, manejando o haciendo cualquier otra cosa. Santiago nos dice que «la oración eficaz del justo puede mucho» (Santiago 5.16). Las oraciones de la iglesia son poderosas y causan efecto porque los que oran son justos a los ojos del Señor. Está a disposición de la iglesia, y solamente de ella, el mayor arsenal que se conoce: la oración. Vamos a bombardear el infierno con nuestras oraciones. Como poderosos misiles, vamos a atacar y no retroceder frente a la gran tarea de la evangelización mundial. Vamos a combatir en la misión sagrada de ganar a los perdidos para Cristo. Vamos a viabilizar, como iglesia y como individuos, nuestra prioridad de alcanzar a los perdidos para Cristo, perseverando arrodillados en oración continua delante de Dios.

Se cuenta que en las Bahamas, un grupo de jóvenes cristianos salió un sábado a evangelizar casa por casa. Antes, en la iglesia, habían orado durante largas horas para que Dios los bendijese en el evangelismo personal, preparando los corazones de la gente para oír la Palabra de Dios. La propia iglesia y el pastor habían estado orando por los jóvenes durante esa semana. Cuando ellos tocaron a la puerta de una de las casas, una señora los recibió y se sorprendió al ver el grupo de evangelismo con las Biblias en las manos. Entonces les preguntó: «¿Por casualidad ustedes escucharon algo mientras conversábamos?» Los jóvenes respondieron que no habían escuchado nada y que recién habían llegado cerca de la puerta. Entonces la señora les confesó: «Lo que pasó es que nosotros, como familia, acabábamos de decir que ya había llegado la hora de abrirle espacio a Dios en nuestras vidas...». Fue fácil para los jóvenes, después de esas palabras, llevar a toda esa familia al conocimiento de Cristo. ¡Ése fue el resultado de la oración!

Orar en el Espíritu

En su epístola, Judas simplemente aconseja a la iglesia que se mantenga «orando en el Espíritu Santo» (Jud. 1.20). ¡Aquí radica nuestra victoria!

Que el Señor nos conceda la habilidad de orar en el Espíritu, pues hay ejemplos de grandes hombres y mujeres de oración que cambiaron naciones enteras, situaciones adversas, generaciones de su época, y transformaron futuras generaciones con su influencia. Ellos cambiaron el mundo, como el propio Maestro, el Señor Jesucristo, quien oró por sus discípulos, por su ministerio, por las multitudes y por los milagros. Como Pablo, al orar por el crecimiento de las iglesias que estaban bajo su cuidado. Como Martín Lutero por la reforma y John Bunyan durante sus 12 años de prisión mientras escribió el libro «El Peregrino», como Jonathan Edwards por el avivamiento, George Whitefield por la predicación poderosa, Charles Finney por el reavivamiento, David Livingstone por África, Charles Spurgeon por su iglesia en Londres, D. L. Moody por sus grandes cruzadas, Pastor Hsi por los chinos viciados en opio, Jonathan Goforth por China y Manchuria, John Hyde por la India, Robert Murray McCheyne por su íntima comunión con Dios, Billy Sunday y Gipsy Smith por sus campañas evangelísticas, Oswald Smith por las misiones, Evan Roberts para que Dios salvase el país de Gales, Duncan Campbell por las islas Hébridas en el Reino Unido, David Brainerd por los indios pieles rojas, Tanna Collins por el Tíbet, Zinzendorf por los estudiantes, John Wesley por Inglaterra,

Evangeline Booth por los desamparados de las periferias de Londres, Henry Martyn por los musulmanes, Smith Wigglesworth por los enfermos, Amanda Smith por sus predicaciones en 4 continentes, Mónica la madre de Agustín para que se convirtiese, el cual llegó a ser una de las mentes más brillantes en la defensa del evangelio, Corrie Ten Boom por sus agresores y de su hermana en el campo de concentración nazi, Hudson Taylor por China, Charles Studd por el mundo perdido, John Knox por Escocia y George Muller por el orfanato de Bristol, hombres y mujeres que conocieron y aplicaron los principios básicos para una vida de completa rendición en oración delante del Señor. Asimismo John Paton por las islas del Sur del Pacífico, Elizabeth Braunschweig por los campesinos de Alemania, Gilbert Tennent por los pecadores en sus reuniones, Festo Kivengere por su nación, Uganda, Amy Carmichael por las niñas prostitutas de la India, Asahel Nettleton para que la iglesia dejase el materialismo, Sadhu Sundar Singh para renunciar a todo por Cristo, Horatius Bonar al insistir en la santidad para la iglesia, Phoebe Worral Palmer por su misión humanitaria y evangélica, Richard Allen por la fundación de la iglesia Africana Metodista Episcopal, Fidelia Fiske por las muchachas necesitadas de cura física y de ayuda espiritual en Irán, Robert Moffat por África del Sur, James Chalmers por los paganos de Nueva Guinea, John R. Mott por su ministerio de evangelista, Mary Mitchel Slessor por África y por Calabar, Francis Asbury por pagar el precio de servir a Cristo, Gunnar Vingren y Daniel Berg al fundar las Asambleas de Dios en Brasil, Billy Graham por sus cruzadas, Loren Cunningham al fundar JUCUM (Juventud Con Una Misión), Jim Stier al fundar JUCUM en Brasil y Afonso Cherene por España, etc. Quedan sin mencionar muchos otros hombres y mujeres de Dios de ayer y hoy con gran visión, coraje y determinación, que alcanzaron grandes victorias en sus rodillas y que transformaron, transforman y transformarán el mundo a través de la oración, por la causa del evangelio.

¡VOLVAMOS PUES, A LA ORACIÓN!

Capítulo 15

La iglesia debe conocer su propia historia

*C*orrie Ten Boom (1892–1983) fue confinada a un campo de concentración nazi junto con su hermana durante la ocupación de Holanda por Alemania en la segunda guerra mundial. Sin embargo, eso no le impidió seguir compartiendo el evangelio de las Buenas Nuevas con aquellos que estaban alrededor de ella, incluso con sus agresores y los de su hermana. Refiriéndose al evangelismo como nuestra prioridad, dijo: *«Viajar por el desierto con otras personas, sentir sed y de repente encontrarse con una fuente de agua y al beber de ella no comunicar a los otros para que también puedan beber y saciar su sed. Eso es lo mismo que disfrutar de Cristo como fuente del agua de la vida y no hacerlo público y conocido a través del evangelismo a los que se mueren sin Él».*

La iglesia y su liderazgo deben conocer la historia del evangelismo, donde hallarán aquellos hombres y mujeres llamados y usados por Dios en el pasado y sabrán, entre sus miembros, cuáles son los verdaderamente llamados. Estos tienen que poseer el mismo llamado, entrega, valor y determinación de aquellos que vinieron antes.

El Dr. Billy Graham en el congreso de 1966 en Berlín, Alemania oriental, tituló una de sus prédicas «¿Qué es el Evangelismo?» Su mensaje provocó un gran impacto en las vidas de los ministros participantes, y principalmente en uno de los oyentes que comentó después: *«A medida que el Dr. Graham predicaba, el Espíritu me tomó y me dio una gran convicción con relación al evangelismo, además de llenarme de ideas, de compasión y de una carga que jamás había sentido por los perdidos. Antes yo nunca había experimentado el amor de Dios en mi corazón tan intensamente, como una carga demasiado difícil de llevarla. En la habitación del hotel me tiré al piso y le pedí al Señor que me diera un corazón evangelizador y misionero. De ahora en adelante daré énfasis al evangelismo en mi iglesia».*

Ghana, África occidental

Fui con mi esposa e hijos a la ciudad de Kumasi, en Ghana, África occidental, en agosto del 2001, para una cruzada y algunos seminarios para pastores y líderes sobre Evangelismo y Misiones. Fuimos invitados por el Rev. John K. Appiah y por el comité ejecutivo de la Asociación de Pastores. Nos reunimos con el Ministro de Gobierno del Reino de Ashanti y miembro del Parlamento de Ghana, el respetable Rev. S. K. Boafo que nos dio su apoyo para el evento como también con muchas otras autoridades gubernamentales, religiosas y civiles. Durante los cuatros días del evento, los seminarios matinales para pastores y líderes fueron extraordinarios e impactantes, con la presencia de cerca de 1.464 pastores y líderes asociados. Mi énfasis fue el papel del liderazgo africano en el evangelismo. En mi último mensaje prediqué este sermón: «Entra y Conquista África a través de las Misiones». En esa ocasión hubo un gran derramamiento del Espíritu Santo. Durante esos días, en mis mensajes el evangelismo y misiones tuvieron prioridad y el Señor nos bendijo enormemente. ¿Cuál es tu prioridad? ¿Evangelismo y misiones?

San Juan, Puerto Rico

En julio del 2002 prediqué en la décima bienal de la Convención Mundial de la iglesia de Dios en el Coliseo Roberto Clemente, en San Juan de Puerto Rico. ¿Sabes cuál fue la prioridad de la convención, donde había representantes de 40 países? ¡Evangelismo y misiones mundiales! El tema fue: «Llenos del Espíritu vamos a

Conquistar». Durante las dos noches en que prediqué, hubo un total de 22.000 personas presentes. Las predicaciones fueron transmitidas por televisión en vivo y en directo, vía satélite, por la «Cadena del Milagro del Ministerio Cristo Viene» del evangelista Yiye Ávila, a 100 países. El mensaje sobre las misiones mundiales también fue retransmitido por la «Televisión Teletriunfo Canal 46», a todo Puerto Rico e islas del Caribe. Todos los mensajes fueron difundidos por la Radio Triunfo [www.radiotriunfo.com] por Internet para todo el mundo, así como también la «Radio Visión Cristiana», de Nueva York. Fue un evento magno. ¿Cuál fue mi prioridad? ¡Evangelismo y misiones! Como pastor de tu iglesia ¿cuál es tu mensaje prioritario? ¿Evangelismo? ¿Misiones?

El evangelismo es parte primordial y esencial de la misión de la iglesia en la Tierra. Pero, ¿qué es evangelismo? La palabra griega es *evangelizomai* que significa llevar o anunciar el evangelio. Ese término aparece 24 veces en el Nuevo Testamento. *Euangelion* o Buenas Nuevas, aparece 75 veces. El adverbio griego *euaggelizo* significa «traer buenas nuevas». En el Nuevo Testamento ese término aparece dos veces con referencia a traer o llevar noticias, como cuando Timoteo trajo las buenas nuevas sobre la fe y el amor de los Tesalonicenses (1 Ts. 3.6) y cuando el ángel anuncia a los pastores las Buenas Nuevas de que Jesús había nacido en Belén (Lc. 2.10-11). La palabra *euangelizesthai* se usa para aludir a «predicación» y «dar a conocer» el evangelio. También abarca la idea de «proclamación» pues la palabra griega *kerychthenai* quiere decir «dar a conocer públicamente». La palabra *keryssein* también es «proclamar» y *martyrein* es «predicar» o «anunciar». La palabra «evangelista» aparece tres veces en el Nuevo Testamento:

1. Felipe, el evangelista (Hch. 21.8)
2. En los cinco ministerios (Ef. 4.11)
3. En el consejo de Pablo a Timoteo (2 Ti. 4.5)

La Santa Trinidad es el principio mismo del evangelismo:

1. Dios es el autor del evangelismo (Gn. 3.15). Él ideó la salvación de la humanidad a través de la Cruz.
2. Jesús es autor del evangelismo (Jn. 20.21): «Como me envió el Padre, así también y os envío».

3. El Espíritu Santo es autor del evangelismo (Hch. 2). En el día de Pentecostés Él capacitó, a través de Su Poder, a un pequeño grupo de 120 personas para predicar y evangelizar.

Evangelizar es:

1. La necesidad de la salvación en Cristo (2 Ts. 1.8 -10)
2. La exclusividad de la salvación en Cristo (Hch. 4.2)
3. La tarea de testificar a los perdidos de Cristo (Mr. 16.15)
4. La misión de llevar a las personas a la salvación a través de Cristo (Hch. 8.26-39)

Por lo tanto, el evangelismo es un mensaje que debe basarse en las ideas del Nuevo Testamento. El evangelismo es nuestra responsabilidad y el evangelismo también es alcanzar globalmente a todos con el evangelio.

Las iglesias que tienen ministerio de evangelismo y misiones son iglesias dinámicas, poderosas, llenas del espíritu y cumplidoras de la Gran Comisión dada por Cristo. El evangelismo es el corazón de la obra misionera. Si ella no incluye el evangelismo a los pecadores sino solo «obras humanitarias», no es una obra misionera en el sentido real de la palabra. La misión que no gana almas, no es propiamente una «misión». William Temple, obispo de Canterbury, Inglaterra, dio esta definición de evangelismo: «Evangelismo es la presentación del evangelio de Jesucristo en el poder del Espíritu Santo, de tal manera que todos puedan confiar en Él como Salvador y servirle como Señor en la comunión de la iglesia». El reportaje del Grupo Estratégico de Laos, durante el Congreso de Evangelismo Mundial en Lausana, Suiza, en 1974, afirmó: «Evangelismo Mundial es la predicación de las Buenas Nuevas de salvación a todos los pueblos de la Tierra a través del evangelio y haciéndolos discípulos para el crecimiento de la madurez cristiana». La orden de Cristo para toda la iglesia es que debemos evangelizar a los perdidos y llevarlos a conocer a Cristo y Su Palabra. La principal, primordial y más importante tarea de la iglesia es pararse en las esquinas de las calles, proclamar el evangelio de cualquier forma posible y decir a los pecadores: «¡Las Buenas Nuevas están aquí!» Si alguien nos pregunta: «¿Cuál es tu fundamento para evangelizar?» Contestaremos que *nuestro fundamento para evangelizar* está relacionado con el amor que tenemos por los pecadores y se debe a tres factores bíblicos:

1. Todos están perdidos y necesitan ser salvos.
2. Hay solamente un camino y es a través de Jesucristo.
3. Para que alguien sea salvo necesita oír, entender, creer y aceptar el evangelio. Si alguien nos pregunta: «¿Con qué autoridad evangelizas?» Responderemos que nuestra autoridad para evangelizar está en la Palabra: «Jesús se acercó y les habló diciendo: Toda potestad me es dada en el cielo y en la tierra. Por tanto, id, y haced discípulos a todas las naciones» (Mt. 28.18-19). Nuestra autoridad está también escrita en el evangelio de Marcos: «Id por todo el mundo y predicad el evangelio a toda criatura» (Mr. 16.15).

En consecuencia, nuestro fundamento debe ser el amor a los perdidos y que nuestra autoridad nos fue dada y confirmada por el propio Cristo y por Su Palabra. La meta principal de la iglesia es el evangelismo. Muchos expertos en misiones hablan de tres clases de evangelismo que generan diversos y contradictorios puntos de vista:

1. El evangelismo a través de la *presencia*.
2. El evangelismo a través de la *proclamación*.
3. El evangelismo a través de la *persuasión*.

Existen muchas controversias sobre eso, pero la razón fundamental es que tenemos que evangelizar de cualquier forma y con cualquier método que Dios nos indique, en tiempo o fuera de tiempo, como dicen las Escrituras. ¡Evangelismo es imperativo, no es opción!

Primero, el *evangelismo a través de la presencia*. Dicen algunos ministros liberales que eso es suficiente por sí solo y que no se necesita predicar. Se trata del evangelismo no verbal. La iglesia no necesita predicar a la gente, pues su mera presencia en la comunidad basta para testificarles. Creo que eso tiene cierta validez, porque el cristiano es «sal de la tierra y luz del mundo» y testifica por medio de su vida privada sin decir nada excepto a través de su testimonio recto. No obstante, también creo que el creyente debe proclamar el evangelio con su boca. El propio Señor dijo «y me seréis testigos» (Hch. 1.8). Testificar es una acción verbal que consiste en hablar, predicar, proclamar, etc. Gandhi estuvo a favor del método de proselitismo a través de la presencia el cual actualmente está creciendo mucho en el medio ecuménico. Decía que era contrario a que alguien testificase su fe a los demás porque según su «interpretación», la iglesia tenía que ser como una rosa que marca su presencia por el perfume que emana. Por una parte eso es verdad, creo yo. Tenemos que testificar con nuestra «presencia» y con nuestro «perfume», pero también tenemos que proclamar y decirle a todo el mundo que la «rosa» que exhala un aroma tan suave es en realidad Cristo, «la rosa de Sarón, y el lirio de los valles». El hinduismo y el islamismo no admiten que alguien cambie de religión o se «convierta» al cristianismo. En los países del mundo musulmán, cuando sucede eso, la gente es encarcelada. Cabe advertir que el artículo 18 de la «Declaración Universal de los Derechos Humanos de las Naciones Unidas», garantiza total libertad de religión para todos, inclusive la libertad de cambiar de religión siempre y cuando así lo deseen las personas.

Segundo, el *evangelismo a través de la proclamación*. Está también en las Escrituras y es el más reiterado en el Nuevo Testamento. El obispo Whatley dijo correctamente: «Si nuestra religión está equivocada tenemos que cambiarla, pero si ella es correcta entonces tenemos que proclamarla». El mensaje del evangelio trae esperanza y vida a aquellos que lo escuchan. En esto consiste la predicación, en dar a conocer la obra de Cristo, Su vida, muerte y resurrección. A Pedro y Juan les prohibieron predicar: «Y llamándolos, les intimaron que en ninguna manera hablasen ni enseñasen en nombre de Jesús» (Hch. 4.18). La Biblia al hablar de Pablo dice que inmediatamente después de su conversión pasó a proclamar la Palabra: «En seguida predicaba a Cristo en las sinagogas, diciendo que *éste era el Hijo de Dios*» (Hch. 9.20). En la casa que alquiló en Roma, Pablo siguió «predicando el reino de Dios y enseñando acerca del Señor Jesucristo, abiertamente y sin impedimento» (Hch. 28.31). Además dijo: «Pues no me envió Cristo a bautizar, sino a predicar el evangelio; no con sabiduría de palabras, para que no se haga vana la cruz de Cristo» (1 Co. 1.17), y «¡ay de mí si no anunciare [predicase] el evangelio!» (1 Co. 9.16).

Tercero, el *evangelismo a través de la persuasión*. Este va más allá de proclamar porque es hacer que una persona «acepte» el evangelio. No es solamente predicar y dejarle el mensaje sino dar un paso al frente e «invitarla» a recibir a Cristo. En la predicación de Pedro, él hizo una invitación: «Al oír esto, se compungieron de corazón, y dijeron a Pedro y a los otros apóstoles: Varones hermanos, ¿qué haremos? Pedro les dijo: Arrepentíos, y bautícese cada uno de vosotros... para perdón de los pecados... Porque para vosotros es la promesa, y para vuestros hijos, y para *todos* los que están lejos; para cuantos el Señor nuestro Dios llamare» (Hch. 2.37-39).

Para que Dios llame, el evangelista tiene que hacer una «invitación» y esta es para que esa persona lo acepte como el Señor de su vida. Pablo también hizo lo mismo: «Conociendo, pues, el temor del Señor, *persuadimos* a los hombres». (2 Co. 5.11). Tenemos que tener cuidado para no usar «métodos abusivos» o intentar obligar a la gente a través de la coerción, tratando de «empujarles» a que se conviertan, pues el Espíritu Santo es quien trae convicción al corazón. No debemos usar esfuerzos «humanitarios» como la distribución de alimentos en los países pobres para «ganar nuevos convertidos». Jesús no obligó a las personas a que lo siguieran después que multiplicó los panes y los pescados. Mucho menos usó la cura divina para hacer adeptos porque nunca, después de curar a alguien, le obligó a seguirlo. Todo depende de la voluntad de esa persona, de su libre albedrío, y de la convicción del Espíritu Santo. Podemos persuadir a todos, ¡pero jamás forzarlos!

El «universalismo»

Para que podamos entender la orden de evangelizar tenemos que saber, como ministros e iglesia de Cristo de la cual formamos parte, qué es la corriente teológica llamada «universalismo». Esa doctrina enseña que no es necesario predicar, proclamar o persuadir a nadie con el evangelio porque según ella «todos serán salvos». En el sentido ético el «universalismo» usa las Escrituras y algunos pasajes para «intentar comprobar» su enseñanza, y dice que «todos» fueron, de acuerdo con la Biblia, «predestinados» a la salvación. Los seguidores de esa corriente teológica excluyen la convicción del Espíritu Santo en el corazón del pecador, el libre albedrío, y lo peor es que excluyen la necesidad de arrepentimiento porque dicen que cuando Cristo murió en la cruz, Él «ya salvó» a toda la humanidad y que «no se necesita» hacer nada para obtener la salvación. Sólo hay tres posibilidades con respecto a la cuestión del «universalismo», que son:

1. Nadie es ni será salvo
2. Todos son y serán salvos
3. Algunos serán salvos, sin embargo otros no son ni serán salvos

La primera opción es obviamente falsa, por lo tanto no necesitamos discutirla. Entonces nos quedamos con las otras dos opciones: O todos son salvos o algunos son y otros no. Antes de decidir cuál debe ser la postura bíblica en ese tema tan polemizado, examinaremos algunos puntos teológicos sobre el asunto. Eso está relacionado con la elección, con lo que Cristo hizo en la cruz del Calvario, si fue un sacrificio «universal» por todos al mismo tiempo, o un sacrificio «particular» e individual para cada uno de nosotros mediante el arrepentimiento individual. Está relacionado con el libre albedrío, o el poder de elegir y decidir por sí mismo. El problema es si Cristo murió por todos o solamente por los «elegidos» por Él y predestinados a la salvación. Si Cristo murió sólo por los «elegidos», aquellos que no lo fueron están «perdidos». Ahí tenemos un problema: Si Cristo murió solamente por los «elegidos» ¿cómo es posible entonces que prediquemos, proclamemos e intentemos persuadir a una persona de que Cristo murió por ella? Cristo no murió por esta persona, a menos que sea «elegida». Por eso no podremos proclamar a todos que Cristo murió por ellos y que necesitan recibirlo como Salvador. Lo mejor que podemos hacer es decir: «Cristo murió por los pecadores, por alguien más o menos así como tú, pero Él tal vez no te haya elegido para la salvación». ¡Eso es ridículo, absurdo y contrario a la Biblia! La elección divina consiste en que Cristo «eligió» o decidió morir por todos, y que Él desea que todos sean salvos. Ahora bien, es el pecador quien «elige», a través de su voluntad, si lo quiere o no. Mira lo que dice la Escritura: «El Señor no retarda su promesa, según *algunos* la tienen por tardanza, sino que es paciente para con nosotros, no queriendo *que ninguno perezca*, sino que *todos procedan al arrepentimiento*» (2 P. 3.9). El «universalismo» contraría eso y predica que eventualmente todos serán salvos eternamente e irán para el cielo. Las iglesias universalistas fueron incluso más lejos al negar la reprobación divina, o sea, negaron la condenación eterna y llegaron a afirmar que no hay infierno. En poco tiempo llegaron a negar doctrinas bíblicas fundamentales como la Trinidad, la Deidad de Jesucristo y la infalibilidad de la Palabra de Dios. El universalismo se expandió y Nueva Inglaterra fue alcanzada con la llegada de la iglesia unitaria, que también abanderaba otra vieja herejía conocida como arrianismo. En el siglo XX, en Estados Unidos, las iglesias unitaria y universalista se dieron la mano y se unieron para formar una única denominación, repleta de humanistas, agnósticos y ateos. Ellas anularon completamente la doctrina del infierno y la cambiaron por la doctrina universalista de que «todos eventualmente serán salvos», ¡lo cual es una mentira!

Fue Karl Barth quien buscó una solución al problema de la elección. Durante el proceso de búsqueda, abrió las puertas para la salvación universal. Este teólogo alemán mezcló la creencia de la muerte de Cristo por todos con la doctrina de la elección y no dejó en claro si «todos» fueron «elegidos» para la salvación. A través de su doctrina, casi llegó a creer en el universalismo. Otros teólogos y seguidores de Barth, más adelante, aceptaron el universalismo diciendo: *«La doctrina de Barth toca justamente el hecho de la elección para todos, la cual fue manifestada a través de la muerte de Cristo. El mensaje universalista, consecuentemente, no es contrario al de la elección, pues creemos en la elección universal y en que tarde o temprano todos serán salvados».* Indiscutiblemente esos teólogos ¡estaban y están equivocados!» No existe «elección universal y salvación para todos» en las Escrituras. Llegamos por ende a esta conclusión: Si a través de la elección divina y del sacrificio universal de Cristo todos son automáticamente salvos, entonces no hay un lago de fuego ni castigo eterno. No hay libre albedrío genuino ni razón para predicar la Palabra en cumplimiento de la Gran Comisión, pues todos serán «salvados» de «cualquier» forma. Aquí reside la eliminación de cualquier principio de que nosotros podamos elegir y decidir, que tenemos libre expresión y que no somos robots programados por Dios.

La Escritura afirma categóricamente que hay infierno, que existe el lago de fuego, que hay libre albedrío dentro de cada uno de nosotros y que podemos elegir de acuerdo a nuestra voluntad servir o no a Dios, de acuerdo a la Palabra: «Entonces os volveréis, y discerniréis la diferencia entre el justo y el malo, entre el que sirve a Dios y el que no le sirve» (Mal. 3.18). Sin duda la Escritura dice que Cristo murió por todos y para todos, pero «todos» no serán salvos si no se arrepintieren de sus pecados y los confesaren, aceptándolo a Él como Señor y Salvador: «si confesares con tu boca que Jesús es el Señor, y creyeres en tu corazón que Dios le levantó de los muertos, serás salvo» (Ro. 10.9). «Si» dice la Biblia, y en ese «si» condicional está implícito el libre albedrío y la voluntad propia. Todo depende de «si» queremos aceptarlo o no. La muerte de Cristo en la Cruz fue eficaz para todos, principalmente para aquellos que creyeron y creen en Él. Pero no todos creyeron, muchos todavía no creen y muchos no creerán en Él. Por lo tanto afirmamos que «no todos serán salvos». La invitación de Dios es universal, para todos, para que toda la humanidad sea salva puesto que la Biblia dice: «Mirad a mí, y sed salvos, todos los términos de la tierra, porque yo soy Dios, y no hay más» (Is. 45.22). La invitación es universal pero no hay salvación automática para todos a menos que haya arrepentimiento individual pues la Escritura dice «*mirad* a mí». Hay muchos que no le miraron, no le quieren mirar no querrán mirarle en busca de la salvación. En consecuencia, no existe el tal universalismo en que «todos serán salvados».

La muerte de Cristo en el Calvario fue suficiente para salvar a todos los que acudieron a Él arrepentidos. Si después de la predicación muchos no le aceptan y no se arrepienten, no es por causa de algún defecto en la obra expiatoria de Cristo, sino por la decisión del propio hombre que rechaza Su invitación. El universalismo niega y rechaza la invitación de Cristo para que todos sean salvos al aceptarle como Salvador y Señor. El universalismo cree solamente en la elección de que todos ya fueron salvados en el sacrificio de Cristo y que no hay necesidad de arrepentimiento, lo cual no es verdad. Basados en la convicción de que algunos serán salvos y otros no, según las Escrituras, concluimos lo siguiente: El universalismo no puede ser respaldado por las Escrituras y por lo tanto es falso, mentiroso y herético, por lo cual debe tratarse como una doctrina basada en la herejía. Las Escrituras hacen una invitación universal para que todos tengan la oportunidad de recibir a Jesús como Salvador y Señor, pero no que todos serán salvos. Dios ha ordenado a la humanidad que sea salva solamente a través de la proclamación, predicación y persuasión del evangelio, y que el hombre tenga la oportunidad de aceptar el sacrificio de Su Hijo Jesucristo en la cruz del Calvario, recibiendo así la vida eterna. Concluimos bíblicamente que el hombre se perderá si rechaza el evangelio y que Dios no obliga a nadie a recibir a Su Hijo Jesucristo. Es a través de la salvación de Cristo solamente que la justificación es posible (2 Co. 5.19; Ro. 3.22-26). Cristo es el único camino al Padre (Jn. 14.6).

No podemos aceptar una doctrina que afirme que Dios hizo la reconciliación con todos los hombres a través de la muerte de Cristo y que todos serán salvos sin necesidad de arrepentimiento por parte de nosotros. Eso es imposible, absurdo y contrario a la Biblia. El hombre es regenerado y justificado a través de la fe en Cristo. Sin fe en Cristo el hombre estará perdido (Ro. 3.28; Ef. 2.12-13). Solamente por medio del arrepentimiento y de la fe en Cristo, el hombre podrá ser salvo (Jn. 20.31). La Biblia nos enseña que aquellos que no conocieron a Dios y no obedecieron al evangelio de Cristo estarán perdidos para siempre (2 Ts. 1.8-9). Por lo tanto hacemos un llamamiento a los que creen en el universalismo para que reexaminen la doctrina y su posición a la luz de la Biblia, que les es contraria, para que cambien de opinión y se unan a nosotros en la tarea sublime de predicar por todo el mundo las Buenas Nuevas de la salvación. Aunque rechacemos el universalismo categóricamente y creamos en el infierno y en la perdición eterna, no juzgamos el destino eterno de aquellos que creen en esa doctrina, pues es posible, aunque raro, que algunos de ellos tengan la fe salvadora de Cristo y que hayan pasado por la experiencia del nuevo nacimiento a través del arrepentimiento de sus pecados. Sólo Dios es el Juez de los vivos y de los muertos, y solamente Él tiene el derecho de conocer y juzgar los corazones. Que el eterno Dios les conceda una oportunidad de arrepentimiento a los universalistas que todavía no conocen el amor perdonador, misericordioso y justificador de Cristo, y que a través de esa oportunidad puedan nacer de nuevo por la fe en Cristo Jesús, recibiendo así el perdón de sus pecados y la vida eterna en Cristo.

La historia de las cinco etapas de la iglesia en el avivamiento y en el evangelismo

Cuando viajo alrededor del mundo y veo lo que se ha hecho en el nombre del Señor Jesucristo y la expansión de Su iglesia, me regocijo de tal manera que mi alma exulta de satisfacción y júbilo al ver el avivamiento a través del evangelismo impulsado por el Espíritu Santo. La iglesia, desde su nacimiento y fundación en el día de Pentecostés (Hch. 2), ha evangelizado con ímpetu y determinación. El avivamiento a través de la historia de la iglesia siempre se ha hecho presente a medida que el Espíritu de Dios trae convicción a los corazones. Avivamiento es algo soberano de Dios, quien actúa de manera abierta y profunda en la vida de aquellos que son impactados por medio de la Palabra de Dios y de la obra convincente del Espíritu que hace a Jesucristo real y verdadero para quienes le reciben. La historia del evangelismo a través de los años y de la manera como Dios actuó, está marcada en los anales de la historia de la iglesia y su desarrollo. Según mi enfoque, la iglesia pasó por 5 etapas distintas hasta llegar a nuestros días, en lo que se refiere al avivamiento y al evangelismo:

1. El movimiento de la iglesia primitiva, desde el inicio hasta 430 d.C.

La iglesia primitiva evangelizó al Imperio Romano y triunfó sobre él, llegando a un profundo entendimiento teológico con relación a la Trinidad, a la deidad y a la persona de Cristo, al pecado y la gracia.

2. El movimiento durante la edad del oscurantismo, de 550 hasta 750 d.C.

Los misioneros irlandeses e ingleses evangelizaron la mayor parte de Europa occidental usando los métodos que se aplicaban a la realidad cultural de cada país europeo en esa época.

3. El movimiento de la edad media, de 1.100 hasta 1.300 d.C.

Se dio énfasis al sacrificio de Cristo en pensamiento y experiencia, se buscó entender profundamente la cultura cristiana y se vivió la época del ministerio de calle de San Francisco de Asís.

4. El movimiento de la reforma, de 1.517 hasta 1.648 d.C.

La renovación teológica y espiritual hizo temblar a la iglesia católica y al clero de Roma. Afectó positivamente, causando un impacto glorioso y transformando a la iglesia a través de la proclamación de Martín Lutero de que la justificación es solamente por la fe y no por obras (Ro. 1.17). Se dio énfasis a la necesidad de volver a tener la Biblia como fundamento de autoridad, ley y fe. Predicaron el regreso a la convicción del Espíritu Santo, dando lugar a la regeneración hecha por Él, y volvieron a la expresión más sublime de la palabra *santificación*. Con eso la iglesia se transformó en una potencia evangelizadora.

5 – El movimiento del avivamiento y reavivamiento evangélico, de 1738 hasta 1908 d.C.

Empezó con William Tennent y siguió con las conversiones en masa de los ministerios de Jonathan Edwards, George Whitefield, John Wesley, Charles Wesley, Guillermo Carey (quien inició la era moderna de las misiones), Charles Finney, D. L. Moody, Jeremiah Lamphier, el avivamiento de la Calle Azuza en Los Ángeles y el avivamiento de Gales por Evan Roberts, Duncan Campbell y muchos otros entre los años de 1904 y 1908.

LA NECESIDAD DEL AVIVAMIENTO PARA HOY

La iglesia siempre experimentó avivamientos, desde su nacimiento y a través de la historia, que impulsaron la tarea del evangelismo y las misiones. Para cada época, Dios en Su soberanía siempre tuvo hombres y mujeres dispuestos a predicar Su Palabra con ímpetu, poder y determinación, trayendo grandes avivamientos por medio de la oración y la predicación de la Palabra de Dios. Desde el avivamiento de Gales, entre 1904 y 1908, hasta hoy día, Dios ha levantado grandes movimientos de despertamiento, avivamiento y reavivamiento alrededor del mundo. Él ha producido convicción a través del Espíritu Santo, lo cual ha resultado en la conversión de millones de millones de personas en todos los continentes. Las grandes denominaciones pentecostales evangélicas de ahora comenzaron a partir de 1910. América Latina hoy pasa por un gran avivamiento en muchos países. Aquí en Estados Unidos ahora necesitamos grandemente de un nuevo despertar, una convicción del Espíritu, un nuevo avivamiento entre los no salvos y un gran reavivamiento entre las iglesias, pues muchas de ellas están secas, vacías, indiferentes y muertas, espiritualmente hablando. La iglesia tiene que estimular la oración, la predicación de la Palabra y el evangelismo para provocar un derramamiento del Espíritu Santo y levantar el nivel y la fibra moral de la nación norteamericana. Hay un decaimiento espiritual tan grande, no solamente aquí en Estados Unidos sino también en Europa, que los principios bíblicos ya no se aplican, el fervor cristiano terminó y la conducta y la ética cristianas son cosas del pasado. La iglesia ha llegado a su nivel más bajo de espiritualidad en toda su historia, y el pecado de la tolerancia es cada día más fuerte en los países occidentales donde la Biblia y el temor a Dios perdieron su lugar, para ser reemplazados por secularismo, materialismo, sensualidad, falsas sectas y religiones, pornografía, homosexualidad, promiscuidad, profanación y ateísmo intelectual en las universidades. ¡Necesitamos como nunca antes del poder de Dios, ahora mismo y en todos los continentes del mundo! La iglesia tiene que volver a ser lo que era antes, una fuerza evangelizadora y misionera. ¡Aleluya!

Para recibir el avivamiento en este presente momento, tenemos que conocer y entender el pasado, la historia del evangelismo y el progreso de las misiones cristianas para poder tener una idea de cómo Dios usó a las personas en el pasado y cómo Él puede y podrá usarlas hoy para promover la tarea del evangelismo mundial que tanto necesitamos.

LA HISTORIA DEL EVANGELISMO MUNDIAL DESDE EL INICIO HASTA NUESTROS DÍAS

A través de toda la historia de la iglesia, Dios ha llamado hombres y mujeres que siguieron el ejemplo de Cristo y fueron a predicar la Palabra de lugar en lugar. Empezando por los apóstoles Pedro y Pablo que predicaron a lo largo y ancho del Imperio Romano, en sinagogas, mercados, calles, anfiteatros, etc. Pablo y su equipo hicieron cuatro viajes misioneros predicando las Buenas Nuevas a pesar de múltiples encarcelamientos y persecuciones. El cristianismo penetró en el imperio y en el mundo romano por cinco vías principales:

1. La predicación y la enseñanza de apóstoles, pastores y evangelistas
2. El testimonio personal de los creyentes
3. Los hechos de bondad y caridad del pueblo cristiano
4. La fe demostrada ante la persecución y el martirio
5. El raciocinio intelectual de los primeros apologistas

Desde el inicio de la iglesia y con muchas dificultades, evangelistas itinerantes tuvieron que dejar sus hogares e irse de ciudad en ciudad y de país en país para predicar la Palabra. Esa tradición de evangelización itinerante tiene raíz en las últimas palabras de Cristo, conocidas como *la Gran Comisión*: «Por tanto, id, y haced discípulos a todas las naciones, bautizándolos en el nombre del Padre, y del Hijo, y del Espíritu Santo; enseñándoles que guarden todas las cosas que os he mandado» (Mt. 28.19-20).

En los siglos II y III, los evangelistas aprovecharon la unidad política del Imperio Romano para propagar el evangelio. Entre ellos estaba Gregorio Taumaturgas, quien comenzó a predicar en el Ponto, donde había apenas unos pocos cristianos. Treinta años después de la muerte de Gregorio, casi todos eran creyentes. En el siglo III, las tribus nómadas de los bárbaros de Mongolia invadieron Europa, y entre los cautivos que atraparon había cristianos romanos, hombres y mujeres. Aunque fueron forzados a la esclavitud, esos cristianos se mantuvieron fieles y convirtieron a muchos de sus captores a Cristo. Ulfilas, un descendiente de esos esclavos cristianos, predicó la Palabra a los godos y tradujo las Escrituras a su lengua. Así nació la iglesia gótica que empezó a difundir el evangelio entre las demás tribus europeas.

Dios también llamó a hombres como Ciprián de Catargo y Martín de Tours de Francia para conducir miles de personas al arrepentimiento y a la fe en Cristo. En el siglo V, una gran parte del mundo mediterráneo ya había escuchado el mensaje de Cristo. Las invasiones de los bárbaros continuaron y en el siglo VI el Imperio Romano había perdido mucho de su territorio y poder. Pero en el Oriente, los nestorios fortalecieron la expansión de la fe cristiana. La predicación elocuente y persuasiva de Juan Crisóstomo y de otros, en la región del oriente del imperio, ganó miles de personas para Cristo. Europa entró en un periodo conocido como la edad del oscurantismo [Dark Ages en inglés]. Aún así la evangelización itinerante no se detuvo y el evangelio se esparció por toda Europa. En el Oriente, el islamismo surgió como una poderosa fuerza espiritual y política la cual frenó el avance de la predicación cristiana en el norte de África y en Asia. Los cristianos continuaron compartiendo su fe en Asia Central y el cristianismo siguió creciendo en la India. En el Occidente, el evangelio siguió avanzando por medio de hombres como Columba. Él fue el primero en llevar las Buenas Nuevas a las tribus paganas de Escocia. Después de haber establecido un monasterio cristiano en la pequeña isla de Iona, Columba con su predicación y la convicción del Espíritu Santo, convirtió las tribus paganas al evangelio de Cristo. Columba es un ejemplo de cómo el movimiento de los monasterios cristianos se orientó a evangelizar. Un siglo más tarde, el rey Oswald de Northumbria, quien se había convertido desde niño en la isla de Iona, invitó a varios evangelistas de la isla a fundar un monasterio a pocos kilómetros de distancia de su castillo en el norte de Inglaterra. En lo que hoy se llama Isla Santa, hombres como Aidan y Cutbert viajaron grandes distancias a través de Escocia e Inglaterra para entregar el mensaje del evangelio. Cutbert predicó en los reductos de las montañas donde otros temían hacerlo. Muchos europeos del norte fueron llevados a Cristo por el mensaje de Cutbert y de otros. En la iglesia ortodoxa de oriente, la predicación y traducción de las Escrituras por Cirilo, Metodio y otros llevaron a la conversión de centenares de personas en Rusia y en otros lugares.

Durante el siglo VII, los cristianos viajaron al oriente por la «ruta de la seda» que conducía hasta China, testificando de Cristo mientras caminaban. Sus trabajos resultaron en la conversión de miles de asiáticos, causando un gran impacto durante décadas. Sin embargo, cuando una nueva dinastía se levantó en China, el cristianismo fue frenado y la obra de Dios y el evangelismo itinerante sufrieron enormemente.

En el siglo XI, el islamismo se había extendido desde España hasta Indonesia. Entre los años 1096 y 1272, la iglesia occidental se enfrentó al islamismo oriental con ocho Cruzadas militares cuyo fin era exterminar a los musulmanes. En oposición total a esas campañas militares por parte de los Cruzados, Francisco de Asís y Raymundo Lull se dedicaron a conquistar a los musulmanes por medio del amor y la paz. El propio sultán de Egipto oyó el evangelio y le dijo a Francisco: «Si yo encontrase otros cristianos como tú, me convertiría en cristiano también».

En el siglo XIV, el Renacimiento en Europa trajo un renovado interés por las artes y por el conocimiento, pero la iglesia falló en su misión de enseñar las Escrituras al pueblo. Aún así Dios llamó a un hombre llamado John Wycliffe, quien tradujo las Escrituras al idioma inglés. Wycliffe reunió consigo a un grupo de predicadores itinerantes, llamados Lolardos, que predicaron el evangelio al pueblo inglés en su propio idioma. La gente común se sintió cautivada por su mensaje pero los dirigentes eclesiásticos católicos vieron a los Lolardos como una amenaza y los persiguieron duramente. El evangelio también se difundió por otras partes de Europa. John Hus predicó en Checoslovaquia y en Italia. Jerónimo Savonarola proclamó con denuedo un mensaje de arrepentimiento y fe. Las iglesias se mantenían repletas, las ofrendas para los pobres aumentaron y los banqueros y comerciantes devolvieron todo el dinero ganado ilegalmente.

El mensaje de Savonarola preocupó tanto a las autoridades católicas, que por orden del papa fue quemado en la plaza de Florencia.

Al principio del siglo XVI, la iglesia de occidente entró en una era de inquietud y el movimiento de la Reforma comenzó a desafiar la corrupción y el creciente abuso de autoridad dentro de la iglesia católica. Profesores de la Biblia, como Martín Lutero, Erasmo, Juan Calvino y otros, buscaron volver a la esencia del evangelio. Martín Lutero fue usado por Dios y la iglesia pasó por la Reforma o Movimiento Protestante, separándose de la iglesia corrupta del clero de Roma. Lutero predicó que somos justificados solamente por la fe. En la Biblia de una biblioteca, él encontró el texto «Mas el justo por la fe vivirá» (Ro. 1.17), dando inicio a la Reforma Protestante o Movimiento Evangélico.

Un nuevo horizonte se abrió en ese momento para la proclamación del evangelio. Muchos ministros se entregaron a la tarea del evangelizar al lado de conquistadores provenientes de Francia, España y Portugal. Entre los temibles piratas del Caribe también surgieron algunos evangelistas «extravagantes», que después de haber sido capturados y puestos en prisión, al ser sueltos volvieron a sus raíces cristianas y dedicaron su vida a predicar la Palabra al pueblo en la costa occidental de América del Sur en Perú, Chile y Ecuador. En Asia, el Dr. Matteo Ricci, científico y predicador, pasó 20 años proclamando a Cristo en China. Ricci aprovechó la solicitud de ayuda que China le había hecho para ciertas cuestiones científicas, y predicó mientras trabajaba. Para 1650, su mensaje había ganado a más de 250.000 personas para Cristo en China.

Al final del siglo XVII y comienzos del siglo XVIII, Europa entró en la Edad de las Luces, la era de la razón o el siglo de la ilustración y el conocimiento. Se hicieron grandes progresos en el ámbito de las ciencias y la medicina, pero lo lamentable es que para muchos el cristianismo en algo sin convicción, un ejercicio intelectual donde la participación en la iglesia era una simple formalidad. No obstante, un nuevo movimiento del Espíritu Santo empezó a hacerse sentir en toda la iglesia. En julio de 1741, Jonathan Edwards predicó el famoso sermón titulado «Pecadores en las manos de un Dios Airado» en la ciudad de Enfield, Connecticut. Dios envió entonces un gran avivamiento a los Estados Unidos. John Wesley, George Whitefield y otros se sintieron llamados y energizados para predicar con un nuevo entusiasmo. Wesley predicó alrededor de unos 800 sermones por año para grandes auditorios con capacidad para más de 20.000 personas y renunció a una vida de riquezas, colocándolas a disposición de los pobres. Un gran avivamiento había empezado a derramarse en el mundo de habla inglesa. George Whitefield, contemporáneo de Wesley, salió de Inglaterra después de haber predicado en un gran despertamiento que había alcanzado a todo el país juntamente con John y Charles Wesley. Entre 1738 y 1770 hizo siete viajes a América del Norte. Adoptó un nuevo y controvertido método de predicar al aire libre y llevó a miles de personas a la conversión, iniciando un gran avivamiento que hizo que las colonias inglesas en América volviesen al nivel moral y espiritual del pasado. Antes que los nombres de George Washington y Benjamin Franklin se transformasen en sinónimos de una causa nacional, el gran reavivamiento trajo unidad a las colonias a través del liderazgo de hombres como William Tennent, Jonathan Edwards y George Whitefield.

A finales del siglo XVIII, la población norteamericana inició la expansión hacia el oeste. Para alcanzar a esas comunidades que se dirigían hacia la frontera, los metodistas desarrollaron un sistema de predicación en circuitos. Los evangelistas asistían a distritos que quedaban alrededor de 600 kilómetros cuadrados de distancia, viajando a caballo. Durante los primeros años del siglo XIX, surgió otro método de evangelización en los acampamientos de la frontera. Ellos atrajeron multitudes provenientes de lugares distantes. Aprovechando esa oportunidad, se predicaba a veces por una semana o más. Otro avivamiento comenzó en América y continuó gracias al trabajo, el esfuerzo, la oración y la predicación de Charles Finney. Este hombre creía que un ministro no podía quedarse en silencio en la presencia de una o más personas que nunca hubieran escuchado el evangelio de Cristo. Según Finney, el ministro tenía que predicar para uno o para muchos; no podía, como ministro de Cristo, quedarse callado. Finney convocó a otros evangelistas de su época y se unieron con valentía para aplicar el evangelio a asuntos como la educación, la reforma carcelaria y los derechos de la mujer.

Dios levantó a otros evangelistas misioneros que llevaron el evangelio a las islas del Pacífico en esa misma época. Primero a Tahití en 1797 y después a Tonga en 1822, por parte de misioneros occidentales. Los primeros misioneros que fueron a Samoa no eran europeos pero sí de la Polinesia. En 1828, un samoano al visitar Tonga conoció el cristianismo y se convirtió. Cuando regresó compartió el evangelio con su propio pueblo. Amigos y parientes creyeron, dando origen a varias iglesias. En 1830, John Williams de la Sociedad Misionera de Londres visitó Samoa y fue tremendamente usado para edificar la iglesia. Al partir, dejó ocho profesores versados en la Biblia. Cinco años después había una iglesia cristiana con más de 2.000 miembros. Unos dos años más tarde esa iglesia llegó a los 13.000 miembros. Algunos años después toda la población se acogió al cristianismo. Lo mismo ocurrió en las islas Fiji. Los primeros misioneros fueron dos profesores de Tahití que se radicaron en la isla de Oneata, enviados por la Sociedad Misionera de Londres, en 1830. Lo mismo sucedió en las Nuevas Hébridas (Vanuatu) en 1839.

En esa época en Estados Unidos, Dios levantó a varias mujeres que se destacaron como evangelistas, como es el caso de Phoebe Palmer que se distinguió en el Movimiento de Santidad que se difundió por América del Norte entre 1857 y 1858. Otra mujer que se convirtió en evangelista fue Amanda Smith, quien había sido esclava y empezó a predicar en campamentos de frontera y llegó a ser conocida en todo el mundo por sus predicaciones. Melvin Cox, el primer misionero enviado al extranjero por los Metodistas Episcopales de América, desembarcó en Liberia en 1833, solo para morir cuatro meses después. Sin embargo, su noble ejemplo marcó profundamente a la iglesia e inspiró otras misiones. Antes de morir dijo: «Que caigan mil antes de abandonar Liberia o África». El Señor continuó usando a aquellos que se dispusieron a trabajar y el avivamiento llegó a otras partes de África. En Sierra Leona y en África occidental, centenares de ex–esclavos respondieron al mensaje del evangelio. Uno de ellos fue Samuel Adjai Crowther que viajó por Nigeria anunciando el Evangelio y entrenó a otros evangelistas que fueron los primeros en llevar el evangelio a muchas partes de África occidental.

El avivamiento también alcanzó Europa y Alemania. Dios usó a hombres como Elías Schrenk, Jacob Vetter y Samuel Keller que predicaron en reuniones en las iglesias, al aire libre y en tiendas de campaña. Keller predicó miles de veces durante su ministerio y alcanzó a más de cinco millones de personas en Alemania con el evangelio de Cristo. En América Latina, un inmigrante italiano, Francisco Penzotti, excelente evangelista, distribuyó miles de Biblias y también el Nuevo Testamento por todo el continente, colocando así el fundamento para la conversión de miles de personas.

Un hecho importante de la historia fue la Revolución Industrial, que desde mediados del siglo XVIII hasta inicios del siglo XIX, hizo que decenas de miles de personas se mudasen a ciudades que tenían fábricas textiles en Europa y en Estados Unidos. Las ciudades crecieron y la población se duplicó. Dios comenzó a levantar una generación de nuevos evangelistas con métodos diferentes para alcanzar a las personas de las grandes ciudades, pues el mundo estaba en pleno avance tecnológico y eran necesarios esos nuevos métodos. Uno de ellos fue William Booth, quien empezó a predicar para beneficio de las clases trabajadoras de Londres. Cuando Booth no podía predicar, en razón de su salud precaria, su esposa Catarina lo relevaba en el púlpito. Esta pareja admirable fundó el Ejército de Salvación, ahora un ministerio de acción social reconocido en el mundo entero.

En 1870 Dios llamó y levantó a un vendedor de zapatos, D. L. Moody, para que llevase a cabo reuniones masivas por toda América e Inglaterra. Durante su ministerio, Moody predicó a más de 100 millones de personas, eso porque planeaba con esmero sus cruzadas y las divulgaba ampliamente. Sus métodos fueron el inicio de la época moderna de evangelización masiva a través de cruzadas.

En 1876, Tomás Comber llegó al Congo procedente de Inglaterra. Tenía 24 años de edad. Después de diez días de trabajo fue colocado en una tumba fría, que hasta ahora ha servido para señalar el doloroso camino del cristianismo por el interior de África, obscura y difícil al evangelio.

En 1873, George Grenfell, uno de los primeros héroes de la Misión Bautista Inglesa, tuvo el principal lugar de honor entre los misioneros expedicionarios de África. Trabajó 33 años en ese servicio espléndido en el continente africano. Fue el hombre que en una vieja locomotora llamada «Paz», descubrió la cabecera del río Ubangui en el Congo. Las historias de sus viajes en medio de tribus caníbales, principalmente una que cuenta cómo fue librado de una lluvia de lanzas envenenadas, lo confirman como un hombre de valor, determinación y perseverancia en la predicación de la Palabra en el continente africano.

En 1879, Henry Richards plantó la semilla del evangelio en Banza Manteke, región baja del Congo. Después de esperar con oraciones, súplicas y lágrimas por siete largos años, recogió el primer fruto. Entonces Dios trajo avivamiento al Congo y se convirtieron más de mil personas. Todos los de alrededor de Banza Manteke abandonaron el paganismo y en el primer culto de bautismo, llevaron sus imágenes de idolatría y las quemaron en una gran hoguera.

En el lapso de 12 años, de 1882 a 1894, Adolph C. Good se dedicó al servicio del Señor. Trabajó con los Presbiterianos Norteamericanos en Gabón. Se fue más allá, hasta el corazón mismo del continente africano, y dejó el camino abierto para los otros. Al morir pronunció esas palabras en oración: «¡Que Dios levante a otros hombres para el interior de África!»

En 1891, Billy Sunday dejó una brillante carrera de jugador de béisbol para dedicarse exclusivamente a la evangelización. Miles de personas vinieron a Cristo a través de su predicación y muchos se unieron a las iglesias. Algunos, escépticos en cuanto a la evangelización en masa, lo acusaron de utilizar métodos teatrales para combatir el vicio y el mal, y de usar técnicas comerciales para proclamar el evangelio.

Más adelante, el mundo enfrentó dos guerras mundiales. La iglesia de occidente se enfrascó en controversias y disputas teológicas entre pensadores liberales y fundamentalistas. En consecuencia, se frenó en muchos lugares la obra evangelizadora. Sin embargo, en África, Asia y América Latina, Dios siguió usando evangelistas como Paul Kanamori en Japón. Entre 1916 y 1919, Kanamori ganó para Cristo a 43.000 personas.

En India y Ceilán (Sri Lanka), Sadhu Sundar Singh predicó la Palabra y llevó muchos a Cristo. En América Latina, el evangelio se difundió gracias a la predicación de hombres como Salomón Ginsburg, G. P. Howard, Joaquín Veta y Harry Strachan.

En África, la iglesia que Simón Kimbangu fundó en Zaire alcanzó rápidamente a tres millones de personas. En la región del Delta de Níger, miles de personas se sumaron a la iglesia Anglicana, gracias a la predicación de Garrick Braide. Otros evangelistas que también tuvieron grandes siembras de almas en África fueron: William Wade Harris, Silliam Nagenda y Simeoni Naibambi. Las personas aceptaban a Cristo en las aldeas y edificaban sus iglesias al aire libre para que los evangelistas proclamaran sus mensajes.

En China, John Sung, Alice Lan, Betty Hu, Andrew Gih y otros tantos prepararon grupos de predicadores chinos y cruzaron de un lado a otro la nación. En un periodo de cuatro años esos predicadores chinos registraron 51.000 conversiones para Cristo y se formaron centenares de iglesias.

Después de la segunda guerra mundial por fin declinó en la iglesia occidental la controversia entre fundamentalistas y liberales, y nuevamente la evangelización creció.

En la cruzada «Los Ángeles y sus alrededores para Cristo» en 1949, Billy Graham surgió como parte de la nueva generación de evangelistas que a partir de la mitad del siglo XX empezaron a valerse de los avances tecnológicos modernos de radio, televisión y cinematografía para alcanzar nuevas y mayores audiencias.

El Señor también ha levantado a grandes hombres de Dios y evangelistas latinoamericanos, compañeros como: «El hermano Pablo», Luis Palau, Yiye Ávila, Alberto Mottesi y muchos otros más, que realizan grandes cruzadas hoy en día por América Latina y por el mundo.

Para nosotros, los evangelistas, la predicación del evangelio sigue siendo prioritaria para audiencias en masa, alcanzando a los hogares de aquellos que, sentados cómodamente con sus familias en las salas, pueden oír el evangelio de Cristo, vía satélite, desde cualquier parte del mundo.

Debido al incremento de los viajes aéreos, muchos evangelistas de talla nacional e internacional están predicando las Buenas Nuevas de Cristo alrededor del mundo, por todos los continentes. Todavía hay lugares, en ciertas partes del mundo, donde la tecnología moderna no ha llegado. Hay evangelistas que continúan predicando el evangelio allí, casi de la misma forma que los evangelistas del primer siglo. Esos hombres fieles aún hoy viajan caminando o a caballo entre las aldeas aisladas, abrazando su gastado Nuevo Testamento o su vieja Biblia, y siguen predicando con fidelidad las Buenas Nuevas de Cristo. Cada día miles de almas por todo el mundo son añadidas a las iglesias como en la época de la iglesia primitiva.

«Heme aquí, Señor. Envíame a mí»

Desde la primera predicación de los discípulos y los apóstoles, a través de la historia, Dios ha llamado a hombres y mujeres para proclamar el mensaje de la salvación en Jesucristo.

Todavía hay muchas otras historias de maravillosos evangelistas y misioneros que no pueden ser relatadas en este libro por limitaciones de espacio y tiempo. Y ahora, en pleno siglo XXI, Dios aún sigue llamando a hombres y mujeres como evangelistas y misioneros para predicar Su Palabra. Como evangelista que soy, puedo afirmar que esta es la tradición que tenemos, esta es nuestra historia, estas son nuestras raíces y esta es nuestra herencia, dejada por aquellos que vinieron antes de nosotros. Este es nuestro supremo llamado de Dios: *«Pero tú... haz obra de **evangelista,** cumple tu ministerio»* (2 Ti. 4.5). ¡Aleluya!

Que al terminar la lectura de este libro, el Dios Todopoderoso pueda llamarte a la predicación de la Palabra o continuar bendiciéndote y fructificando tu ministerio, haciendo rebozar de gozo tu corazón a través del Espíritu Santo con estas sublimes palabras: «Después oí la voz del Señor, que decía: ¿A quién enviaré, y quién irá por nosotros? Entonces respondí yo: *Heme aquí [Señor], envíame a mí»* (Is. 6.8).

Que puedas tú también responder al llamado de Dios para predicar Su Palabra y decir: «*Heme aquí*, Señor. *Envíame a mí».*

¡QUÉ DIOS ESTÉ CONTIGO Y TE BENDIGA GRANDEMENTE!
¡AMÉN!

ACERCA DE AUTOR

$\mathcal{E}$l Rev. Josué Yrion es un evangelista internacional que a su edad ha logrado un reconocimiento destacable. Ha predicado a millones de personas en 70 países en todos los continentes del mundo en la unción del Espíritu Santo. Esto ha resultado en la salvación de multitudes para Cristo. En 1985 estuvo en la Unión Soviética y regresó a predicar en Rusia en 1993 en una base militar soviética en Moscú en el Kremlin, adonde su ministerio llevó 16 mil Biblias. Ha recibido muchos honores incluyendo la Medalla del Congreso chileno y una Placa de Plata del gobierno de Chile como Hijo y Visita Ilustre de Viña del Mar. Fue el primer ministro latinoamericano en predicar en una cruzada en Madras, India, donde 70 mil personas fueron testigos del poder de Dios a través de milagros y prodigios. Es ministro ordenado del Concilio General de las Asambleas de Dios en los Estados Unidos. Fundador y presidente de Josué Yrion Evangelismo y Misiones Mundiales, Inc., reside con su esposa Damaris y sus hijos Kathryn y Joshua Yrión Jr. en Los Ángeles, California, E.U.A.

Si usted desea recibir un catálogo con los títulos de nuestros videos y audiocasetes disponibles en inglés, español y portugués, u otra información de nuestras Cruzadas Evangelísticas alrededor del mundo, búsquenos en nuestra página en la Internet: http://www.josueyrion.org o escriba a la siguiente dirección:

JOSUÉ YRION EVANGELISMO Y MISIONES MUNDIALES, INC.
    P.O. Box 876018
    LOS ANGELES, CA 90087-1118 E.U.A.
    PH: (562) 928-8892 FAX: (562) 947-2268
    E-mail: josueyrion@josueyrion.org

El Rev. Josué Yrion con su familia.

*El Rev. Josué Yrion recibe la Placa de Plata como Hijo y
Visita Ilustre del gobierno de Viña del Mar, Chile. Abril 1996*

CONGRESO NACIONAL DE CHILE

*El Rev. Josué Yrion recibe la Medalla del gobierno chileno
en abril de 1996*

*Josué Yrion junto a los soldados
convertidos en la Base Militar
Soviética en Moscú, Rusia.
Marzo 1993*

*Josué & Damaris Yrion en la
Plaza Roja en Moscú durante
la cruzada en Rusia.
Marzo 1993*